Evelyn Scheer, Irina Serdyuk
KulturSchock Ukraine

„Die Ukraine wird ein neues Griechenland werden;
der schöne Himmel dieses Volks, ihr lustiges Wesen,
ihre musikalische Natur, ihr fruchtbares Land usw.
werden einmal aufwachen."

(Gottfried Herder, 1769)

088uk Foto: vo

Impressum

Evelyn Scheer, Irina Serdyuk
KulturSchock Ukraine

erschienen im
Reise Know-How Verlag Peter Rump GmbH
Osnabrücker Str. 79
33649 Bielefeld

1. Auflage 2006

Gestaltung
Umschlag: Günter Pawlak (Layout), Klaus Werner (Realisierung)
Inhalt: Günter Pawlak (Layout), Andrea Buchspieß (Realisierung)
Fotos: siehe Bildnachweis S. 285

Lektorat
Andrea Buchspieß

Druck und Bindung: Fuldaer Verlagsanstalt GmbH und Co. KG, Fulda
Printed in Germany

ISBN-10: 3-8317-1497-5
ISBN-13: 978-3-8317-1497-1

Dieses Buch ist erhältlich in jeder Buchhandlung Deutschlands, der Schweiz, Österreichs, Belgiens und der Niederlande. Bitte informieren Sie Ihren Buchhändler über folgende Bezugsadressen:

Deutschland
Prolit GmbH, PF 9, D-35461 Fernwald (Annerod)
sowie alle Barsortimente
Schweiz
AVA-buch 2000, Postfach, CH-8910 Affoltern
Österreich
Mohr Morawa Buchvertrieb GmbH,
Sulzengasse 2, A-1230 Wien
Niederlande, Belgien
Willems Adventure, Postbus 403,
NL-3140 AK Maassluis

Wer im Buchhandel trotzdem kein Glück hat, bekommt unsere Bücher auch direkt über unseren **Büchershop im Internet:**
www.reise-know-how.de

Wir freuen uns über Kritik, Kommentare und Verbesserungsvorschläge.

Alle Informationen in diesem Buch sind von den Autorinnen mit größter Sorgfalt gesammelt und vom Lektorat des Verlages gewissenhaft bearbeitet und überprüft worden.

Da inhaltliche und sachliche Fehler nicht ausgeschlossen werden können, erklärt der Verlag, dass alle Angaben im Sinne der Produkthaftung ohne Garantie erfolgen und dass Verlag wie Autorinnen keinerlei Verantwortung und Haftung für inhaltliche und sachliche Fehler übernehmen.

Der Verlag sucht Autoren für weitere KulturSchock-Bände.

086uk Foto: ad

Reise Know-How im Internet

Aktuelle Reisetipps und Neuigkeiten
Ergänzungen nach Redaktionsschluss
Büchershop und Sonderangebote

www.reise-know-how.de
info@reise-know-how.de

Wir freuen uns über Anregung und Kritik.

Weitere KulturSchock-Titel:

Ägypten, Argentinien, Australien, Brasilien, China/Taiwan, Cuba, Ecuador, Finnland, Frankreich, Kleine Golfstaaten, Indien, Iran, Japan, Jemen, Kambodscha, Kaukasus, Laos, Marokko, Mexiko, Pakistan, Peru, Polen, Rumänien (i. V.), Russland, Spanien, Thailand, Thailands Bergstämme und Seenomaden (i. V.), Türkei, Ungarn, USA, Vietnam

KulturSchock – Familienmanagement im Ausland
KulturSchock – Leben in fremden Kulturen

Evelyn Scheer, Irina Serdyuk

KulturSchock Ukraine

Zur Schreibweise ukrainischer Begriffe

Zur Übertragung von geographischen Begriffen sowie Städte- und Personennamen aus dem Ukrainischen ins Deutsche gibt es verschiedene Methoden. Im vorliegenden Buch wird die Kyrilliza in die wissenschaftliche Transliteration übertragen, d. h., die ukrainischen Buchstaben werden unter Verwendung von Sonderzeichen wie š oder č übertragen. Dadurch wird eine größtmögliche Nähe zum Original erreicht. Eine Übersicht über die Transliteration und die Aussprache der ukrainischen Buchstaben findet sich im Kapitel „Reise-Knigge“ auf Seite 256f.

Orts- und Personennamen werden im Buch in der landesüblichen Form gebraucht – im Unterschied zu der im Deutschen oft verwendeten vereinfachten Umschrift (Transkription). Einige Beispiele:

Transkription	Transliteration
Dnepropetrowsk	Dnipropetrivs'k
Charkow	Char'kiv

Als Ausnahmen werden im Buch einige bekannte Begriffe, deren Form sich im Deutschen eingebürgert hat, in Transkription wiedergegeben:

Transkription	Transliteration
Kiew	Kyjiv
Dnepr	Dnipro
Odessa	Odesa
Tschernobyl	Čornobyl'

Vorwort

Am Silvesterabend schickte uns Freundin *Kateryna* aus Kiew eine Postkarte: Sie zeigte eine Flasche des beliebten sowjetischen Sekts. Allerdings war auf dem Etikett das Wort „sowjetisch" durch „ukrainisch" ersetzt worden. Darüber prangte der Zusatz „gasfrei". Wir amüsierten uns köstlich und zeigten den Gruß den anderen Gästen, die sich zum Feiern in einer Berliner Altbauwohnung versammelt hatten. Sie nahmen es mit einem flüchtigen Lächeln zur Kenntnis und bestätigten uns damit, dass die Ukraine immer noch eine große Unbekannte auf der europäischen Landkarte ist. Doch wir ließen uns nicht entmutigen, borgten uns stattdessen etwas von der unbezwingbaren Lebensenergie der Ukrainer und griffen zur Feder.

Bei der Recherche für das vorliegende Buch begleiteten wir die Ukrainer auf ihrer Suche nach nationaler Identität und bei der Aufarbeitung ihrer Vergangenheit. Wir ließen uns von ihrem unstillbaren Hunger nach Freiheit und Selbstbestimmung anstecken, trafen revoltierende Veteranen und heißblütige Kosaken, staunten über polyglotte Talente und nationale Minderheiten, schöpften aus einem unermesslichen Fundus an Weisheiten, Witzen und Liedern. Wir zahlten Schmiergelder, fluchten auf Ukrainisch und konnten uns dank der Nationaldroge Speck wieder mit Land und Leuten versöhnen.

Der Leser des vorliegenden Buches erhält einen Überblick über die bis in die Gegenwart prägenden historischen Ereignisse, Traditionen, Mythen und kulturellen Wurzeln der Ukrainer. Er entdeckt die tiefe Religiosität und den wunderlichen Aberglauben der Menschen und den Überlebenskampf in einer ukrainischen Großfamilie. *Kateryna* schickte uns einen Neujahrsgruß, als ihr Land mitten im „Gaskrieg" mit Russland steckte. Obwohl sie nicht wusste, womit sie morgen heizen sollte, behielt sie ihren unerschütterlichen Humor. Ganz im Sinne dieser Lebensphilosophie haben wir nun eine Auswahl an Reisetipps getroffen, um Landesgepflogenheiten verständlich zu machen und eine Orientierung im Land zu erleichtern. Auf nach Osten, der Weg ist offen!

Wir wünschen viel Spaß bei der Lektüre des Buches und der Reise durchs Land!

Irina Serdyuk und Evelyn Scheer

081uk Foto: ai

LAND UND LEUTE

„Mutter Ukraine"

Auf dem **Platz der Unabhängigkeit** in Kiew haben Straßenhändler ihre Buden aufgeschlagen. Sie bieten Landkarten, ukrainische Fahnen – blau-gelb gestreift-kitschige Kosakenfiguren und die Konterfeis der Revolutionsführer an und sie verfolgen angeregt das facettenreiche Leben auf dem *Majdan* (Platz der Unabhängigkeit in Kiew), dessen Unterhaltungswert unbestritten alle Quoten schlägt: Da brüllen gebrechliche Veteranen der Roten Armee auf der einen und solche der 1942 gegründeten Ukrainischen Aufstandsarmee auf der anderen Seite haßerfüllte Parolen und gehen schließlich mit Fäusten aufeinander los. Da tragen rassige Ukraine-

Willkommen in der Ukraine!

rinnen ihre Topfigur im gestylten Outfit ketzerisch zur Schau und protzen mit dem neuesten Handymodell, das in einem vom Großmütterchen daheim liebevoll bestickten Täschchen baumelt. Da huldigen Straßenpolizisten unbefangen der Bestechlichkeit, rasen neureiche Ukrainer mit Autos durch die Stadt, die sich im Westen selbst gut betuchte Firmenchefs wünschen, und klauben alte Frauen achtlos weggeworfene Essensreste zusammen.

Und über dem Ganzen wacht liebevoll die **Figur der „Mutter Ukraine" auf dem Unabhängigkeitsdenkmal.** Die „Schutzgöttin der Ukraine" – wie sie von ihrem geistigen Vater, dem Bildhauer *Anatolij Kušč* gern genannt wird – thront auf einer hohen rituellen Säule in der Mitte des Platzes. In den Händen hält sie einen Zweig Schneeballstrauchbeeren, der die Friedensliebe des ukrainischen Volkes und die Einheit der Nation symbolisieren soll. „Mutter Ukraine" nennen die Menschen hier ihre Heimat und vor allem glauben sie ungebrochen an das Glück ihrer „Mutter Ukraine". Unter ihrem Schutz versammelten sich im Herbst 2004 Hunderttausende von Ukrainern und verwandelten den Platz rund um die „Schutzgöttin des Landes" in ein Heerlager der ukrainischen Oppositionsbewegung. Sie schwenkten ukrainische Fahnen und Symbole durch die klirrende Kälte, improvisierten Revolutionslieder, kämpften mit der Hand am Herz für eine nationale Erneuerung der Ukraine und schrien sich die Kehlen wund: *„Zusammen sind wir eine Macht. Wir sind keine Herde von Untertanen. Wir sind ein Volk der Töchter und Söhne der Ukraine!"*

Nationale Zugehörigkeit und die **Suche nach nationaler Identität** sind in der Ukraine, die erst 1991 völlige Unabhängigkeit erlangte, noch immer ein aktuelles Thema. Die Menschen gehen unverkrampft damit um, auch wenn dies bei Westeuropäern, deren Vorstellung von Heimat und Volk oftmals von der Erinnerung an frühere Verbrechen überschattet ist, manchmal Befremden hervorruft. Nach dem Sieg der Orangenen Revolution im Dezember 2004 eilte der neue Präsident *Juščenko* zur „Mutter Ukraine" auf dem Platz der Unabhängigkeit und stimmte ein Loblied auf das ukrainische Volk an. *„Dieser Platz"*, sagte *Juščenko*, *„ist zum Symbol der Möglichkeiten und Talente der Ukrainer geworden."* Davon waren auch diejenigen überzeugt, die nicht mehr auf den völlig überfüllten *Majdan* kamen und stattdessen in einer unweit gelegenen Kneipe das Ereignis feierten – mit Horilka (ukrainischer Wodka) und dem Hausgericht „Ruhm der Nation".

Grenzland

010uk Foto: as

Ukraine bedeutet wörtlich übersetzt „Grenzland" (ukr. *ukrajina - u kraja* - „am Rande"). Seit dem Mittelalter bezeichnete der Begriff die **Steppengebiete nördlich des Schwarzen Meeres,** die eine natürliche Grenze zwischen der orthodoxen und der islamischen Welt bildeten. Ein ungeschütztes und dünn besiedeltes Gebiet, das von wilden Reiternomaden beherrscht wurde und ein weiteres Vordringen der slawischen Ackerbauern nach Süden unmöglich machte, aber auch Schutz gegen die Türken bot. In diesem Grenzland organisierten sich die Kosaken, die sich als Verteidiger des Christentums verstanden und auf ihren schnellen Booten bis ins Schwarze Meer vordrangen. Auf ihr Erbe bezieht sich vorrangig das moderne ukrainische Nationalbewusstsein.

Die Ukraine war im Laufe der Jahrhunderte auch ein **Land des Übergangs in der Mitte Europas** - somit je nach Perspektive entweder der Osten des Westens oder der Westen des Ostens. Osmanische Sultane, polnische Fürsten, russische Zaren, ungarische Könige, österreichische Kaiser und bolschewistische Revolutionäre stritten um das Land. Bis zum Ersten Weltkrieg standen sich die Habsburger Monarchie und das Zarenreich gegenüber. In der Zwischenkriegszeit gehörten der Osten des Landes und der Süden zur Sowjetunion und der Westen zu Polen und der Tschechoslowakei. Die fremden Machthaber betrachteten die neu erworbenen Gebiete der Ukraine immer als eine weit abgelegene Peripherie, als ein Armenhaus ihres eigenen Reiches.

„Nun, daran scheint sich nicht viel geändert zu haben", ärgern sich auch heute viele Ukrainer: Wieder einmal werden sie wie unkultivierte **„Halbasiaten"** auf sicherer Distanz gehalten, während ihre ungarischen und polnischen Nachbarn als scheinbare Musterkandidaten in die EU aufgenommen wurden. *„Die haben einfach die Berliner Mauer ein Stück weiter nach Osten verlegt"*, witzeln Ukrainer angesichts der gigantischen Sperranlagen, die mit EU-Mitteln errichtet wurden und auch jetzt wieder mitten durch die Verbindungen zwischen Familien und Freunden schneiden.

„Halbasien!"

Der Schöpfer dieses Begriffes, *Karl Emil Franzos,* war einer der bekanntesten Schriftsteller seiner Zeit. Er wurde 1848 in Galizien geboren und verbrachte seine Schulzeit in Czernowitz. Zwischen 1876 und 1888 entstanden seine „Kulturbilder aus Galizien, der Bukowina, Südrussland und Rumänien" – zumeist Darstellungen, welche die zivilisatorische Distanz dieser Region zum überlegenen Westeuropa betonten: *„Halbasien! In Europa hätte doch wol die Polizei der schamlosen Kuppelei im Bahnhofe zu steuern gewußt. Die Glocke läutet zum drittenmale. Der Zug geht nach Lemberg ab. Es ist 9 Uhr Abends, im Morgengrauen sind wir in der galizischen Hauptstadt. Wahrlich, es ist überaus menschenfreundlich von der Karl-Ludwigbahn, dass sie den Eilzug Nachts gehen läßt. Denn einen trostlosern Anblick hat man kaum aus dem Coupé irgendeiner Bahn des Continents. Oede Haide, spärliches Gefild, zerlumpte Juden, schmutzige Bauern. Oder irgendein verwahrlostes Nest und auf dem Bahnhofe ein paar gähnende Local-Honoratioren, einige Juden und einige andere Geschöpfe, denen man kaum noch den Titel Mensch zuwenden kann. Wer auf dieser Bahn, welche übrigens derzeit sehr gut administriert wird, bei Tage reist, wird vor Langeweile sterben, wenn er nicht vor Hunger stirbt. Wol gibt es einige Restaurationen auf dieser Strecke ... aber der Mensch begehre sie nimmer und nimmer zu schauen ..."*

Brückenland

Dabei war die Ukraine auch ein Brückenland: Sie verstand sich als **Mittlerin zwischen den Ostslawen und den Westslawen,** zwischen **dem slawisch-orthodoxen Osten** und **dem römisch-katholischen Westen.** Durch die Ukraine verliefen wichtige Handelswege zwischen dem Schwarzen Meer und der Ostsee, zwischen dem Orient und Mitteleuropa. Über die Ukraine wurde im 17. und 18. Jahrhundert westliche Kultur nach Russland vermittelt. Und heute ist die Ukraine wichtiges Transitland für russische Energieträger. Viele Ukrainer reisen mit ukrainischen Waren nach Polen, China oder in die Türkei, um sie dort Gewinn bringend zu verkaufen und ihrerseits Kleidung, Textilien oder Zigaretten für den heimischen Markt zu erwerben.

„Eine Brücke schlagen" – unter diesem Motto wurde bereits 1993 die **„Euroregion Karpaten"** gegründet. Die fünf Karpatenanrainer und **Gründungsmitglieder Polen, Slowakei, Ungarn, Rumänien und Ukraine,** die bis 1918 alle dem Habsburger Reich angehörten und sich bis heute durch eine multiethnische und mehrkonfessionelle Bevölkerung auszeichnen, wollen auch nach der politischen Neuordnung Europas ein Auseinanderdriften der Region verhindern und zu diesem Zweck EU-Mittel für grenzüberschreitende Projekte einwerben. Bereits 2002 wurde anstelle der noch zur Habsburger Zeit erbauten und im Jahre 1945 durch einen

deutsch-ungarischen Bombenangriff zerstörten Brücke über die Tysa (Theiß) eine neue **„Brücke der Freundschaft"** fertig gestellt. Sie soll das rumänische Sighet mit dem ukrainischen Solotvyno verbinden. Doch weder ein Rumäne noch ein Ukrainer haben bisher die Brücke passiert. Um Verwandte und Bekannte am anderen Ufer zu besuchen, müssen sie noch immer den Umweg von 300 km nehmen. Warum die Brücke so lange gesperrt ist, weiß hier niemand. Die Ukrainer schauen enttäuscht nach Westen!

Size XXL

Die Ukraine ist mit 604.000 km² der **flächenmäßig größte Staat auf dem europäischen Kontinent.** Die Grenze umfasst 7340 km, davon verlaufen 4558 km auf dem Festland und 2782 km grenzen an verschiedene Meere.

Von Užhorod an der slowakischen Grenze bis nach Krasnodon

Leben auf großem Fuß

Riesen gibt es nicht nur im Märchen, sondern auch in der Ukraine: *Leonid Stadnyk* ist 2,53 m groß und damit der längste Mann der Welt. Riesen leben bekanntlich auf großem Fuß – *Stadnyk* trägt Schuhgröße 64, wenn er denn Schuhe hat. Regelmäßig erfroren ihm die Zehen, sodass er seinen Beruf als Tierarzt aufgeben musste. Auch Fliegen, Busfahren oder im Auto sitzen sind für den Mann mit der Rekordgröße eine Tortur. Auf einen Eintrag im Guinessbuch der Rekorde verzichtete der große Ukrainer: Er wollte sich nicht von einem Facharzt vermessen lassen.

in der Nähe der russischen Grenze im Osten des Landes muss man eine Wegstrecke von 1700 km zurücklegen. Von Čop an der polnischen Grenze bis nach Sevastopol auf der Krim überwindet der Zug etwa 2000 km, bevor er seine Fahrgäste ins Urlauberparadies entlässt; und zurück vom östlichen Ufer der „Sonneninsel“ bis an die weißrussische Grenze sind es ungefähr 1800 km.

Mittelpunkt Europas

In Jasinja mit seinen weit verstreut liegenden Gehöften beginnt die Fahrt einer kleinen, grünen Dampflok durch das Huzulenland. Die alte Dame prustet und schnaubt durch enge Bergschluchten, schlängelt sich gewandt an der tosenden Tysa entlang und gibt von Zeit zu Zeit kurze, schrille Signale, deren Echo in der Berglandschaft lange zu hören ist, bis es sich in der Tiefe der Wälder verliert. An den Hängen der bedrohlich wirkenden Berge kleben einsame Hütten und im Osten kann man im Nebel eingehüllt die höchsten Berge der ukrainischen Karpaten erspähen: den Petros mit 2020 m und die Hoverla mit 2060 m. In Rachiv, einem bekannten Skifahrerparadies, ist die Fahrt zu Ende. Nur noch wenige Kilometer sind es bis zum geographischen Mittelpunkt Europas, der hier in den Karpaten unweit der rumänischen Grenze liegt und gleich durch drei Monumente markiert wird: ein blau-weißes Denkmal aus der Zeit der österreichisch-ungarischen Monarchie, eine Eisentafel aus der Sowjetzeit und eine Skulptur, die nach der Unabhängigkeitserklärung der Ukraine errichtet wurde.

Der geographische Mittelpunkt Europas ist einer alten Legende nach zugleich der furchtbarste und schönste Ort des Kontinents. Angeblich war dieser Fleck Erde einmal eine weite Ebene mit fruchtbaren Feldern, blühenden Obstgärten und glücklichen Menschen verschiedener Völker, die im Unterschied zu heute eine gemeinsame Sprache sprachen. Der Wohlstand machte die Menschen übermütig und so forderten sie eines Tages vom lieben Herrgott paradiesische Zustände: Das Getreide solle fortan allein wachsen! Der alte Herr bemühte sich vergeblich, die Menschen von ihrem Ansinnen abzubringen, und als alles Bitten vergeblich war, belegte er sie mit einem Fluch. Eine riesige Mauer sollte die Menschen in verschiedene Länder und Sprachen trennen und ihnen die Möglichkeit rauben, sich jemals wieder gegen ihn, den lieben alten Herrgott, zu verbünden. Er ließ den Teufel kommen und befahl ihm, die Karpaten zu errichten. Den Teufel freute es sehr und er machte sich sogleich ans Werk. Doch was musste der Herrgott am nächsten Morgen erblicken! Die furchtbarste Gegend, die er jemals gesehen hatte: schwarze Steine, wilde Tiere, schmutzige Gewässer. Wie sehr bereute er seine Härte! Doch er konnte seine Entscheidung nicht mehr rückgängig machen. Da kam ihm der Heiland zu Hilfe und schlug vor, die Karpaten einfach zu verschönern. Der Herrgott war hoch erfreut und sandte den Heiland mit hundert Engeln im Gefolge zur Erde herab. So sind die Karpaten der furchtbarste Ort geblieben – und zugleich auch der schönste geworden!

Gegenpole – Westukraine und Ostukraine

Während der Wahlen 2004 verteilten Anhänger des Präsidentschaftskandidaten *Janukovyč* unter den Demonstranten eine Landkarte der Ukraine, die angeblich aus der Feder seines Widersachers *Juščenko* stammte und die Gebiete des Landes nach dem Grad der Ausbildung eines ukrainischen Nationalbewusstseins bewertete.

Am besten schnitt danach **Ostgalizien ab, die Hochburg des „Ukrainertums"**, am schlechtesten wurde die Ostukraine mit dem zum „Schaufenster des Sozialismus" verklärten Donezbecken (ukr. *Donec'kyj basejn, Donbas*) bewertet. L'viv und Doneck symbolisierten einmal mehr die Teilung des Landes in den **historisch polnisch und habsburgisch geprägten Westen** und den **russisch ausgerichteten Osten** und die Trennlinie zwischen der griechisch-katholischen und der orthodoxen Bevölkerung.

089uk Foto: ai

Die Sprengkraft der regionalen Differenzen sollte man jedoch nicht überbewerten, meinen viele Ukrainer. Die Ukraine ist zwar ein heterogenes Land, aber es wird nicht zerfallen: *„Wenn Sie in irgendeinem Fernsehkanal oder einer Zeitung ein Programm oder einen Artikel über die schreckliche, unüberwindliche, grundsätzliche usw. ‚Zweiteilung' der Ukraine sehen, können Sie getrost den Kanal wechseln oder die Seite umblättern – das Leben ist zu kurz, um es für alte Witze zu verschwenden"*, meint der Historiker *Jaroslav Hrycak*. Auf der oben erwähnten Landkarte gab es noch ein drittes Feld: Es kennzeichnete die zentralen Regionen des Landes, die eine Übergangszone zwischen Westen und Osten bilden und bei kontroversen Fragen zwischen den beiden Polen vermittelnd eingreifen. Im Zentrum dieser Pufferzone liegt das ebenso **„westlich" wie „östlich" ausgerichtete Kiew.** Auch wenn man hier dieselbe Sprache wie im östlichen Donbas spricht, so stimmte doch die große Bevölkerungsmehrheit Kiews im Herbst 2004 ebenso wie Ostgalizien für eine Demokratie westlicher Prägung.

„Komplex der ukrainischen Geographie"

So bezeichnete der Essayist *Jurij Andruchovyč* einmal die Teilung seines Landes und bemerkte, dass die Regionen der Ukraine im Laufe der vielen Jahrzehnte, in denen sie einem Staat angehörten, auch Gemeinsamkeiten bildeten, welche die so oft beschworene Grenze zwischen dem Westen und dem Osten der Ukraine einfach ignorieren: *„Das Leben selbst verbindet, die Lebensweise, besser die Art und Weise und die Umstände des Überlebens und die damit verbundenen Besonderheiten in der Mentalität. Sowohl die extrem russifizierten Einwohner des Donbas als auch die Bürger des extrem nationalistischen Galizien zahlen annähernd die gleichen Schmiergelder für die gleichen Dinge an die Behörden, trinken Schnaps mehr oder weniger gleicher Qualität mit mehr oder weniger gleichen Folgen, hören die gleiche grässliche Musik russischen Ursprungs, schleppen die gleichen Marktwaren in den gleichen abgrundtiefen karierten Taschen und tragen von Oktober bis April die gleichen Kaninchenfellmützen, erklären sich das Dasein mithilfe derselben Klischees, und vor allem fiebern sie mit gleicher Begeisterung für die Kiewer Mannschaft ‚Dynamo' wie auch für die Nationalmannschaft der Ukraine."*

013uk Foto: ai

Donbas – Kohle – Sowjetmacht

Wir treffen uns mit unserer Freundin Kateryna im „Zwei Gänse", einer beliebten Kiewer Restaurantkette. Wir plaudern angeregt über Gott und die Welt: über ihren neuen Chef, die Preise usw. Irgendwann kommen wir auf die Moskauer Kirche zu sprechen, die im Osten so aggressiv auftreten soll und sich vor den Wahlen lautstark für den Präsidentschaftskandidaten Moskaus einsetzte, vor allem natürlich im Donbas ... Weiter kommen wir nicht, denn eine schwielige Faust schlägt zwischen uns nieder und lässt den heißen Borschtsch nur so über die Tellerränder schwappen. „Ich bin nicht aggressiv und ich lasse meine Heimat nicht beleidigen", ruft ein junger Mann vom Nebentisch herüber. Längst ist auch Kateryna aufgesprungen und entgegnet: „Und ich lasse nicht in diesem Ton mit mir reden." Es folgt ein kurzer heftiger Wortwechsel. Dann setzen sich beide wieder an ihre Tische. Kateryna zwinkert uns zu und schlürft unbeeindruckt den Rest ihres Borschtsch und der junge Mann aus dem Donbas holt sich noch ein Bier. Nur die westlichen Touristen, die an der Nachbartafel ein typisch ukrainisches Mahl zelebrieren wollten, sind entsetzt und fürchten, unfreiwillig am Ausbruch eines neuen ukrainischen Bürgerkrieges teilnehmen zu müssen. Alle anderen Besucher des Restaurants schenken dem Vorfall kaum Beachtung, denn egal aus welchem Landesteil sie auch kommen, verstehen können sie den Kumpel aus dem Donbas schon.

Der Donbas – das **Donecker Gebiet ganz im Osten des Landes** – war die Waffenschmiede *Stalins* und bis zur Gründung der unabhängigen Ukraine das industrielle Herz der Sowjetunion. Ein Viertel der gesamten sowjetischen Kohleproduktion stammte aus dieser Region. Die Bergleute gehörten zu den am besten verdienenden Arbeitern des Landes und wurden als sozialistische Helden hoch verehrt. Heute stecken die Kumpels in einer tiefen Krise: Die Stahlwerke und Kohlegruben haben sich die Oligarchen-Clans unter den Nagel gerissen, die Kohleproduktion deckt kaum den Bedarf der eigenen Region und die Bergleute sind auf Almosen vom Staat angewiesen. Die Hauptstadt dieses Staates ist für die Bergleute nicht mehr „unser" Moskau, sondern „euer" Kiew. Für Schlagzeilen sorgen die Männer mit den rußverschmierten Gesichtern nur noch, wenn mal wieder ein schweres Grubenunglück passiert ist, wenn sie sich zu Streiks organisieren oder bei den Wahlen ihren Kandidaten tatkräftig unterstützen.

Donec'k ist uns kein Feind, sondern zum Piroggenessen eingeladen!

Galizien – Patriotismus – Nationalstaat

Nach dem Zusammenbruch der Sowjetunion zögerten die Menschen im **westlichen Teil der Ukraine** keinen Augenblick. In **Ostgalizien** stürzten sie die Leninstatuen von ihren Sockeln und hoben „ihre" eigenen Denkmäler aufs Podest: Ein Bronzedenkmal des ukrainischen Nationaldichters *Taras Ševčenko* und ein Madonnenstandbild krönen nunmehr den Stadtboulevard der ostgalizischen **Hauptstadt L'viv** (ehem. Lemberg). Und im Stadtteil Vynnyky weihte man 2002 ein Denkmal für den Gründer der ukrainischen **Nationalbewegung „Ruch"** ein – *Vjačeslav Čornovil*, der 1999 unter mysteriösen Umständen tödlich verunglückte. Gleichzeitig wurde der größte Teil der orthodoxen Gotteshäuser wieder in griechisch-katholische Kirchen umgewandelt. Als im Juni 2001 *Papst Johannes Paul II.* nach L'viv kam und auf Ukrainisch zu den Menschen sprach, jubelte ihm ein Menschenmeer begeisterter katholischer Gläubiger zu, denn der Kampf um die Wiederzulassung der griechisch-katholischen (unierten) Kirche war für die ukrainische Nationalbewegung im **habsburgisch und polnisch geprägten Galizien** von immenser Bedeutung. Die Fassaden der L'viver Altstadt erinnern noch immer an den Glanz des alten Kronlandes und der eine oder andere Politiker dachte bereits über ein Denkmal für den österreichischen Kaiser nach.

Auch in Ivano-Frankivs'k, einem Städtchen unweit von **L'viv, der „heimlichen Hauptstadt" der Ukraine,** entfernt, erfand man sozusagen ein neues Denkmal. *Juščenkos* Widersacher – *Janukovyč* – besuchte nämlich während der Wahlkampagne 2004 mehr notgedrungen als freiwillig seine Erzfeinde in Ostgalizien. Wie angstüberschattet diese Reise für den Thronanwärter war, zeigte ein Vorfall in Ivano-Frankivs'k: Dort bewarfen ihn Demonstranten mit einem rohen Ei, worauf er sich an seine Leibwächter klammerte und schließlich zusammenbrach. In der Presse ließ *Janukovyč* verlauten, dass man mit Steinen nach ihm geworfen hätte und er nur knapp einem vom Gegner – gemeint war *Juščenko* – geplanten Terroranschlag entkommen sei. Doch der Vorfall in Ivano-Frankivs'k wurde zum Selbstläufer – im Internet kursierten unzählige Fotos und Witze über das „Ei von Ivano-Frankivs'k" und die Bürger der ostgalizischen Stadt ließen es sich nicht nehmen und schmückten das Ei in der Mitte eines unlängst erbauten Brunnen mit orangefarbigen Bändern.

014uk Foto: ai

Auf der Suche nach nationaler Identität

„Die Ukrainer, von denen man bei uns und im ürigen Westen nicht viel mehr weiß, als dass sie irgendwo zwischen Kaukasus und Karpaten wohnen, in einem Land, das Steppen und Sümpfe hat. Im Übrigen sind die Ukrainer eines jener Völker, von denen man nicht bestimmt sagen kann, ob sie nur Menschenfresser oder gar auch Analphabeten sind. Ihrer Abstammung nach sicher ‚Russen und dergleichen', ihrem Glaubensbekenntnis nach urkatholische Heiden mit Bärten und einem Priestertum aus Gold, Myrrhe und Weihrauch. Diese Operetten-Begriffe von Land und Volk sind allzu verführerisch", schrieb *Joseph Roth* 1920 über die scheinbar weit entfernten Osteuropäer. 70 Jahre später heißt es in der Souveränitätserklärung der Ukraine „die dort lebenden Nationalitäten bilden das ‚ukrainische Volk'". Doch wer gehört – außer Menschenfressern und Analphabeten – zum ukrainischen Volk? Und wer ist ein Ukrainer? Fragen, die auch die Ukrainer interessieren und die in den letzten Jahren zu wiederholten repräsentativen Umfragen führten. Demnach stellen **Ukrainer und Russen die beiden größten Bevölkerungsgruppen** des Landes. Interessanterweise verstehen sich viele Menschen des Landes zugleich als Ukrainer und Russen. Sie werden in den Befragungen mittlerweile als **„Mischlinge"** geführt. Das Kiewer Internationale Institut für Soziologie und das Kiewer Zentrum für politische Untersuchungen ermittelten 2001 folgende Werte: 56,1 % Ukrainer, 25,3 % „Mischlinge“, 9,3 % Russen und 5,2 % andere ethnische Minderheiten (s. auch Kapitel „Die ethnischen Minderheiten“). Auf die Frage nach ihrer Heimat antworteten 58 % der Befragten die Ukraine, 25 % der Ort, an dem sie geboren wurden oder derzeit leben und 13 % betrachteten die Sowjetunion nach wie vor als die „imaginierte Gemeinschaft“, der sie zugehörten.

Auf der Suche nach der eigenen Identität spielen für die Ukrainer die **ukrainische Sprache** und die **Orangene Revolution** eine Rolle. Aber auch Rückgriffe auf die Geschichte und die Rückbesinnung auf eigene staatliche Traditionen sind wichtige **Quellen der Identitätsstiftung.** Im Osten des Landes ist der **Mythos der Dnepr-Kosaken** besonders populär. Viele Menschen assoziieren mit den Kosaken demokratische Prinzipien (im Gegensatz zur Autokratie des russischen Zarentums) und den orthodoxen Glauben (im Gegensatz zum polnischen Katholizismus). Das ukrainische Nationalbewusstsein bezieht sich nicht zuletzt auch auf die Erinnerung an die Hungersnot der Jahre 1933 und 1934, der etwa 3–4 Millionen Ukrainer zum Opfer fielen und die noch heute bei vielen Ukrainern als traumatisches Ereignis gegenwärtig ist. Ursache hierfür waren nicht primär Missernten, sondern vor allem die brutale Politik der Getreiderequisition unter Stalin. Viele Ukrainer sind der Meinung, dass die sowjetische Führung mit der Hungersnot und den gleichzeitig einhergehenden Säu-

015uk Foto: ai

berungen die ukrainische Nation ganz bewusst dezimieren wollte. Lebhaft diskutiert werden auch bisherige historische Tabus wie die Existenz der Ukrainischen Volksrepublik der Jahre 1918–1920. Das erste Mal in ihrer langen Geschichte lebten die Ukrainer in einem unabhängigen Staat und genau daran wollten sie mit der Unabhängigkeitserklärung der Ukraine 1991 anknüpfen.

Wir sind keine Russen!

Der bekannte ukrainische Dichter und politische Führer der Ruch-Partei, *Ivan Drač,* erzählte in der „Literaturnaja Gazeta" einmal die Geschichte eines russischen Touristen aus der Provinz, der, als er Kiew zum ersten Mal erblickt und vom Charme der Stadt gefangen ist, erstaunt fragt: *„Aber wann haben die Ukrainer nur all das von uns gestohlen?"* Und nicht nur ihm wird man erklärt haben, dass die Ukraine nicht ein Teil von Russland ist und die Ukrainer eine eigenständige Nation sind. Auf der Suche nach einer eigenen Identität betonen viele Ukrainer ihre **„Andersartigkeit" im Vergleich zu den Russen.**

„Die Ukraine ist nicht Russland" ist auch der Titel eines im Jahre 2003 im Moskauer Vremja-Verlag erschienenen, voluminösen Werkes des damaligen Präsidenten *Leonid Kučma,* in dem er seine Sicht auf sein Land und sein Volk darlegt. Er schreibt u. a., dass *„einer der wichtigsten Parameter des Staates die Staatssprache ist. In der Ukraine ist es, natürlich, Ukrainisch."* Spätestens hier wird sich so mancher Ukrainer gefragt haben, warum *Kučma,* der für seine rigide Sprachenpolitik bekannt ist, das Buch mit dem vielversprechenden Titel dann in russischer Sprache verfasste, es in Moskau verlegen ließ und die Ukrainer das Buch erst mit langer Verzögerung zum Kauf erhielten. Erstaunlicherweise war das Buch trotzdem schnell vergriffen. Es wird von vielen Intellektuellen hoch geschätzt und gern zitiert.

Wir sind eine großartige Nation!

Das größte „Event" seit der „Orangenen" Revolution war für die Ukrainer der **Eurovision Song Contest,** der 2005 in Kiew stattfand und so viele Menschen in die Stadt brachte wie zur Revolution. Eröffnet wurde der

„Putin: Die Ukraine ist nicht Russland. Lužkov: Kiew ist nicht Moskau. Schaut ohne einzupissen"

Baba Paraska – Die Beschützerin der Revolution

„Sie ist verrückt", schreibt die Presse, „sie ist heilig", sagen die Leute: *Paraskov'ja Koroljuk.* Die schmächtige alte Frau aus einem gottvergessenen Krähwinkel im Ternopiler Gebiet verbrachte die Zeit des Volksprotestes vom ersten Tag bis zum Amtseintritt ihres Präsidenten *Juščenko* auf dem Kiewer Unabhängigkeitsplatz. Sie war auf allen Kundgebungen dabei und stand immer in der ersten Reihe. Dafür wurde sie vom Präsidenten mit dem Orden der Fürstin Ol'ha dritter Klasse ausgezeichnet. Mittlerweile kennt sie *Viktor Juščenko* und *Juljia Timošenko* auch persönlich. *„Julija und Vitja sind wie meine eigenen Kinder"*, erzählte sie und als es zum Bruch zwischen den beiden führenden Köpfen der ukrainischen Machtzentrale kam, reiste sie nochmals nach Kiew, um ihre „Kinder" wieder zu versöhnen. Die „Beschützerin der Revolution", wie sie im Volk genannt wird, versuchte etwas, wozu sich die Politiker nicht überwinden konnten. Für viele ehemalige aktive Revolutionäre gleicht das Zerwürfnis zwischen *Timošenko* und *Juščenko* einer familiären Tragödie, der sie machtlos gegenüber stehen. Und so setzen sie ihre ganzen Hoffnungen auf Baba Paraska, beten für das heilige Symbol der Revolution und für deren Kinder.

Ausscheid von der populären ukrainischen **Sängerin Ruslana.** Diese hatte im Vorjahr den Wettbewerb in Istanbul mit dem Song „Wild Dances" gewonnen und damit der Welt noch vor dem revolutionären Umsturz bewiesen, dass *„wir eine großartige Nation sind"*. Wieder zurück in ihrer Heimat, wurde sie vom damaligen Präsidenten *Leonid Kučma* zur **„Sängerin des Volkes"** ernannt – die größte Auszeichnung, die es für einen ukrainischen Künstler gibt. Doch vielen Menschen in der Ukraine wollte *Ruslanas* Auftritt in Istanbul gar nicht gefallen, denn „Wild Dances" bezieht sich auf die Kultur der Huzulen, einem freiheitsliebenden Volk aus den Karpaten, und entsprechend ungebändigt war die Show der temperamentvollen Sängerin. Mancher Ukrainer befürchtete, dass man im Westen ein falsches Bild bekommen und sich die Rückkehr nach Europa noch steiniger gestalten könnte.

Dabei kann die Ukraine unzählige **„europataugliche" Nationalhelden** vorweisen. Der **erste „Superman" der Ukraine war Kotigoroško,** eine literarisch-folkloristische Figur, die sich zu Gott und zu demokratischen Prinzipien bekannte, das Gefühl der Kameradschaftlichkeit kultivierte, Kampflust verkörperte, unbezwingbar war und viele Nachfahren erhielt:

Die Macher der Revolution noch vereint:
Julija Timošenko und Viktor Juščenko

die Boxer-**Brüder Klyčko,** den **Fußballer Andrej Ševčenko** ... Dazu gesellte sich **„Superweib Nr. 1" – Julija Timošenko,** die klügste und schönste Politikerin der Welt, der allein *Baba Paraska* (siehe Exkurs) das Wasser reichen kann! Und auf dem Eurovision Song Contest 2005 vertrat die Gruppe „Greenjolly" die ukrainische Nation konsequenterweise mit dem Revolutionssong „Gemeinsam sind wir unbesiegbar".

Gängige Stereotypen

Radikale Nationalisten im Westen: „Bandery"

„Bandery" ist eine Anspielung auf eine Fraktion der **Organisation ukrainischer Nationalisten** (OUN), die vor allem in den 1940er Jahren unter **Stepan Bandera** in der Westukraine aktiv war und noch bis in die 1950er Jahre einen blutigen Partisanenkrieg gegen die sowjetische Rote Armee führte. „Bandery" ist ein Synonym für die „Westler" des Landes geworden, die vor allem in der Hochburg des ukrainischen Patriotismus, in Galizien, leben und von vielen Ostukrainern als radikale und intolerante Nationalisten verabscheut werden: Sie wollen gewissermaßen den **Anschluss der östlichen Gebiete an die Westukraine** und damit auch den Verzicht auf eine eigenständige, die russische Sprache und Kultur einschließende ukrainische Identität der Ostukrainer erreichen. Dabei ist Galizien doch das rückständigste Gebiet des Landes, das außer Landwirtschaft, Tourismus und Menschenexport nichts vorzuweisen hat, kontern die Ostukrainer. Die großen Städte und Industriekomplexe befinden sich in der Ostukraine. Kein Wunder, dass viele Ostukrainer in den Westukrainern immer noch ein unkultiviertes Bauernvolk sehen, das ihnen ein Klotz am Bein ist. Ohne die Westukrainer, glauben sie, wären sie die Industrienation Nummer eins und müssten nicht die schmerzvolle Trennung von Mütterchen Russland ertragen.

Abtrünnige Kumpel im Osten: „Moskali"

1991 stimmte auch die überwältigende Mehrheit der Ostukrainer für die Unabhängigkeit der Ukraine, was die Westukrainer bis dato nicht daran hindert, sie der „Kollaboration" mit den russischen Nachbarn zu verdächtigen: **Ostukrainer sind per definitionem prorussisch und antinationalistisch** eingestellt. Sie verkörpern den korrupten Staat (Altpräsident *Kučma)* und eine primitive Massenkultur, die eng mit der russischen Sprache und sowjetischen Traditionen verbunden ist. Und sie sind der Machtzentrale in Moskau sklavisch ergeben und fordern eine Rückkehr in den fürsorglichen Schoß von Mütterchen Russland. Allein der Gedanke daran lässt jeden freiheitsliebenden Westukrainer aufschreien: **„Moskali!" „Kacapy!"** („Moskowiter!" „Ziegenböcke!") Im Moskauer Reich, aus dem das russische Imperium hervorgegangen ist, nannte man die Russen nur Moskowiter (Moskauer). Und eben diese Moskowiter trugen einen Bart und erinnerten die rasierten Ukrainer an Ziegenböcke (ukr. *kak capy* – wie Ziegenböcke). Heute verkörpern die Bezeichnungen „Moskali" und „Kacapy" **gängige Stereotypen** und sind Gegenstand unzähliger Witze. So wurde unlängst im Internet der „komischste" ukrainische Familienname gesucht und natürlich gefunden: MOSKALenko. In aller Munde sind auch die folgenden Anekdoten: *„Dmytro, warum fällst Du in Deinem Garten alle Birken? – Damit diese verdammten Moskali, wenn sie kommen, nicht sagen können: Ach was für eine bekannte Landschaft!"* Oder: *„Gevatter, stell Dir vor, gestern abend komme ich nach Hause und da stehen doch zwei Moskali vor meinem Haus und stammeln irgendetwas auf ihre Art. – Und ... – Na, ich bin auf meinen Dachboden geflitzt, habe mein Gewehr ergriffen und geweint, geweint ... – Was, warum denn geweint? – Schießen ist doch verboten!"*

Fremdbezeichnung: „Chochly"

„Ich bin ... ebenso wie Sie ein echter Chochol. Und wissen Sie, wem ich diese Erkenntnis verdanke? Vor allem Ihrem Klavier und Ihrem Heft mit den Chochol-Liedern", so der ukrainische Nationaldichter *Taras Ševčenko.* In seinem dichterischen Werk bezeichnete er seine ukrainischen Landsleute

immer wieder liebevoll und voller Hochachtung als Chochly. Eine ganz andere Bedeutung hatte die Bezeichnung Chochol hingegen im damaligen Zarenreich für die Russen. Sie verwunderte die Haartracht der Kosaken, die sich Kopf und Bart kahl schoren und einen Haarschopf – den chochol – stehen ließen. **Chochol wurde zum Synonym für ein bauernschlaues Völkchen,** das die russische Sprache mit eigenartigen kehligen ch-Lauten verunglimpfte, wilde Tänze stampfte und sich in melancholischen Liedern verlor. Auch in der Sowjetära sparten die Russen nicht mit **Hohn und Spott an den ukrainischen Brüdern.** In vielen Filmen jener Zeit sind die Ukrainer als feige und komische Gestalten oder einfach dämliche „Speckfresser" dargestellt und ebenso wie andere Sowjetvölker stellten sie beliebte Witzfiguren: In einem ukrainischen Dorf stürzt eine Frau zu ihrem Mann, der bei einem Freund zu Besuch ist. *„Gricko, ich habe zwei Neuigkeiten für Dich, eine gute und eine schlechte. Welche möchtest Du zuerst hören? – Na, dann zuerst die schlechte. – Ein Eisenbahnwaggon ist entgleist und in unsere Hütte gestürzt. – Hm, ... Und die gute Nachricht? – Stell Dir vor, der Wagen ist voller Speck!"*

Im modernen Russland hat sich daran nicht viel geändert. Zwar sind Ukrainer auf russischen Großbaustellen willkommene Gastarbeiter, doch für die russischen Bauherren gibt es da einen feinen Unterschied, den sie gern verraten: Sie bevorzugen „echte" Ukrainer, sprich Westukrainer: *„Die sind fleißig und trinken nicht während der Arbeitszeit. Die anderen, die Chochly aus der Ostukraine, sind doch wie die „unsrigen" – sie sind faul und saufen."*

Taras Ševčenko würde sich heute wundern, dass sich manche Ukrainer abfällig als Chochly bezeichnen und damit einen weit verbreiteten Minderwertigkeitskomplex zum Ausdruck bringen: Sie fühlen sich von den Russen sozial und kulturell nicht anerkannt.

Urgestein: „Homo sovieticus"

Viele Menschen in der Ukraine **fühlen sich einfach als Sowjetmenschen.** Sie haben einen großen Teil ihres Lebens in der sowjetischen Ukraine verbracht, haben noch immer enge verwandtschaftliche Beziehungen zu Russland und den anderen Nachfolgestaaten der Sowjetunion oder leben in polyethnisch gemischten Familien, in denen Russisch Lingua franca ist. Der Zerfall der Sowjetunion hat bei vielen eine tiefgreifende persönliche Krise ausgelöst. Und so sehnt sich der eine oder andere nach einer Rückkehr unter das sowjetische Dach. Zumindest einen **scheinbaren Vorzug der sowjetischen Lebensweise** wollen sie beibehalten: einen **starken Führer,** der sie an die Hand nimmt, der für sie entscheidet, sie versorgt und beschützt.

Sovok – Mensch ohne Eigeninitiative

„Auf Relikte sowjetischen Alltags trifft man in der Ukraine überall", meint unsere Freundin *Kateryna* und erzählt von ihrer Gogolschen Heimat Myrhorod: *„In einem von Wohnblöcken umgebenen Hof verlaufen riesige Fernwärmerohre, deren Isolation zum großen Teil abgefallen ist. An den nackten Rohren lehnen Männer aus der Nachbarschaft. Sie sind schon lange arbeitslos und haben die Hoffnung auf eine bessere Zukunft aufgegeben. Von einer Nachbarin aus dem dritten Stock werden sie lautstark beschimpft. Sie kann nicht verstehen, warum die Männer den ganzen Tag nutzlos verbringen. Sie sollen gefälligst das Isolationsmaterial an den Rohren wieder anbringen, damit es endlich wieder warmes Wasser gibt. Doch die Männer lässt das Geschrei kalt. Auch als die aufgebrachte Nachbarin sie als ‚sovok' bezeichnet, verharren sie regungslos und träumen weiter von der sowjetischen Vergangenheit, von den Subbotniks, den unentgeltlichen Arbeitseinsätzen an einem Sonnabend des Monats, den kollektiven Ausflügen zur Kartoffelernte und den sich anschließenden Saufgelagen. „Sovok" ist ein in der Umgangssprache verbreiteter demütigender Spitzname für Sowjetmensch, der eigentlich „Kehrschaufel" bedeutet. Doch als „sovok" sind die Männer nicht in der Lage, Eigeninitiative zu ergreifen, und so wird sich die Nachbarin damit abfinden müssen, dass es auch weiterhin kein warmes Wasser gibt, denn eine mütterlich sorgende Hausverwaltung so wie früher gibt es nicht mehr."*

Der Schriftsteller *Andrej Kurkov* hat diesen Wunsch vieler Ukrainer als **„Zookomplex"** bezeichnet: *„Passiv sein und auf Nahrung und Befehle warten. Es ist das Benehmen eines Tieres, das in einem Käfig geboren wurde und sein ganzes Leben dort verbracht hat, bis eines Tages die Käfigtür geöffnet wird. Weil es weiß, dass es dort gefüttert wird, verlässt das Tier seinen Käfig nicht. Nur gibt es in dem geöffneten Käfig auf einmal kein Futter mehr. Aber das hungrige Gedächtnis erinnert sich immer eindringlicher an das vergangene Futter in dem geschlossenen Käfig. Das Futter scheint immer weiter entfernt zu sein, und dadurch wird es in der Vorstellung immer köstlicher."*

Die Sprachsituation

„Im Zusammenhang mit der Erhebung des Ukrainischen in den Rang einer Amtssprache werden Hilferufe in anderen Sprachen nicht berücksichtigt."
(auf einem Schild am Strand)

Wird in der Westukraine Ukrainisch und in der Ostukraine ausschließlich Russisch gesprochen? Ist Ukrainisch überhaupt eine eigenständige Sprache oder nur ein Dialekt des Russischen? Und können sich West- und Ostukrainer überhaupt verständigen? Was passiert, wenn sich ein ukrainischsprechender und ein russischsprechender Ukrainer begegnen? Vermutlich werden sie einfach einer ukrainischen Leidenschaft frönen und eine sprachgewaltige Rede schwingen, wild mit den Armen gestikulieren, eine Zigarette der bekannten (und bezahlbaren) Marke „Pryluky" qualmen, ausspucken und auf die Politiker schimpfen. Wahrscheinlich werden sie darüber die Zeit vergessen oder gar die Ehefrau, die – wie konnte sie nur diesen Tunichtgut auf den Markt schicken – seit Stunden auf das versprochene Suppenhuhn wartet. Kurzum, das so **oft beschworene Sprachproblem** zwischen West- und Ostukrainern oder Land- und Stadtbevölkerung **existiert nicht.** Sie sprechen **Ukrainisch** *oder* **Russisch** oder verbleiben in ihrer jeweiligen Sprache und sprechen Ukrainisch *und* Russisch oder eben die weit verbreitete **Mischsprache Suržyk** (s. Kapitel „Mischsprache: Suržyk").

Staatssprache: Ukrainisch

Nach der Unabhängigkeit der Ukraine 1991 wurde ein **neues Sprachengesetz** verabschiedet, in dem die **ukrainische Sprache** (ukr. *Ukrajinska Mova*) den langerkämpften **Status einer Staatssprache** erhielt und eine Zeit beendete, in der das Ukrainische verboten, unterdrückt oder einer massiven Russifizierungspolitik ausgesetzt war: Man betrachtete das Ukrainische nicht als eigenständige Sprache, sondern als einen Dialekt des Russischen, der ebenfalls mit kyrillischen Buchstaben geschrieben wurde. Dabei hat Ukrainisch die zweitgrößte Sprachträgergruppe unter den (ost-)slawischen Sprachen. Doch de facto ist Ukrainisch auch in den letzten Jahren nicht zur Sprache der Mehrheit geworden. Noch immer herrscht im Lande eine **ukrainisch-russische Zweisprachigkeit** vor. Nach Umfragen von Meinungsforschungsinstituten bezeichnen sich zwar fast 80% als Ukrainer, aber nur 67% von ihnen betrachten Ukrainisch als ihre Muttersprache. Die meisten verwenden das Ukrainische nur im familiären Umfeld oder im offiziellen Umgang. Doch die **Tendenz scheint sich immer mehr zugunsten des Ukrainischen** zu verlagern. Russischsprachige Ukrainer geben in Umfragen zunehmend an, Ukrainisch passiv, aber auch aktiv anwenden zu können. Unterschiede gibt es vor allem zwischen den Regionen: Ukrainisch wird tendenziell mehr im Westen gesprochen und auf dem Lande. In Kiew hingegen bezeichnet sich zwar die Mehrheit als Ukrainer, aber Ukrainisch wird man dort kaum hören.

Für Vertreter der Intelligenz, Schriftsteller, Kulturschaffende, Wissenschaftler und viele Politiker ist das **Beherrschen des Ukrainischen** mittlerweile eine **Frage des Prestige, ein Symbol für Macht und Erfolg:** Auf dem Filmfestival in Cannes 2005 siegte in der Kategorie Kurzfilm die ukra-

Ukrainisch-Wettbewerb

Seit ein paar Jahren wird am 9. November, dem Tag des ukrainischen Schrifttums, bei Čerkasy, dem Heimatland von *Taras Ševčenko,* der alljährliche Wettbewerb für ukrainische Sprache veranstaltet. Sein Begründer ist der aus Kanada stammende Mäzen *Peter Jazy.* An dieser inzwischen sehr populären Aktion nehmen bis zu 200.000 Schüler aus der Ukraine und der ukrainischen Diaspora teil. Laut Satzung soll der Wettbewerb *„das Prestige der ukrainischen Sprache in der Ukraine und in der Welt erhöhen, Kenntnisse der ukrainischen Sprache fördern, die heranwachsende Generation in Liebe zur Sprache ihres Volkes erziehen und die öffentliche Aufmerksamkeit auf die Lösung der Probleme der Verwirklichung der Rolle der ukrainischen Sprache als Amtssprache der Ukraine lenken".* Die Gewinner erhalten relativ hohe Prämien (bis zu eintausend Euro). Laut Organisatoren sollen die Kinder auf diese Weise lernen, dass das echte Wissen sowie das perfekte Beherrschen der ukrainischen Sprache ihr intellektuelles Kapital ist.

inische Produktion „Podorožni" („Wanderer") von *Ihor Strembyc'kyj,* ein Film über alte kranke Menschen und der erste ukrainische Streifen, der auf dieser bedeutenden Leinwand gezeigt wurde. Bei der Entgegennahme der Goldenen Palme sagte der strahlende *Strembyc'kyj: „Ja djakuju festivalu."* („Ich danke dem Festival"). Doch die Dolmetscherin verstand ihn nicht und bat, das Gesagte auf Russisch zu wiederholen, worauf *Strembyc'kyj* ihr entgegnete: „Warum soll ich russisch sprechen? Ich bin ein Ukrainer!"

Viele ukrainischsprachige Ukrainer wissen, dass die verstärkte Förderung der ukrainischen Sprache sehr wichtig ist, um sich in Zukunft eigenständig definieren zu können. Sie kritisieren die vorsichtige Sprachenpolitik der Regierung und fordern **radikale Schritte zur Stärkung des Ukrainischen.** Dazu gehören eine breite finanzielle Unterstützung ukrainischsprachiger Medien und Verlage und der Schutz des einheimischen Buchmarktes vor der starken russischen Konkurrenz, denn in den Buchläden stellen ukrainischsprachige Autoren oder Übersetzungen noch immer einen verschwindend kleinen Anteil.

Umgangssprache: Russisch

„Hören sie sich einmal in die Sprache der Kiewer Menge hinein: was für unerwartete, was für seltsame Wendungen! Die südrussische Mundart treibt ihre Blüten – Ausdrucksstärke kann man ihr wahrlich nicht absprechen", schwärmte der verliebte *Osip Mandel'stam* von der Sprache seiner Braut.

Und diese Sprache, das Russische mit seiner unverwechselbaren ukrainischen Färbung, gehört noch immer zur Alltagssprache vieler Menschen, deren **uneingeschränkte Nutzung das Sprachengesetz der Ukraine garantiert.** Darüber hinaus verbrieft das Gesetz auch das **Recht auf Bildung in russischer Sprache** (oder anderen Minderheitensprachen) in Gebieten, in denen Russen (oder andere Minderheiten) kompakt leben.

018uk Foto: ai

In der **Verfassung der Autonomen Republik Krim** wurde der russischen Sprache offiziell der Status einer Sprache der Bevölkerungsmehrheit (etwa 67% der Krimbewohner sind Russen) zuerkannt. Doch gerade auf der Krim kommt es immer wieder zu Vorfällen, die von der dortigen Bevölkerung als „Zwangsukrainisierung" empfunden werden: Im August 2005 wurde in Komsomolskoje, einem Vorort von Simferopol, eine neue Schule eröffnet. Der anfänglichen Euphorie folgte bald das Entsetzen, denn wie sich herausstellte, sollte der Schulunterricht ausschließlich in ukrainischer Sprache stattfinden. Dabei sprechen 97% der Einwohner von Komsomolskoje Russisch als Muttersprache. 15 Jahre haben die Menschen von Komsomolskoje für die Gründung der Schule gekämpft und wie es scheint, ist ihr Kampf noch lange nicht beendet. Unterstützung erhalten sie von russischer Seite. Das Außenministerium Russlands bezeichnete in einem Protestschreiben den Vorfall auf der Krim als *„unlautere Kampagne rund um die russische Sprache in der Ukraine"*.

Vor allem im **Süden und Osten des Landes** gilt die Sprache daher als ein sensibles Problem: Nicht nur Russen, sondern auch viele Ukrainer verwenden dort im Alltag Russisch und verlangen von der Regierung, die **Zweisprachigkeit per Gesetz** zu garantieren.

„Fachraum für russische Sprache und Literatur"

Mischsprache: Suržyk

„Wie nennt man einen Menschen, der nur eine Sprache kann? - Moskali. Und einen zweisprachigen? - Europäer. Und einen Menschen, der gar drei Sprachen beherrscht? - Das ist ein Ukrainer!“

Tatsächlich scheint es, als ob die Ukrainer zumindest in diesem Fall den Westeuropäern um einiges voraus sind. Sie sprechen zu Hause Ukrainisch, hören dazu russische Pop-Musik, plaudern dann im Fahrstuhl mit der russischen Nachbarin, verlangen ebenso auf Russisch ein Busticket, verfolgen auf der Fahrt aufmerksam ukrainische Werbung, begrüßen den Pförtner im herzlichen Guten-Morgen-Russisch, leiten die Teamsitzung selbstbewusst auf Ukrainisch und in der Mittagspause verhandeln sie auf dem Markt in der allgegenwärtigen Mischsprache Suržyk.

Doch was ist das? Viele meinen, Suržyk (wörtlich übersetzt „Mehlmischung“) sei ein **Produkt der früheren Russifizierung und heutigen Ukrainisierung,** eine Mischsprache zwischen dem Ukrainischen und dem Russischen, die von Region zu Region sehr unterschiedlich sein kann und doch **von fast allen Bevölkerungsschichten gesprochen** wird. Viele der fast ausschließlich ukrainischsprechenden Dorfbewohner zogen infolge der forcierten Urbanisierung der letzten Jahrzehnte in die Städte und versuchten dort, sich der städtischen Umgebung anzupassen und Russisch zu sprechen. Daraus entstand meistens ein Ukrainisch mit russischen Einsprengseln.

Umgekehrt führte beispielsweise der Prozess der Ukrainisierung im Bildungswesen dazu, dass viele russischsprechende Lehrer und Dozenten mit ihren Schülern und Dozenten gezwungenermaßen Ukrainisch sprechen, ohne die Sprache ausreichend zu beherrschen. Auch sie befinden sich in einem **Zwischenstadium zwischen Ukrainisch und Russisch** und verwenden Suržyk.

Doch bald werden auch die Ukrainer zweisprachige Westeuropäer und Suržyk ein beliebtes Objekt anthropologischer Forschungen sein, meint zumindest der Dichter und Essayist *Jurij Andruchovyč*: *„Und was ist mit dem ‚Suržyk‘, diesem liebenswerten Bastard, dieser chimärischen Mischung und Frucht bilinguistischer Blutschande, wo ist er? Er ist dort, wo er auch sein soll, dort, wo auch der Bilingualismus anzutreffen ist: nicht im Osten, sondern im Westen. Im ‚Suržyk‘ kommuniziert heute ein beträchtlicher Teil der westukrainischen Bevölkerung, einschließlich der ‚bewussten Galizianer‘. Im Osten aber verschwindet er mehr und mehr, mit den zunehmend entvölkerten Dörfern und Kleinstädten und den im Aussterben begriffenen alten Menschen.“*

Superstar Suržyk

In der Sowjetunion war das Thema der Mischsprache tabu und als einziger „offizieller" Beleg ihrer Existenz sind die Aufnahmen des Komikerduos *„Stepsel und Tarapunjka"* geblieben, der wahrscheinlich populärsten Schauspieler der 1960er und 70er Jahre. Der Klügere der beiden Figuren sprach Hochrussisch, während das Dummerchen ein fürchterliches Mischmasch aus Russisch und Ukrainisch von sich gab. Das Duo wurde geduldet, nicht nur, weil es für das Regime ein willkommenes Modell des ukrainisch-russischen Verhältnisses verkörperte, sondern weil es schlicht und einfach zum „totlachen" war. Heute gibt es einen anderen ukrainischen Star, der mit gleichem Kapital ähnlich große Erfolge verbucht. Sein Name ist *Andrij Danylko* und ohne ihn kommt keine größere Show aus – weder in Kiew noch in Moskau. Bekannt ist der junge Mann unter dem Namen *Verka Serdjučka,* einer schrillen, von ihm selbst ausgedachten Figur einer Schaffnerin aus Poltava, die ein musterhaftes, klassisches Suržyk spricht. Ukrainische Intellektuelle finden das allerdings gar nicht komisch. Sie geißeln Suržyk als Sprache für geistig verarmte, beschränkte und schlicht gestrickte Menschen und sehen in ihr einen Grund für mangelnde Achtung gegenüber der Ukraine und dem Ukrainischen in Russland und in der Welt. Ähnliche Appelle findet man übrigens zur Verteidigung der russischen Sprache in der Ukraine, die nach Meinung einiger Literaten durch Suržyk genauso wie die ukrainische „misshandelt" wird. Der überaus bekannte Wahlmoskauer *Edička Limonov* (als *Eduard Savenko* in Char'kiv zur Welt gekommen) fordert, von der Ukraine und den Ukrainern eine Steuer für den Gebrauch der russischen Sprache zu erheben.

Die ethnischen Minderheiten

In einem jüdischen Sprichwort aus glücklichen Zeiten heißt es „Leben wie in Odes". Anfang des 20. Jahrhunderts waren rund ein Viertel der Bevölkerung von Odessa Juden und die „Perle des Südens" das Tor zur weiten Welt. Hier trafen Griechen, Russen, Rumänen, Franzosen, Italiener und Deutsche aufeinander und schufen eine neue Stadt. Die Griechen siedelten in der Griechischen Straße, die Juden entlang der Jüdischen Straße, das Gebiet zwischen Hafen und Börse wurde vornehmlich von reichen Gutsbesitzern aus Russland und Polen bevölkert. *„Wie geht's dir Murka, wie geht es dir, mein Schatz? Du hast den Bullen unsern besten Dieb verkauft, und meine Knarre singt dir jetzt ein Wiegenlied"* – so wurde die moldauische Bevölkerung der Moldovanka in einem Schlager der 1920er Jahre besungen.

Heute erinnern nur noch Straßennamen und Gotteshäuser, die geheimnisumwitterte Börse oder das prunkvolle Opernhaus an das kosmopolitische Leben und die religiöse Toleranz der Schwarzmeermetropole, denn die ethnische Heterogenität von Odessa wurde wie in der ganzen Ukraine

083uk Foto: ad

durch stalinistische Säuberungen, nationalsozialistische Vernichtungen und sowjetische Vertreibungen im 20. Jahrhundert beträchtlich dezimiert. Auch in der unabhängigen Ukraine verändert sich der Anteil der ethnischen Minderheiten an der Gesamtbevölkerung: Juden emigrieren nach Amerika, Israel und Deutschland und Angehörige der deutschen und polnischen Minderheit wandern in ihre Vaterländer aus. Und die Krimtataren kehren zurück. Im Unterschied zu anderen ehemaligen Sowjetrepubliken kam es dank der **liberalen Minderheitenpolitik** in der Ukraine bisher nicht zu offenen interethnischen Konflikten oder bewaffneten Auseinandersetzungen. **Etwa 110 ethnische Minderheiten** leben im Land. Viele Menschen bezeichnen sich als „Mischlinge“, doch vor die Wahl gestellt, ob sie eher Russen oder Ukrainer sind, verstehen sich immerhin 22 % der Bevölkerung doch als Russen. Diese wollen jedoch zumeist nicht als Minderheit bezeichnet werden. Alle anderen Ethnien stellen zusammengenommen etwa 5 %: Juden, Weißrussen, Bulgaren, Polen, Ungarn, Rumänen, Griechen, Armenier, Roma ... Nach Jahrzehnten der Gleichschaltung und des Vergessens hat für die Minderheiten eine Epoche ohne Diskriminierung und Rassismus und der Wiedergeburt der nationalen Kulturen und Sprachen begonnen. Sie haben sich in **Minderheitenverbänden** zusammengeschlossen, kämpfen um Geld und Einfluss und richten selbstbewusst Forderungen an den ukrainischen Staat.

Die Polen zwischen Katholizismus und Anpassung

„Das bestehende Stereotyp des Polen im Bewusstsein eines Ukrainers lässt sich beschreiben als kompensatorische Reaktion auf unsere eigenen nationalen Fehler, bewusste und noch öfter unbewusste, die ja nicht weniger bedrückend sind."
(Andrij Pavlyšyn)

Bereits 2002 sollte in L'viv der **Kriegsfriedhof Orląt** (Kleine Adler), auf dem die Gefallenen der polnisch-ukrainischen Kämpfe um die Stadt 1918/1919 liegen, eröffnet werden. Doch der polnische Präsident *Alexander Kwasniewski* sagte seinen Besuch in L'viv überraschend ab, nachdem die L'viver Ratsherren den Text einer Inschrift auf einem Grabmal kurzfristig abgelehnt hatten. Stein des Anstoßes war das Adjektiv „heldenhaft" bei der Inschrift auf dem Ehrenmal für die polnischen Soldaten, die 1918 gefallen sind. Der Kampf um die „kleinen Adler" dauerte bis 2005 an und konnte erst durch die Änderung der Inschrift beendet werden. Er belastete die polnisch-ukrainischen Beziehungen über Jahre und zeigte einmal mehr, wie stark auch noch heute das **Verhältnis der beiden Nachbarn von der gemeinsamen Geschichte bestimmt** wird.

Zwischen den beiden Weltkriegen gehörte die Westukraine noch einmal zu Polen. Die neuen Herrscher versuchten die **Ukrainer zwangsweise zu polonisieren** und der Nationalitätenkonflikt zwischen Polen und Ukrainern, der sich bereits nach der österreichischen Annexion Galiziens durch die Bevorzugung der polnischen Minderheit gegenüber den Ukrainern herausgebildet hatte, eskalierte in einer Welle von Gewalt und Gegengewalt und wurde auch nach **Ausbruch des Zweiten Weltkrieges** fortgesetzt. 1939 wurden Hunderte von Ukrainern, die man der Mitgliedschaft in der Organisation Ukrainischer Nationalisten (OUN) verdächtigte, von der polnischen Polizei verhaftet. Noch im selben Jahr marschierte die Rote Armee in Ostgalizien ein. Es begannen **Massendeportationen von polnischen Bürgern in den Osten der Sowjetunion.**

In den ersten Monaten nach dem deutschen Überfall auf die Sowjetunion am 22. Juni 1941 kam es in manchen Regionen zur Zusammenarbeit zwischen Deutschen und Ukrainern. Doch nachdem die Hoffnungen der Ukrainer auf Unabhängigkeit enttäuscht worden waren und die Deutschen massenhaft ukrainische Zwangsarbeiter in das Deutsche Reich verschleppten, flohen viele Menschen in die Wälder zur **Ukrainischen Auf-**

„Lieber eine Polin in der Ukraine, als eine Ukrainerin in Polen"

Elena, 23 Jahre: „Unsere Vorfahren siedelten sich im 18. Jahrhundert in der damals zur polnischen Krone gehörenden Ukraine an. Später wurden viele polnische Gutsbesitzer wieder nach Polen verjagt, viele Bauern sind aber geblieben. Meine Eltern leiden sehr darunter, dass wir nicht in Polen leben. Wir haben Verwandte in Legnica, Wrozław und Poznan. Als ich noch klein war, sind wir regelmäßig nach Polen gefahren. Doch dann sind wir Kinder groß geworden, haben geheiratet und der Kontakt ist eingeschlafen.

Nach dem Zerfall der Sowjetunion hat *Papst Johannes Paul II.* (seine Mutter stammt aus der Ukraine) einen Stipendienfonds gegründet, der begabten polnischen Studenten aus dem Ausland ein Studium in Polen ermöglicht. Dadurch konnte mein Bruder an der Katholischen Universität in Lublin studieren. Allerdings wurde ihm das Stipendium entzogen, als er eine Nichtpolin heiratete. Übrigens zum Entsetzen meines Vaters.

‚Die Polinnen interessieren mich nicht. Außer Diäten und Klamotten haben sie nichts weiter im Kopf', das habe ich oft von meinem Bruder gehört. Als ich dann auch einen Ukrainer geheiratet habe, war unser Vater unendlich traurig. Er hatte gehofft, dass ich – wenn nicht einen „echten" – wenigstens einen hiesigen Polen heiraten würde. Jetzt ist die 10-jährige Marta seine letzte Hoffnung. Er wollte sie unbedingt Monika nennen ... Er fährt mit der Kleinen ständig nach Krakau und schleppt sie von einem Königsschloss zum anderen. Papa ist absoluter Polenfanatiker. Er hält die Polen für kultivierter, galanter und weltoffener als die Ukrainer und Russen. Vor Jahren hat er sogar eine Wohnung für uns in Polen gefunden. Die haben wir aber kategorisch abgelehnt. Das kann er uns bis jetzt nicht verzeihen. Mama interessiert sich erst in letzter Zeit und unter seinem Einfluss für das Polnische.

Die richtigen Polen betrachten uns nicht als die ihrigen. Meine Mutter heißt zum Beispiel Stasja. Sie wird aber drüben stur Tanja genannt. Für Polen sind wir alle Tanjas und Nataschas. Ich bin lieber eine Polin in der Ukraine, als eine Ukrainerin in Polen. Wir würden niemals echte Polen werden. Selbst diejenigen, die als Kinder nach

ständischen Armee (UPA), deren Ziel die Errichtung eines eigenständigen ukrainischen Staates war. Die UPA kämpfte sowohl gegen die Sowjets und die Deutschen als auch **gegen die Polen,** die sie als Verbündete der Sowjetunion betrachtete. Sie ging davon aus, dass die Alliierten nach dem Sieg über das Dritte Reich auch mit der Sowjetunion Krieg führen und dadurch die Gründung eines unabhängigen ukrainischen Staates ermöglichen würden. Die Aktionen der UPA eskalierten 1943 im Massenterror gegen polnische Siedler in Wolhynien und Ostgalizien. Dabei handelten die UPA-Leute nach deutschem Muster. Wer nicht freiwillig abwanderte, wurde erschossen. Um eine Rückkehr unmöglich zu machen, wurden die Häuser der Polen niedergebrannt. Den **Terroraktionen der UPA gegen polnische Siedler in Wolhynien und Ostgalizien** fielen etwa 100.000 Po-

Polen ziehen, bleiben immer Sowjets. Vielleicht ihre Kinder ... Unsere Sprache ist kein sauberes Polnisch. Man hört uns einen deutlichen russischen Akzent an. Mich stört das nicht. Es gibt aber welche, die extra Unterricht nehmen, um akzentfreies Polnisch zu beherrschen.

Ich studiere Psychologie am Katholischen Theologischen Institut in Horodok, einem Rajonzentrum. Die Stadt ist mit 40.000 Einwohnern im Vergleich zum Gebietszentrum Chmel'nyc'kyj - wo ich wohne - mit seinen 300.000 Einwohnern nicht groß, aber es gibt dort sehr viele Polen. Außer dem Katechismus kann man am Institut Kirchenmusik, Journalistik und Familienpsychologie studieren. Die polnische Gemeinde in Horodok ist sehr stark. Im Unterschied zur Chmel'nyc'ker ‚Marktmentalität' sind die Leute mehr kulturorientiert. Es werden Festivals und verschiedene Reisen nach Polen organisiert und dafür ständig nach Sponsoren gesucht. Es gibt eine polnische Schule, die einen sehr guten Ruf genießt. Das Studentenwohnheim, die Mensa und die Bibliothek sind bestens ausgerüstet. In der katholischen Kirche in Chmel'nyc'kyj hängt oft ein Zettel: ‚Heutige Spenden gehen an die Studenten in Horodok'.

Wir sind alle gläubig. Allein in Horodok gibt es drei katholische Kirchen, in Chmel'nyc'kyj sind es fünf. Meine Schwester wurde nach der ersten Klasse drei Jahre lang auf die Kommunion vorbereitet. Einige Familienmitglieder wurden wegen ihres Glaubens repressiert. Als Kind wusste ich davon nichts, ich bin einfach mit den Eltern in die Kirche gegangen. Erst jetzt ist mir klar geworden, wie wichtig das für mich ist.

Mein Mann ist orthodox. Für mich ist es viel weniger ein Problem als für ihn. Zur Kommunion von Marta ist er nicht gekommen. Natürlich war ich traurig, aber was soll es. Eigentlich bin ich sehr froh, dass mein Mann gläubig ist, das bedeutet, er hat etwas in der Seele, was ihm heilig ist. Ich achte seinen Glauben. Für mich ist es kein Problem in die orthodoxe Kirche zu gehen.

Aber ich weiß, dass die katholische Kirche die meinige ist. Nur dort spüre ich, dass es Gott gibt. Was kann ich dafür?!"

len zum Opfer. Die **Vergeltung der polnischen Untergrundarmee (Armija Krajowa)** kostete im Gegenzug schätzungsweise 30.000 Ukrainer das Leben.

Im **Herbst 1944 begann eine groß angelegte Säuberung:** Polen und Ukrainer wurden entsprechend der 1944 vereinbarten Umsiedlungsverträge zwischen Polen und den sowjetischen Republiken in das jeweils andere Staatsgebiet umgesiedelt. Die Bevölkerungsverschiebungen wurden bis etwa 1947 verwirklicht und in ihrer Folge die Reste einer jahrhundertealten **Symbiose verschiedener Ethnien und Kulturen zerstört** und durch eine ethnisch weitgehend homogene Bevölkerungsstruktur ersetzt. Eine „polnische" Ukraine gab es nicht mehr. Auch in Polen wurde die ukrainische Gemeinde zwangsweise aufgelöst. In der **Aktion „Weichsel"** deportierte man am 29. April 1947 etwa 150.000 in Polen lebende Ukrainer in westliche und nördliche Territorien der Ukraine. *„Die Ukrainer sind zu uns gekommen und haben uns aufgeschlitzt"*, sagen die Polen; *„Die Polen sind zu uns gekommen und haben uns aufgeschlitzt, geschlagen und alles in Brand gesteckt"*, sagen die Ukrainer. Die Zeiten der Kriege und Vertreibungen haben sich tief in das kollektive Bewusstsein der Polen und der Ukrainer eingeprägt. Sie belasten die Erinnerungen an die verdrängten historischen Konflikte und erschweren die ehrliche Auseinandersetzung mit der Geschichte.

In der Ukraine leben noch etwa 150.000 Polen, die meisten von ihnen **in den westlichen Regionen** des Landes – allein in L'viv sind es rund 25.000. Der größte Teil der polnischen Bevölkerung definiert sich im Unterschied zu den Ukrainern über den **römisch-katholischen Glauben,** der immer wieder zu Konflikten mit den anderen Kirchen der Ukraine führt. Das **Sprachengesetz** der unabhängigen Ukraine **gestattet den Polen den Gebrauch der polnischen Sprache,** polnische Schulen und Kulturvereine wurden gegründet. In einem Gebäude am geschichtsträchtigen Marktplatz von L'viv hat die **„Gesellschaft der Lemberger Polen"** ihren Sitz und im Streit um den polnischen Friedhof Orląt organisierte sich bereits im Jahr 1994 der „Polnische Verband der Sorge und Pflege für die Kriegsgräber in Lemberg". Die Bewohner von L'viv hingegen entdecken das polnische Gesicht ihrer Stadt wieder, so insbesondere die polnischen Schriftsteller *Bruno Schulz, Józef Wittlin, Zbigniew Herbert, Stanislaw Lem, Adam Zagajewski* – und die vielen anderen, deren Lebensgeschichte mit L'viv verbunden ist. Bezeichnenderweise trifft man bei einem Besuch in der Stadt immer wieder auf polnische Touristen, die von ausgezeichnet polnisch sprechenden Ortskundigen geführt werden. Diese stammen meistens aus polnischen Familien, die in L'viv verblieben sind. Sie geleiten ihre Landsleute auch auf den polnischen Kriegsfriedhof, der im Jahr 2005 von den Präsidenten der Ukraine und Polens eingeweiht wurde. Und das Interesse ist groß!

Ukrainedeutsche zwischen Bleiben oder Gehen

Deutsche Kolonisten kamen seit dem 18. Jahrhundert in mehreren Schüben in die Ukraine. Sie folgten zunächst der **Einladung der russischen Zarin Katharina II.** in die neu erworbenen und fast menschenleeren Gebiete nördlich des Schwarzen Meeres, wo sie den Auftrag hatten, Neuland zu kultivieren und zu besiedeln, die offene Südflanke des Russischen Reiches zu sichern und die rückständigen russischen Bauern mit deutschen Landwirtschaftsmethoden und -Geräten bekannt zu machen. Ähnliche

Ziele verfolgte der **Erlass der österreichischen Kaiserin Maria Theresia,** der sich an *„Händler, Künstler, Fabrikanten und Professionisten"* richtete und sie nach Galizien und später in die Bukowina einlud, um dort den Handel und die Wirtschaft zu beleben.

Vor dem Zweiten Weltkrieg lebten schätzungsweise 400.000 bis 600.000 Deutsche in der Ukraine. Ihr tragisches Schicksal verlief in den Wirren des Krieges sehr unterschiedlich: Entweder wurden sie von den Deutschen „heimgeholt ins Reich", d.h. in der Region Posen in den Höfen der vertriebenen Polen angesiedelt, oder sie wurden von sowjetischer Seite als Kollaborateure nach Mittelasien und Sibirien deportiert.

Die meisten der **heute 330.000 im Land ansässigen Deutschen** (Stand: 2001) stammen daher nicht aus der Ukraine, sondern wanderten seit 1992 **aus anderen ehemaligen Sowjetrepubliken** zu. Zum damaligen Zeitpunkt signalisierte Präsident *Leonid Kučma* die Bereitschaft des Landes, so viele Deutsche, wie bis 1941 in der Ukraine lebten, aufzunehmen und vor allem im Raum Odessa anzusiedeln. Deutschland, das sich mit einem stetig wachsenden Zustrom von russlanddeutschen Zuwanderern und den damit verbundenen Problemen und Kosten konfrontiert sah, begrüßte *Kučmas* **Zuwanderungsprogramm** und unterstützte den eigens **für die Migranten gegründeten ukrainisch-deutschen Fonds.** Besonders in den Gebieten Odessa und Transkarpatien sollten Wohnhäuser und eine moderne Infrastruktur entstehen. Doch bald zeigte sich, dass die wirtschaftlich schwache und politisch instabile Ukraine gar nicht in der Lage war, eine so große Anzahl von Deutschen aufzunehmen.

Die **Initiative wurde gestoppt** und der ukrainisch-deutsche Fonds 1996 wieder aufgelöst. Geblieben sind die **enttäuschten Deutschen.** Viele leben völlig **entwurzelt in provisorischen Unterkünften und ohne Arbeit** in einem fremden Land, dessen Staatsbürgerschaft sie erst nach fünf Jahren erhalten und dessen Staatssprache sie nicht sprechen. Und die Weiterreise ins gelobte Deutschland ist nach dem neuen, einen rigorosen Sprachtest vorschreibenden Einwanderungsgesetz der Bundesrepublik fast unmöglich geworden: Nur wenige in der Ukraine lebende Deutsche beherrschen die Sprache ihrer Vorfahren. Schon ihre Eltern lebten in Mischehen mit russischen Partnern oder versuchten, ihre deutsche Herkunft durch Namensänderungen und das Ersetzen der Muttersprache durch das Russische zu verbergen und so der Diskriminierung im alltäglichen Leben zu entgehen. Die **Förderung der deutschen Sprache und Kultur** ist daher das Hauptanliegen vieler Vereinigungen. In den einschlägigen Zeitungen finden sich immer wieder Annoncen, in denen eine Deutsche oder ein Deutscher gesucht wird, zwecks Heirat und späterer Aussiedlung nach Deutschland.

Juden zwischen Aderlass und Wiedergeburt

Jedes Jahr zu Rosh Hashana, dem jüdischen Neujahrsfest, pilgern Tausende von Chassidim aus aller Welt zum **Grab des bekannten Zadiken (Gerechter) und Rabbis Nachman** (1772–1810) und verwandeln das ansonsten eintönige **Uman in einen Wallfahrtsort** betender und taumelnder bärtiger Männer aus der ganzen Welt, die Erlösung suchen in dieser so ganz anderen Welt der kleinen ukrainischen Provinz. 1768 waren Tausende Juden vor plündernden und mordenden Hajdamaken, ukrainischen Bauern und Kosaken, nach Uman geflüchtet. Doch der Bürgermeister der Stadt fürchtete um das Leben seiner Adligen und bot den heranrückenden Kosaken die Juden zum Austausch an. Diese willigten ein und ließen die Juden wählen zwischen Tod oder Konversion zum Christentum. Doch die Juden wählten, so will es die Überlieferung, geschlossen den Tod. Rund **20.000 Juden fielen dem Pogrom zum Opfer.** Wenige Jahre vor seinem Tod besuchte Rabbi *Nachman* den Friedhof von Uman und bestimmte, dass er in dieser Stadt der jüdischen Märtyrer begraben werden solle. Die Einwohner des südlich von Kiew gelegenen Uman haben sich an das alljährlich stattfindende Ereignis gewöhnt und in ein kleines Business verwandelt. Sie mussten sich der Tatsache stellen, dass die von ihrem Nationalhelden *Taras Ševčenko* verherrlichten Hajdamaken den verheerenden Pogrom verursachten. Damit wissen sie wahrscheinlich mehr als die meisten ihrer Landsleute, die zwar zugeben, die Juden nicht besonders zu mögen, aber deren Vernichtung doch allein den Deutschen zuschieben. Noch immer werden in der offiziellen Geschichtsschreibung Personen wie *Bohdan Chmel'nyc'kyj* oder *Semen Petljura* zu Nationalhelden stilisiert, ohne dass die unter ihrer Herrschaft stattgefundenen, folgenschweren Pogrome Erwähnung fänden. Hetman (Kosakenführer) *Petljura* ließ in den der russischen Revolution folgenden **Bürgerkriegswirren über**

020uk Foto: es

100.000 Juden ermorden und setzte damit fort, was unter *Bohdan Chmel'nyc'kyj* begann. *Chmel'nyc'kyj* führte im 17. Jahrhundert den Befreiungskrieg der ukrainischen Bauern und Kosaken gegen die polnische Adelshoheit, der sich nicht nur gegen die fremden Grundbesitzer, sondern auch gegen deren jüdische Pächter richtete. Etwa hunderttausend Juden fielen dem größten Massaker vor dem Holocaust zum Opfer.

Die meisten Juden meinen, dass der Antisemitismus von Einzelpersonen geschürt wird und nicht vom Staat ausgeht. Bereits 1992 hatte Präsident *Leonid Kravčuk* seinen *„Willen zur Zusammenarbeit zwischen Juden und Ukrainern"* bekundet und sich zur Mitschuld seiner Heimat an den während des **Nationalsozialismus** verübten Massakern bekannt. Teile der ukrainischen Bevölkerung betrachteten die deutsche Eroberung der Ukraine im Jahre 1941 zunächst als einen „Akt der Befreiung". Viele junge Ukrainer bewarben sich bei der Polizei und SS und 1943 konnte eine eigene ukrainische SS-Division mit Freiwilligen aufgestellt werden. Vor allem im Westen des Landes kam es **unter Beihilfe der einheimischen Bevölkerung zu Pogromen.**

Auch zahlreiche ukrainische Persönlichkeiten unterstützten zunächst die Kollaboration mit den deutschen Besatzern, unter ihnen auch die Führer der unierten Kirche und die meisten Häupter der autokephalen orthodoxen Kirche der Ukraine. Nach der Besatzung Kiews wurden in der **Schlucht von Babij Jar** zwischen dem 29. und 30. September 1941 **über dreißigtausend jüdische Männer, Frauen und Kinder ermordet.** Während der Zeit der Sowjetunion erinnerte dort ein Denkmal an die sowjetischen Opfer des Faschismus, Juden wurden in der Aufschrift allerdings nicht erwähnt. Heute ist Babij Jar zum **Wallfahrtsort für jüdische Gläubige** geworden. Im Mittelpunkt der Erinnerungsstätte steht eine Menora (ein siebenarmiger jüdischer Leuchter), an der die Überlebenden der Toten gedenken.

Die in der Ukraine lebenden Juden verfügen über ein **hohes nationales Selbstbewusstsein** und sind in zahlreichen, teilweise miteinander konkurrierenden Verbänden organisiert. Sie bemühen sich um die Rückgabe von Gebäuden, organisieren Stätten religiöser Erziehung und Bildung und fördern die eigene Kultur und das fast vergessene Jiddisch. Doch von einer großen „Wiedergeburt der jüdischen Kultur in der Ukraine" sind sie weit entfernt, denn die **jüdische Auswanderung nach Israel, Amerika oder Deutschland hält an** und Schätzungen gehen von nur 200.000 Juden in der gesamten Ukraine aus.

Gedenkmarsch nach Babij Jar

Steht nie still – Boris Naumovyč Chandros

Wie kann ein über Achtzigjähriger so lebendig sein, sich derart ungestüm bewegen und impulsiv reagieren? Sollte es doch ein Perpetuum mobile geben? Dann heißt es *Boris Naumovyč Chandros! „Ich bin erschossen worden"*, begrüßt er uns bei einer Lesung unter ukrainischem Himmel und ... Das Telefon läutet, Freunde kommen, die Presse möchte noch ein Foto erhalten ... Dann ist er wieder da, mit einer Flasche schweren moldawischen Rotweins, und erzählt: *„Eines Tages kam ein deutscher Soldat in unser Haus. Ich fühlte keinen Schmerz. Nur für einen kurzen Moment stach es in der Brust. Die schwarze Sonne war das Letzte, was ich sah"*. Die Kugel traf ihn einen Zentimeter neben dem Herzen. Doch er hatte Glück und konnte von einem ukrainischen Feldscher gerettet werden. *„In den von den Deutschen besetzten Gebieten wurde fast die gesamte jüdische Bevölkerung vernichtet. Es überlebten nur diejenigen, die sich rechtzeitig verstecken konnten oder von Nichtjuden gerettet wurden. Wir sollten jenen Menschen gedenken, die Gutes vollbracht haben."* Ein zweites Gläschen ist eingeschenkt, *Chandros'* Lebenswerk eingeläutet. Er arbeitete als Lehrer, publizierte in allen wichtigen sowjetischen und ukrainischen Zeitschriften und nicht nur dort, sondern auch auf dem Bildschirm fand sich oft sein Name als Autor populärwissenschaftlicher Sendungen und Dokumentarfilme. 2003 veröffentlichte er sein Buch „Das Stetl, das es nicht mehr gibt", das in der Ukraine Aufsehen erregte: *„Die Idee zu diesem Buch hatte ich schon vor einigen Jahren, doch erst nach dem Tod meines Vaters im August 1991 setzte ich sie in die Tat um ... Mein Vater starb und mit ihm ging eine ganze Epoche verloren, – eine Art des Daseins, all das, was sich in das eine Wort – Stetl – fassen lässt. Solange er lebte, gab es in seinen endlosen Geschichten, Erinnerungen, Parabeln, die mit Weisheiten des Tanach verstrickt waren, in den unzähligen Liedern, die er kannte und mit einer seltenen Ausdrucksstärke und unnachahmbaren Geistigkeit vortrug, unser Stetl Ozarincy, das schon lange nicht mehr existiert und von dem nur die massiven Wände der alten Synagoge und auf dem alten jüdischen Friedhof einige Grabsteine erhalten sind."* Jahrelang sammelte *Chandros* Material über das in Podolien gelegene Ozarincy. Er stellte Archive auf den Kopf und reiste durch die ganze Welt, um Zeitzeugen ausfindig zu machen. Was nicht zwischen die Buchdeckel passte, verwendete er in seinem neuesten Film „Die Mühle". Da entdeckte er eine alte Ukrainerin *Nadežda Pavlovna,* die im Garten Kartoffeln ausgrub und dazu jiddische Lieder sang. Sie stammte aus dem ukrainischen Jaruga. Hier lebten die Bewohner – Ukrainer und Juden – friedlich nebeneinander. Als die Deutschen in das Land einrückten, retteten die Ukrainer ihre jüdischen Nachbarn vor der Vernichtung. Bis zum Krieg arbeitete *Nadežda Pavlovna* gemeinsam mit jüdischen Frauen auf der Post und

Transkarpatien: Frühstück bei Rusinen, Mittag bei Ungarn und Abendbrot bei Rumänen

Hinter dem Karpatenbogen liegt von Osten gesehen Transkarpatien (ukr. *Zakarpattja*) – ein faszinierendes Landschaftsszenario aus Tälern, Flüssen und den größten Buchen-Urwäldern Europas, das seit dem Mittelalter zu

021uk Foto: es

die sangen den ganzen Tag und irgendwann kannte auch sie die Lieder auswendig. Und wenn *Chandros* mal wieder seinen Film vorführt, krönt die beherzte Ukrainerin mit einigen jiddischen Liedern das Programm. Ein Perpetuum mobile wie *Chandros* steht nie still. Sein neuestes Projekt beschäftigt sich mit einer bizarren Erscheinungsform des ukrainischen Antisemitismus: „Pan Iwan", wie Chandros' persönlicher Feind von Anhängern wie Spöttern betitelt wird, verteilt seit Jahren in der Öffentlichkeit ungestraft Bücher und Materialien mit antisemitischem Inhalt – besonders häufig auf dem Platz der Unabhängigkeit in Kiew. *„Letztens haben wir ihn gefilmt, da hat er es denn doch mit der Angst zu tun bekommen und sich den Rest des Tages nicht mehr blicken lassen."* Die Flasche Wein ist längst geleert und die schwere Süße fordert ihren Tribut, doch *Chandros* hat noch viel zu erzählen und so verabreden wir uns für den nächsten Tag und für den übernächsten und ... – kann uns jemand ablösen?

Boris Chandros an der Schlucht von Babij Jar

Ungarn, im 20. Jahrhundert zur Tschechoslowakei, dann wieder zu Ungarn und zur Sowjetunion gehörte und nun eine abgelegene Provinz ganz im Südwesten der Ukraine bildet. *„Ich bin nicht einmal in meinem Leben umgezogen, habe aber fünfmal die Staatsbürgerschaft gewechselt. Worüber soll ich mich noch wundern? Mir ist es egal, ob ich Ukrainer oder Rusine bin. Nennt mich den alten Pavlo und greift zu!"* Und so starten wir den Tag unter dem grünen Dach einer uralten Buche bei frischer Milch, saftigem Schafskäse und würzigem Brot. Die **Rusinen** stellen die **Bevölkerungsmehrheit dieser multiethnischen Region.** Von offizieller ukrainischer Seite werden sie allerdings nicht als eigene Volksgruppe, sondern **als Teil des ukrainischen Volkes betrachtet** und das Rusinische als ein eigenartiger Dialekt des Ukrainischen. Die Rusinen verstanden sich hingegen als eigene Nation im Unterschied zu den Ukrainern des Russischen Reiches. In der Habsburger Monarchie wurden sie als **Ruthenen** bezeichnet. Niemand weiß genau, wie viele Rusinen tatsächlich in Transkarpatien leben. Es gibt nur Schätzungen, die von 10.000 bis zu 650.000 Rusinen bei insgesamt etwa 1,2 Millionen in Transkarpatien lebenden Menschen ausgehen. 1993 wurde eine **rusinische „Regierung der Transkarpatischen Rus"** gegründet, die u. a. die Anerkennung der Rusinen als nationale Minderheit fordert, aber das Vertrauen der Bevölkerung nie gewinnen konnte. Das gängige Sprichwort „Auf zwei Ukrainer kommen drei Hetmane" dürfte auch für die rusinische Bewegung gelten. Was die Rusinen bisher nicht erreichten, gehört für die **größte Minderheit in Transkarpatien** – die **Ungarn** – schon zum ganz normalen Alltag. Auf dem Verwaltungsgebäude im sozialistisch geprägten Stadtkern von Berehove weht neben der ukrainischen Fahne die ungarische Trikolore (ohne das Staatswappen). Straßen- und Ortsschilder sind zum großen Teil ungarisch und viele Orte haben ihre alten ungarischen Bezeichnungen zurückerhalten. Es gibt Kindergärten und Schulen mit ungarischer Muttersprache und an der Universität in Užhorod eine Ungarische Fakultät und einen Ungarischen Lehrstuhl. Im Wirtshaus von Berehove duftet es nach *Halászle* – scharfer ungarischer Fischsuppe. Das Mittagessen aus Paprikasalat, Reis und scharfem Gulasch wird mit *Palinka* – leckerem ungarischen Obstschnaps – abgeschlossen. Nach der Unabhängigkeit der Ukraine konnte die ungarische Minderheit – bis dahin wurden die Ungarn als Verbündete der Deutschen verfemt und während der Sowjetzeit etwa 40.000 Ungarn aus Transkarpatien deportiert – eine **starke national-kulturelle Autonomie** erlangen. Besonders günstig wirkte sich dabei aus, dass die Ungarn sehr **kompakt im Karpatenvorland siedeln** und dort etwa **12,5 % der Bevölkerung** stellen, dass sie zu etwa 95 % ihre ungarische Muttersprache beherrschen und sich auf eine großzügige Unterstützung durch das Mutterland verlassen können. Trotzdem wird die ungarische Gemeinschaft immer kleiner. Vor allem junge Menschen wandern nach Ungarn aus, wo sie sich größere Erfolgschancen erhoffen.

In unmittelbarer Nachbarschaft zu den Ungarn leben **Rumänen.** Die meisten von ihnen leben jedoch nicht in Transkarpatien, sondern in der **Nordbukowina,** die zwischen den beiden Weltkriegen zu Rumänien gehörte. Dort stellten die Rumänen traditionell einen großen Bevölkerungsteil. Es kam sogar vor, dass ansässige Ukrainer, begünstigt durch den gemeinsamen orthodoxen Glauben, in die rumänische Gemeinde assimiliert wurden. Die Rumänen beherrschen mehrheitlich ihre Muttersprache und gründeten in der unabhängigen Ukraine Schulen mit rumänischer Muttersprache und mehrere Minderheitenorganisationen. Sie übertragen im Radio und Fernsehen rumänischsprachige Sendungen und lesen rumänischsprachige Zeitungen. Und in einer Zeitungsausgabe wird uns, nach rusinischem Hirtenkäse und ungarischem Paprika noch ein Geheimnis verraten – das Rezept von *Sarmale,* einem rumänischen Nationalgericht bestehend aus Kraut, Hackfleisch und Reis.

Verwirrende Vielfalt: Huzulen, Bojken und Lemken

In der würzigen Karpatenluft haben sich Stämme mit besonderen Dialekten, Trachten und Lebensgewohnheiten erhalten, die nicht als Minderheiten gelten, sondern den Ukrainern zugerechnet werden. Dazu gehören Huzulen, Bojken und Lemken, deren gewohnte Lebens- und Überlebensstrategien durch die Veränderungen der letzten Jahre gefährdet sind. Die **Bergbewohner** kämpfen ebenso wie die Ukrainer in anderen Regionen des Landes mit enormen wirtschaftlichen Problemen und einer bisher nicht gekannten Arbeitslosigkeit, die durch die schlechte Infrastruktur noch verstärkt werden. Der Weg zur Schule, in das nächste Geschäft oder auf den Markt ist weit.

022uk Foto: ai

Der **Stolz der Karpatenbewohner** sind ihre Häuser und die völlig aus Holz erbauten **Kirchen mit Schindeldächern.** Jede Ethnie hat ihren eigenen, **unverwechselbaren Holzkirchentyp.** Noch heute wird nach altem Brauch im Frühjahr Holz geschlagen, am geplanten Standort des Bauwerkes gelagert und im

023uk Foto: ai

kommenden Jahr nach überlieferten Handwerkstraditionen gebaut. In den 70er Jahren des 20. Jahrhunderts begann man Holzkirchen zu zerlegen, nach Užhorod oder L'viv zu transportieren und dort in Freilichtmuseen wieder aufzubauen. Dadurch sollen die einzigartigen Bauwerke bei fachmännischer Pflege auch kommenden Generationen erhalten bleiben.

Besonders sagenumwoben ist der **geheimnisvolle Bergstamm der Huzulen,** der bereits im 18. und 19. Jahrhundert sowohl in der ukrainischen als auch der polnischen und deutschen Literatur eine regelrechte Karriere aufweisen konnte. Dafür sorgten vor allem der unendliche Schatz an **Volkserzählungen, Sagen und Liedern,** aber auch die exotisch anmutende Kleidung der Viehzucht und Forstwirtschaft betreibenden Karpatenbewohner. Der Ursprung ihres Namens ist bis heute ungeklärt. Besonders populär ist die Ableitung vom walachischen Wort *hotul* (Räuber), die etwa im 17./18. Jahrhundert aufkam. Damals waren die Opryčen, vor dem Wehrdienst in der österreichischen Armee oder den polnischen Grundbesitzern entflohene und zu Freiheitshelden erhobene **Räuber,** in aller Munde. Am bekanntesten ist der legendäre Räuberhauptmann *Dovbuš*. Beliebt sind auch die Volkskunsterzeugnisse der Huzulen, die aus Wolle, Leinen und Holz am häuslichen Herd hergestellt werden und heute zu den Haupteinnahmequellen vieler Familien gehören.

Die Rückkehr der Krimtataren

„Ringsum herrschte tiefe Stille. Nur vom Dorfe her, vom hohen, altertümlichen Minaretturm tönt wie das Knarren und Kreischen eines ungeschmierten Wagenrades der durchdringende Ruf des Mullah zur frommen Andacht: ‚La Allah ... il Allah-ah ... Mahomed rasul Allah!'"
(Mychajlo Kocjubyns'kyj)

Trembita-Spieler

Die Krim war vielen Schriftstellern, Malern und Musikern eine Quelle der Inspiration und hat tiefe Spuren in der Kunst hinterlassen. *Joseph Beuys* soll während des Zweiten Weltkrieges mit seinem Flugzeug über der Krim abgestürzt sein. Tatarische Nomaden fanden ihn, behandelten seine Wunden mit Fett und wickelten seinen Körper in Filz ein. Die „Tatarenlegende" diente immer wieder als Erklärung für die Verwendung von Fett und Filz als *Beuys'* bevorzugtes künstlerisches Ausdrucksmittel.

Die **Krimtataren gelten als die ursprüngliche Bevölkerung der Halbinsel.** Sie sprechen eine dem Türkischen verwandte Sprache und sind **sunnitische Muslime.** Mit dem Beginn der Kolonisation der Krim verloren die Krimtataren ihre Autonomie und erlitten durch Verfolgung und Zwangsumsiedlung große Bevölkerungseinbußen. Bereits im Jahr 1783 wurde die Krim von *Katharina II.* annektiert und in das Russische Reich eingegliedert. Ihren Höhepunkt erreichten die Unterdrückungsmaßnahmen im Jahre 1944. Die Krimtataren wurden als angebliche Kollaborateure der Deutschen nach Usbekistan deportiert. Mindestens die Hälfte der etwa 500.000 Krimtataren starb während des Transports oder verschwand in Lagern. Eine formelle Rehabilitation erfolgte 1967, doch erst 1990 konnten

024uk

025uk

„Cha-Cha-Cha": Satirezeitung der Krimtataren

die ersten Krimtataren – allerdings ohne materielle Entschädigung – in ihre Heimat zurückkehren.

Doch die **Rückkehr der ca. 250.000 Krimtataren** führte zu massiven wirtschaftlichen und politischen Problemen. Sie wurden über die ganze Halbinsel verteilt, wo sie ihr Leben in provisorischen Unterkünften und halbfertigen Häusern ohne Strom und Wasser notdürftig fristen. Den meisten wurden die ukrainische Staatsbürgerschaft und damit demokratische Grundrechte wie Wahlrecht und Arbeitserlaubnis verwehrt, was unter anderem dazu führte, dass fast 70 Prozent der Krimtataren ohne Arbeit sind. Nur in wenigen Schulen wird Krimtatarisch unterrichtet, eine Sprache, die durch die jahrzehntelange Russifizierungspolitik fast verloren gegangen ist und die für ein Volk, das um den Erhalt seiner Kultur und seiner Religion kämpft, von großer Bedeutung ist.

Ein weiteres Problem sind die **politischen Forderungen der rückkehrenden Krimtataren.** Sie sehen ihre Zukunft zwar innerhalb der Ukraine, streben aber die Wiedereinführung einer offiziell anerkannten tatarischen Selbstverwaltung an. Immerhin ist es den Krimtataren im zähen Kampf um mehr politische Einflussnahme bislang gelungen, im Parlament der Krim mit einer garantierten Anzahl von Sitzen vertreten zu sein.

Die russische **Bevölkerungsmehrheit begegnet den Krimtataren wegen ihrer muslimischen Religion und ihrer pro-ukrainischen Haltung mit großen Vorbehalten** und auch die materiellen Zuwendungen aus dem In- und Ausland werden von den christlichen Nachbarn neidisch beobachtet. Seit Ende 1994 existiert in Simferopol eine **Mission der Vereinten Nationen,** deren Ziel es ist, den Krimtataren bei ihrer Eingliederung auf die Krim zu helfen. Sie unterstützt vor allem den Siedlungsbau, das Verlegen von Strom- und Wasserleitungen, den Aufbau eines Gesundheitswesens und vergibt Kredite für Baumaterialien und für die Gründung von kleinen Gewerben. **Mitarbeiter der OSZE** (Organisation für Sicherheit und Zusammenarbeit in Europa) beobachten hingegen das politische und wirtschaftliche Leben sowie die Einhaltung der Menschenrechte auf der Krim.

Last but not least: Russen in der Ukraine

Der Vollständigkeit halber sollte man die Tätigkeit zahlreicher gesellschaftlicher Organisationen erwähnen, die sich für die **Rechte der russischsprachigen Bevölkerung** einsetzen. Es fällt schwer, diese Gruppe klar zu definieren, weil unter die Kategorie „russischsprachig" nicht nur ethnische Russen, sondern auch Ukrainer mit der Muttersprache Russisch fallen. Zu den **bekanntesten russischen Organisationen** der jüngsten

Zeit zählen „Der Russische Block" und „Die Russische Bewegung der Ukraine". Die **stärkste Partei heißt „Die Union".** Sie setzt sich für die Rechte der russischsprachigen Bevölkerung der Ukraine ein, verteidigt deren Sprache und Kultur und die Orthodoxie „in ihrer ursprünglichen Art" (gemeint ist die Kirche des Moskauer Patriarchats). Sie fordert Bildung in russischer Sprache in Schulen und Hochschulen und die Anerkennung der russischen Sprache als zweite Staatssprache in der Ukraine.

Foto: ai002uk

MARKSTEINE DER UKRAINISCHEN GESCHICHTE

Die Ukrainer sind ein neugieriges Völkchen und stellen hundert und aberhundert Fragen! Dabei geht es häufig nicht nur um Allerwelts-Themen, sondern um die leidenschaftliche Erörterung der Gegenwart und der Vergangenheit. Etwaige Bildungslücken tarnt man vorzugsweise mit Gegenfragen zur ukrainischen Geschichte. Diese werden die Ukrainer begeistert aufnehmen, denn die **Belange der eigenen Vergangenheit und deren Aufarbeitung bewegen die Gemüter der Nation.** Glaubenssätze der sowjetischen Historiographie werden in Frage gestellt und historische Tabus wie die Hungersnot 1932/33 oder die Massengräber der Stalinzeit zum Politikum.

Der Blick auf die Geschichte der letzten Jahrzehnte ist für die Herausbildung einer ukrainischen Identität ebenso wichtig wie die historische Erinnerung an längst vergangene Zeiten, denn die Geschichte der Ukrainer verlief mit kurzen Ausnahmen außerhalb einer eigenen Staatlichkeit! So

Kriegsveteran

betrachtet gibt es keine Nationalgeschichte der Ukraine, sondern die **verschiedenen „Geschichten" jener von Ukrainern bewohnten Regionen,** die erst im 20. Jahrhundert in einem Zentralstaat - zunächst der Ukrainischen Sowjetrepublik und seit 1991 der unabhängigen Ukraine - zusammengefasst wurden. Der Mythos von der ukrainischen „Nation" bezieht sich daher auf kulturell und historisch so unterschiedlich geprägte Gebiete wie die Westukraine, die über Jahrhunderte zu Polen und Habsburg gehörte oder die Ostukraine, die unter der Herrschaft der russischen Zaren eine eigene Entwicklung nahm. Vervollständigt wird das farbenprächtige Mosaik der ukrainischen Landestraditionen u. a. durch das ungarisch geprägte und im Westen kaum beachtete Transkarpatien oder die vorwiegend von Russen bevölkerte und heute von den rückkehrenden Krimtataren beanspruchte Halbinsel Krim. Diese Vielfalt verstärkt einmal mehr die Suche der Ukrainer nach nationaler Identität und führt zu einer glanzvollen bis manchmal seltsam anmutenden **Aufwertung von Epochen und Ereignissen,** die zum Nachweis gemeinsamer historischer Wurzeln und einer lang zurückreichenden staatlichen Tradition herangezogen werden und denen im Folgenden nachgegangen werden soll.

Das „Goldene Zeitalter" der Kiewer Rus

„Koronacija slova" (Krönung des Wortes) sorgt alljährlich für eine „süße Entdeckung" - wurde doch der Literaturwettbewerb nach einem der Initiatoren, der Schokoladenfirma „Korona" benannt. Es gilt, neue Namen zu entdecken und Bestseller aufzuspüren. Einer der jungen Stars am ukrainischen Literaturhimmel, *Serhij Baturyn,* landete 2002 mit seinem **historischen Roman „Ochoronec"** (Wachmann) nicht ganz zufällig einen ersten großen Erfolg. Mit seiner Darstellung der Entstehungsgeschichte des Kiewer Reiches *(Kyjivs'ka Rus'),* des ersten frühmittelalterlichen Reichs auf ukrainischem Boden, bewegte er sich ganz in den Bahnen der heutigen offiziellen Geschichtsschreibung.

Diese leitet von der Ära der Kiewer Rus eine **tausendjährige nationalukrainische Tradition ab,** die angeblich bis zur Gründung des ersten eigenständigen ukrainischen Staates im Jahre 1918 reicht. Jedenfalls wurde der **Tryzub (Dreizahn), das Hoheits- und Feldzeichen der warägischen Rjurikiden** aus der Zeit der Kiewer Rus, als Staatswappen dieser kurzlebigen Republik eingeführt und auch die moderne Ukraine stellt mit ihren na-

Ein Tryzub (Dreizahn) - ein nationales Symbol der Ukraine

tionalen Symbolen bewusst den Bezug zur mittelalterlichen Vergangenheit her: Das ukrainische Parlament übernahm 1992 den *Tryzub* als nationales Hoheitszeichen; zudem wird er seit 1996 (auf blauem Schild) als **„Kleines Wappen der Ukraine"** geführt. An den Staatsfeiertagen dekoriert Präsident *Juščenko* die Elite des ukrainischen Volkes regelmäßig mit nach historischen Figuren der Kiewer Rus benannten Auszeichnungen – dem Orden *Jaroslaw des Weisen* und dem der *Fürstin Ol'ha,* der nur an Frauen verliehen wird.

Das **„Goldene Zeitalter" der Kiewer Rus dauerte vom 10. bis zum 13. Jahrhundert,** als in der Ukraine Städte, Handwerk und Handel zur Blüte gelangten. Bei der Herausbildung des mächtigen und international bedeutenden Reiches spielten die Waräger, bewaffnete Fernkaufleute aus Skandinavien, die mit dem byzantinischen Reich und dem Orient Handel trieben, eine wichtige Rolle. Nach der Überquerung des Meeres traten die Waräger zunächst mit den im Norden siedelnden Finnen in Kontakt und wurden von diesen *Ruotsi* – „Schweden" oder „vom Meer Herübergekommene" – genannt. Diese Bezeichnung übertrug sich allmählich auf die Ostslawen und das Land Rus. Eine **herausragende Rolle bei der Reichsbildung spielte Fürstin Ol'ha,** die nach dem Tode ihres Mannes, des Kiewer Fürsten *Ihor',* in der Mitte des 10. Jahrhunderts die Regentschaft des riesigen Reiches übernahm und in einer Chronik als „die wei-

026uk Foto: es

seste unter allen Menschen" betitelt wurde. Sie ließ sich 955 taufen und leitete den Prozess der Christianisierung der Rus ein, den Großfürst *Vladimir* 988 vollendete und damit die Dynastie der Rjurikiden zu einem gleichrangigen Mitglied in der Gruppe der mittelalterlichen Fürstenhäuser machte. Ein Chronist verglich den Großfürsten *Vladimir* mit einem Ackersmann und seinen Nachfolger *Jaroslav* mit einem Bauern, der „literarische Büchlein" in die Erde sät. **Unter Jaroslav dem Weisen erreichte die Kiewer Rus in der Mitte des 11. Jahrhunderts ihren Höhepunkt.** 1037 wurde der Bau der Sophienkathedrale in Kiew nach dem Vorbild der Hagia Sophia in Konstantinopel begonnen. Im selben Jahr wurde der erste Metropolit (Bischof der Ostkirche) – *Iliaron* – eingesetzt. Aus der Herrschaftszeit *Jaroslav des Weisen* stammt die **erste russische Rechtskodifikation,** die „russkaja pravda", eine anschauliche Quelle der rechtlichen, sozialen und wirtschaftlichen Verhältnisse in der Kiewer Rus. Sie hatte wesentlichen Einfluss auf spätere Gesetzesbücher. Nach dem Tod *Jaroslavs* **zerfiel das Reich in konkurrierende Teilfürstentümer** und es bildeten sich neue Machtzentren wie das galizisch-wolhynische Fürstentum (ukr. *Halyč-Volyn'*) im Südwesten heraus.

Bei der Suche nach den eigenen historischen Wurzeln spielt die Erinnerung an die glanzvolle Epoche der Kiewer Rus und des galizisch-wolhynischen Fürstentums für die Ukrainer eine wichtige Rolle. Davon zeugt auch der zwar preisgekrönte, aber literarisch kaum überzeugende Roman von *Serhij Baturyn.* Nach Meinung des Autors sind die frühmittelalterlichen, noch heidnischen „Ukrainer" die Ahnen der Russen – er beantwortet so mit dieser kecken These kurzerhand eine Frage, an der sich bereits Generationen ernsthafter Historiker vergeblich abmühten: Was gab es zuerst – Russland oder die Ukraine? Er spricht somit vor allem jenen Teil der Bevölkerung an, der sich vorrangig durch Abgrenzung von den Russen oder allem „russischen" als Ukrainer definiert.

„Mutter der russischen Städte"

„Was stehst du denn, Alter, am Dnepr dort,
winkst, Weißhaar, mit dem Ruder in einem fort?"
„Ich bin Kyj, mir gehört hier die Dneprfähre.
Ich wart schon so lange auf eure Heere!"
(Ivan Drač)

In der „Erzählung der vergangenen Jahre", einem Meisterwerk der altrussischen Chronikliteratur zu Beginn des 12. Jahrhunderts brach *Oleg* mit einem großen Heer von Warägern, Slawen und Finnen nach Süden auf:

084uk Foto: as

„Und Oleg ließ sich in Kiew nieder", so der Chronist, *„und herrschte da und sprach: ‚Kiew soll die Mutter der russischen Städte werden'."* Diese Worte haben die Jahrhunderte als „geflügelte Worte" überdauert. Sie dienten den russischen Zaren seit dem 17. Jahrhundert als Vorwand zur „Sammlung der russischen Länder", also der erzwungenen Angliederung der ukrainischen Regionen an das Zarenreich. Nach dem Zweiten Weltkrieg, als man in der sowjetischen Ukraine ein gewisses Maß an nationalem Patriotismus duldete, betrachtete man **Kiew als „Wiege aller ostslawischen Völker".**

Heute werben auch die russischen Reisbüros gerne für einen Abstecher - nicht etwa in die ukrainische Hauptstadt, sondern zur „Mutter der russischen Städte". Die ukrainischen Gastgeber dagegen erzählen lieber ihre „eigene" **Gründungslegende der Stadt** - vorzugsweise beim gewaltigen Denkmal am Dneprufer, das die Sage von der Entstehung der Stadt symbolisiert: Kiew wurde demnach auf einem Hügel am Dnepr von den Brüdern *Kyj, Šček* und *Choryv* sowie deren Schwester *Lybid'* gegründet und nach dem ältesten der Brüder benannt. *„Ich schaue auf die Stadt, die vor Größe leuchtet, ich schaue auf die blühenden Kirchen ..."*, so schwärmte im 11. Jahrhundert der Metropolit *Iliaron.*

Aber auch ausländische Reisende zeigten sich zu jener Zeit von Kiew tief beeindruckt: *„In dieser großen Stadt, die das Haupt des Königreiches ist, gibt es mehr als vierhundert Kirchen und acht Märkte"*, stellte der Chronist *Thietmar von Merseburg* mit Staunen fest. Der französische Romancier *Honoré de Balzac* nannte die Stadt das *„Rom des Nordens"*. Darauf sind die Kiewer besonders stolz: *„Unsere Stadt glänzte schon im Zauber der goldenen Kuppeln, als an Moskau noch nicht zu denken war!"*

Höhlenkloster in Kiew

Weiße Kastanien, helle Blütenfeuer!

Kiew war schon immer eine Reise wert, besonders im Frühjahr, wenn die Kastanien blühen: *„Wenn sich auf den Kastanien die gelblichen und rosa Kerzen entzündeten, war der Frühling auf seinem Höhepunkt angelangt. Aus den jahrhundertealten Gärten strömten Wogen von erfrischender Kühle, der feuchte Atem des jungen Grases und das Rauschen des eben erst entfalteten Laubwerks über die Straßen. Überall, sogar auf dem Chreščatyk, krochen Raupen auf den Bürgersteigen herum. Der Wind fegte die vertrockneten Blütenblättchen zu Haufen zusammen. Maikäfer und Schmetterlinge flogen in die Fenster der Straßenbahnwagen hinein. Des Nachts schlugen in den Vorgärten die Nachtigallen. Die flaumigen Blüten der Pappeln sahen wie von der Brandung des Schwarzen Meeres zusammengetriebener Schaum aus, wenn sie längs der Bürgersteige im Rinnstein lagen. In den Ritzen zwischen den Pflastersteinen blühte Löwenzahn.“ (Konstantin Paustovskij)*

Doch auch im Herbst ist Kiew eine Reise wert. Dann regnet es Kastanien vom Himmel! Das Blatt der Kastanie ist das Wahrzeichen der Stadt, *Kaštany* das leckerste Eis der Ukraine und Kiew der Laufsteg des ukrainischen Selbstbewusstseins!

Zentrales Symbol der Befreiung von der „heidnischen Finsternis“ wurde die **Sophienkathedrale,** die heute als nationales Heiligtum von den Ukrainern verehrt und von den verschiedenen orthodoxen Kirchen hart umkämpft wird. Der Feierlichkeit des Bauwerkes kann man sich schwer entziehen: Die Außenarchitektur wird von Elementen des ukrainischen Barock bestimmt, während den ins Halbdunkel getauchten Innenraum prachtvolle byzantinische Mosaiken und Fresken schmücken. Ebenso beeindruckend wie die meisterhafte Sakralkunst der Sophienkathedrale sind die Bauwerke des Höhlenklosters. Die im Zweiten Weltkrieg zerstörte Himmelfahrtskirche erstrahlt im alten Glanz und in engen unterirdischen Gängen sind beim schummrigen Kerzenlicht Mumien der Mönche des Klosters zu bestaunen. Das **Höhlenkloster** (*pečers'ka lavra*) wurde von Eremiten gegründet und war in Opposition zur Macht der griechischen Metropolie (Bischofssitz) eine Pflanzstätte altrussisch-nationaler Ideen. Gegenwärtig ist es Sitz der orthodoxen Kirche des Moskauer Patriarchats.

Väterchen Dnepr

„Nächste Haltestelle Dnipro“, dröhnt es aus altersschwachen Lautsprechern der Kiewer Metro. Einen Augenblick später schwemmt die Wagenschlange Badelustige an das **Ufer des Dnepr** (ukr. *Dnipro*), dieses legendenumwobenen, in Liedern besungenen und **von Dichtern verherrlichten Stroms der Ukraine.** An seinem Ufer befindet sich das Grab des

Nationaldichters *Taras Ševčenko,* dessen „Vermächtnis" zur zweiten ukrainischen Nationalhymne wurde:

„In ein Hügelgrab der Steppe,
wenn ich sterben werde,
senkt mich, Brüder, dass mich decke
Ukrainererde,
dass ich kann des Dneprs Schnellen,
seine Ufer schauen,
dass ich höre, wie er rauschend
strömt durch weite Auen!"

Der Dnepr ist nach Wolga und Donau der **drittlängste Fluss Europas.** Er entspringt in den russischen Waldaihöhen, fließt durch Weißrussland und die Ukraine und mündet nach 2200 km in das Schwarze Meer. Er teilt das Land in die historisch so unterschiedlich geprägte linksufrige Ukraine im Osten und die rechtsufrige im Westen und trägt nach *Oles Hončar „in seinem Lauf das Gedankengut der Jahrhunderte".* Die slawischen Vorfahren der heutigen Uferbewohner nannten den Dnepr auch *Slavutyč* (slawischer Fluss) und die Kosaken riefen ihn ihren „Bruder".

Der Dnepr war **seit dem Mittelalter als Handelsweg zwischen der Ostsee zum Schwarzen Meer** - von den Warägern zu den Griechen - von Bedeutung. Eine Behinderung für die Schifffahrt stellten die Stromschnellen an seinem Unterlauf dar. Genau dort - hinter den Stromschnellen - entstand später die **Zaporožer Sič, das befestigte Lager der ukrainischen Kosaken,** von dem aus sie mit flinken Booten Raubzüge an die türkische Küste unternahmen. Den Kosaken folgten im 20. Jahrhundert die Pioniere der Lenin'schen Elektrifizierungskampagne. Sie bezwangen die Stromschnellen, begradigten den ungestümen Fluss, legten riesige Stauseen an, bauten gigantische Wasserkraftwerke und zerstörten dabei zahlreiche Heiligtümer des ukrainischen Kosakenerbes: *„Sperren werd ich deinen Lauf,/Sagt der Mensch zum Dnepr drauf,/Dass, besiegt,/Die Wassermassen/Stürzen aus der Höh,/Und dann/Züge/Vorwärtsrollen/Lassen/Und Maschinen/Treiben an",* so preist *Samuil Maršak* diese neue Zeit.

Besonders populär ist das 1941 von *Evgenij Dolmatovskij* verfasste und von *Mark Fradkin* vertonte **„Lied über den Dnepr".** Die gefühlvoll-patriotische Weise wurde während des Krieges an allen Fronten des Landes gesungen. Es hat bis heute nichts an Aktualität eingebüßt und ertönt noch immer am Grab des unbekannten Soldaten in Kiew, im Museum des Großen Vaterländischen Krieges und an Gedenkorten. Im Internet wird es sogar als Handymelodie angeboten: www.mobzik.ru.

Vom Donner des Kosakenruhmes

„Ein Kosak! Das ist der Ehrenname des Volks!"
(Freiherr von Haxthausen, 1847)

Kosaken sind Kult! Politiker posieren vor laufender Kamera mit der *Bulava,* dem Herrschaftsstab der Kosaken, *Juščenko* wird ehrfurchtsvoll Hetman (gewählter Kosakenführer) gerufen, Halbstarke demonstrieren heißblütige Kosakenschauspiele, der berauschende *Horilka* (ukrainischer Wodka) wird unter der Bezeichnung „Kosak" oder „Hetman" verkauft und die unzähligen **Kosakenvereinigungen sind scheinbare Schwergewichte im politischen Ränkespiel des Landes:** Atamane des ukrainischen Kosakentums schlossen 2004 den Führer der Partei „Unsere Ukraine" und damaligen Nationalbankchef *Juščenko* wegen angeblich ausstehender Mitgliedsbeiträge aus ihren Reihen aus und unterstützten fortan seinen Widersacher im Kampf um das höchste Amt des Landes. Doch „Esaul" (hoher Rang im alten Kosakenheer) *Juščenko* besann sich der in populären Volksballaden besungenen Tugenden seiner kriegerischen Vorfahren und kämpfte sich an die Spitze der Nation.

Wenige Monate später gründete er den **„Rat des ukrainischen Kosakentums"** mit dem Ziel, *„das Potenzial der kosakischen Idee für die Konsolidierung der ukrainischen Gesellschaft zu nutzen und Kosakenorganisationen zum Schutz des kulturellen Erbes und zur militärisch-patriotischen Erziehung der Jugend heranzuziehen"*. Ehefrau *Kateryna* inspizierte derweil in Paris die neue, von der traditionellen Kleidung der Kosaken inspirierte, Kollektion *Jean Paul Gaultiers.* Damit entsprach die First Lady des Landes – wahrscheinlich ungewollt – der Meinung vieler Ukrainer (und Ukrainerinnen!!) über die theatralisch anmutende Kulisse der furchtlosen, durch die Steppe reitenden und säbelschwingenden glatzköpfigen Wilden. Danach gehören die **Kosaken in die Welt der Folklore.** Sie dienen der Belustigung bei Volksfesten oder der kulturellen Repräsentanz des ukrainischen Volkes auf internationaler Bühne. Sie sind Lieblingsspielzeug der Männer und unschlagbare Rechtfertigung für maßlose Saufgelage, natürlich unter Ausschluss weiblicher Gesellschaft.

Kurzum, die während der Sowjetzeit verachteten Kosaken sind seit den 1990er Jahren in Mode gekommen. So berief sich die wiedererwachte Nationalbewegung bei ihren Bemühungen, in der wenig patriotisch gestimmten und weitgehend russifizierten Bevölkerung der östlichen und südöstlichen Landesteile ein Nationalbewusstsein zu installieren, vor allem auf den alten Kosakenmythos, denn genau dort befindet sich die Heimat der ukrainischen Kosaken.

Das Zaporožer Kosakentum

„Das Kosakentum ist die Seele der Ukraine,
ihre Hoffnung, Rettung und Zukunft.“
(Aufruf der Ersten Gesamtukrainischen Großen Kosaken-Rada, 1990)

Dubno, ein Rockfestival und Taras Bul'ba

Dubno ist ein altehrwürdiges wolhynisches Städtchen am linken, hohen Ufer der Iskva – mit einer hochaufragenden Festungsanlage und biederen Bürgern. Einmal im Jahr verwandelt sich der Flecken allerdings in ein Spektakel rockender Musiker und fanatischer Fans, das nach *Taras Bul'ba,* einer Figur aus der gleichnamigen Erzählung von *Nikolaj Gogol',* benannt wurde. *Gogol'* zeigte sich von der Festungsanlage so beeindruckt, dass er in seiner Erzählung *„Taras Bul'ba“* die Feldzüge der Zaporožer Kosaken vor der Kulisse Dubnos in Szene setzte: *„Das Heer beschloss, geradewegs gegen die Stadt Dubno zu ziehen, wo es, wie gerüchteweise verlautete, viele Schätze und reiche Einwohner gab ... Ein hoher Erdwall umgab die Stadt: wo der Wall etwas niedriger war, dort ragte eine Steinmauer oder ein Haus empor, das als Batterie diente, oder endlich ein Palisadenzaun aus Eichenholz.“*

Der russisch schreibende *Nikolaj Gogol'* (1809–1852) entstammte einer ukrainischen Gutsbesitzerfamilie aus der Gegend von Myrhorod. Er floh aus der bedrückenden Enge des provinziell-kleinbürgerlichen Lebens in die damalige russische Hauptstadt St. Petersburg und erlebte dort mit der Aufzeichnung von volkstümlichen Geschichten aus der ukrainischen Heimat und einer an ukrainischen Themen interessierten Öffentlichkeit den literarischen Durchbruch. Die Leser von „Abende auf dem Weiler von Dikanka“ ergötzten sich an den lustigen Geschichten und grausigen Märchen, an den mit sicherer Hand aus dem ukrainischen Volksleben gegriffenen Begebenheiten, in denen Komik und Tragik eine kunstvolle Verbindung eingehen und ein „Lachen unter Tränen“ bewirken. Da flucht die Bauersfrau Chivrja: *„Ersticken sollst du, du nichtsnutziger Lump! Und deinem Vater sollte jemand mit einem Topf den Schädel einschlagen! Den Hals brechen sollte er sich auf dem Eis, der verfluchte Antichrist! Der Teufel sollte ihm den Bart absengen!“* Mit dem Teufel wird nicht nur gedroht, meist tauchen Hexen, Nixen oder andere Spukgestalten in den ländlichen Alltagsschilderungen auf, es gibt keine Grenze zwischen Traum, Aberglaube und Wirklichkeit. Als Fortsetzung der „Abende auf dem Weiler von Dikanka“ erschien 1835 der Novellenband „Myrhorod“, dessen bekannteste Erzählung, die patriotische Novelle *„Taras Bul'ba“,* die Geschichte des Kosakenoberst *Bul'ba* aus der Zeit der ukrainischen Befreiungskriege gegen die Polen im 16./17. Jahrhundert beschreibt. Die Zeitgenossen von *Taras Bul'ba* haben die Belagerung der Festung überlebt und auch die heutigen Einwohner von Dubno sind froh, wenn der Heidenlärm des Rockfestivals verklingt und die Musikliebhaber sich in alle Winde verstreuen. Sie reisen wahrscheinlich weiter nach Poltava, zum „Ivan Mazepa“-Musikfestival oder machen von dort einen Abstecher in die Heimat von *Nikolaj Gogol'* und zu deren Bewohnern: *„Ivan Ivanovičs Kopf erinnert an einen Rettich mit dem spitzen Ende nach unten, Ivan Nikoforovičs Kopf an einen Rettich mit dem spitzen Ende nach oben.“(Nikolaj Gogol')*

Der Begriff **„Kosake"** stammt aus dem Tatarischen und bedeutet „freier Krieger". Zunächst waren es geflohene Bauern und tatarische Krieger, die seit Ende des 15. Jahrhunderts in das so genannte „wilde Feld" *(dyke pole)* flohen und die südlichen Grenzgebiete des polnisch-litauischen Reiches besiedelten. Sie gründeten am Unterlauf des Dnepr die **Zaporožer Sič** – das Lager hinter den Stromschnellen *(za porohamy)*. Das Gebiet war reich an Fisch, Wild und Honig, eine wichtige Vorraussetzung für das Leben der Kosaken. Ackerbau war verpönt und galt als Zeichen der Knechtschaft, erinnerte viele an ihr früheres Dasein als Bauer. Immer mehr Menschen strömten zu den **Kosakengemeinschaften,** die sie unabhängig von Herkunft und Stand aufnahmen, wenn sie sich zur Orthodoxie bekannten. Die Kosaken verachteten materielle Güter, wohnten in einfachen Erdhütten und schätzten nur die wertvollen Waffen und Pferde. Es entwickelte sich ein starkes Gemeinschaftsgefühl und eine mönchartige Strenge. Frauen durften sich in der *Sič* nicht aufhalten. Mit ihren kleinen Booten, den *čajkas,* ruderten die Kosaken die Flüsse entlang bis ins Schwarze Meer. Sie griffen überraschend türkische Städte an und machten reiche Beute. Bei

Kosakenbarock

Unter der architektonischen Pracht des Landes bestechen vor allem die im so genannten „Kosakenbarock" errichteten Kirchen des 17. und 18. Jahrhunderts. Sie entstanden nach dem siegreichen Ende des Befreiungskrieges gegen die polnische Oberherrschaft und verkörperten die zu Stein gewordenen Heldentaten der Menschen und den Sieg der Orthodoxie über die katholische „Finsternis". In der Anlage der aus Holz und Stein errichteten Kirchen verbinden sich Traditionen altrussischer und ukrainischer Baukunst. Ihr charakteristisches Merkmal ist die turmartige Höhenstaffelung des Gebäudes, mit der nicht nur die Majestät Gottes, sondern auch das gesteigerte Selbstbewusstsein der Menschen in der kulturellen Blütezeit des Kosakentums zum Ausdruck gebracht werden sollte. Manche nennen den Baustil auch „Mazepa-Barock", denn der vermögende Hetman *Ivan Mazepa* (1639–1709) stiftete einen großen Teil seines Reichtums für die Errichtung von Sakralbauten.

Ivan Mazepa ist wohl eine der außergewöhnlichsten und umstrittensten Persönlichkeiten der ukrainischen Geschichte. Er wird als machtgieriger Egoist, der sich auf Kosten des Volkes und der einfachen Kosaken bereicherte, angefeindet und zugleich als Volksheld für den Kampf der ukrainischen Idee gefeiert. *Mazepa* kündigte im Nordischen Krieg das Bündnis mit dem russischen Zaren, als dieser die Rechte der Kosaken missachtete und kämpfte fortan – wenn auch erfolglos – auf schwedischer Seite. Nach dem „Verrat" belegte die russisch-orthodoxe Kirche *Mazepa* mit einem Kirchenbann und russische Truppen zerstörten die Hauptstadt des Hetmans, Baturyn. *Voltaire, Byron, Puškin* und andere Größen der europäischen Literatur verewigten die schillernde Persönlichkeit des Hetmans in vielen Werken.

028uk Foto: es

den ausgelassenen Siegesfeiern floss der Alkohol in Strömen. Man schmückte sich mit teuerster Kleidung, farbenfrohen Pluderhosen, goldenen Schärpen und Tressen sowie hohen Fellmützen und Turbanen. Der Führer einer Gemeinschaft wurde **„Hetman"** genannt und übernahm zum Zeichen seines Ranges *Bulava* (Herrscherstab) und *Bunčuk* (tatarische Rossschweifstandarte). Der „Hetman" wurde von einer Versammlung gewählt, aber auch wieder abgesetzt, wenn er sich den Unwillen seiner Gemeinschaft zugezogen hatte.

Die Kosaken lebten zunächst **unter loser polnischer Oberhoheit.** Sie schützten das Grenzland und leisteten auf diese Weise dem Reich einen willkommenen Verteidigungsbeitrag. Ab der zweiten Hälfte des 16. Jahrhunderts verstärkte die polnische Adelsrepublik jedoch die Kontrolle über die Kosaken. Es wurden so genannte Register organisiert, in denen eine beschränkte Anzahl von besoldeten Kosaken dem polnischen König dauernd diente. Die **Registerkosaken** wurden vom polnischen König mit Privilegien ausgestattet und den freien Kosaken vorgezogen. Zeitgleich dehnten polnische Großgrundbesitzer ihren Anspruch auf Ländereien im kosakischen Grenzland aus und zerstörten die freie Bauerngesellschaft. Auch die Integration des ukrainischen Adels in den polnischen und der

Bohdan Chmel'nyc'kyj auf einem Bauzaun in Čerkasy

Zaporižžja – von Autos und Kosaken

Weltberühmt wollte man mit dem „*Zaporožec'*" werden, einem Kleinstwagen – „flink und elegant", wie ihn die Hersteller anpriesen. „Benzinschluckender Kleintraktor" nannten ihn die Besitzer. Gleichwohl – in der sowjetischen Mangelwirtschaft stand er hoch im Kurs und war von keiner Landstraße wegzudenken. Noch immer tuckern die antiquiert anmutenden Vehikel über den Asphalt und sind an heißen Sommertagen viel belächelte Spaßobjekte am Straßenrand. Dort stehen sie mit qualmendem Motor und geöffneter Haube und dürsten nach Abkühlung, denn richtig in Fahrt kommt der *Zaporožec'* erst bei eisigen Temperaturen. Dann liegen die mit Elektronikgütern gesegneten Kraftpakete am Weg und der einst belächelte Besitzer des *Zaporožec'* ist Herr der Schlitterbahn!

Heimat des Automobils ist die ostukrainische Stadt **Zaporižžja,** eine moderne ukrainische Industriestadt am Dnepr mit etwa 800.000 Einwohnern. Stromleitungen und Leitungsmasten prägen das Antlitz der Stadt. Sie transportieren den Strom vom 1927–1932 erbauten Dnipro-HES-Wasserkraftwerk, bei dessen Bau ein Stausee angelegt und der Wasserspiegel des Dnepr um einige Meter angehoben wurde. In seinen Fluten versanken allerdings nicht nur kleinere Inseln, sondern auch die legendären Stromschnellen, die der Stadt, aber auch den ukrainischen Kosaken den Namen gaben: *za porohamy* – „hinter den Stromschnellen".

Unterhalb der Staumauer erstreckt sich Chortycja, die größte Insel des Dnepr. Sie ist ein beliebtes Naherholungsgebiet der großstadtgeplagten Menschen und staatlicher Nationalpark, dessen Mittelpunkt das „Museum der Geschichte des Zaporožer Kosakentums" bildet. Der bereits Mitte der 1960er Jahre geplante Bau fristete nach seiner Eröffnung 1983 das triste Dasein eines typischen sowjetischen Heimatkundemuseums, in dem die Geschichte der Zaporožer Kosaken nur am Rande erwähnt wurde. Tatsächlich verehren die Ukrainer die Insel Chortycja als „Wiege des Zaporožer Kosakentums" wie ein nationales Heiligtum. Denn bereits Mitte des 16. Jahrhunderts entstand auf der kleinen Nachbarinsel – Mala Chortycja – die erste *Sič* – eine befestigte Siedlung, die den Ausgangspunkt des ukrainischen Kosakentums darstellte. Seit der Revolution im Winter 2004/2005 steht dem Museum ein neuer Direktor vor und die leeren Ausstellungsräume dürften bald vergangenen Zeiten angehören, denn das Zaporožer Kosakentum stößt nicht nur bei Historikern, sondern auch in der breiten Öffentlichkeit auf ein neu erwachtes Interesse.

Übertritt ukrainischer Adliger orthodoxen Glaubens in die seit dem Ende des 16. Jahrhunderts existierende griechisch-katholische Kirche verstärkten die **Konflikte innerhalb der Kosakengemeinschaft.** Diese entluden sich seit Ende des 16. Jahrhunderts in **Aufständen der Kosaken gegen die polnische Regierung** und erreichten im Jahr 1648 ihren Höhepunkt im Aufstand unter *Bohdan Chmel'nyc'kyj.* Die polnischen Landbesitzer wurden aus dem Grenzland verjagt und ihre meist jüdischen Verwalter ihrer Position beraubt oder getötet. Die Judenpogrome während des **Chmel'nyc'kyj-Aufstandes** (schätzungsweise 100.000 Opfer) bilden eines der dunkelsten Kapitel der ukrainischen Geschichte. Die Juden waren im Zuge der Kolonisation mit polnischen Gutsbesitzern in das Grenzland im Osten und Südosten gezogen und hatten als Verwalter der neuen Güter die Interessen der Landbesitzer gegenüber den unterworfenen Bauern durchzusetzen. Diese wiederum machten die Juden für die „ungerechten" gesellschaftlichen Verhältnisse verantwortlich und hielten sich während des ukrainischen Befreiungskrieges unter *Chmel'nyc'kyj* an den Juden schadlos.

Der Kampf der Kosaken unter *Bohdan Chmel'nyc'kyj* gegen die polnische Krone führte kurzzeitig zur **Etablierung eines autonomen Kosakenstaates,** der die linksufrige und rechtsufrige Ukraine umfasste und in der Historiographie als „Hetmanat" oder erster ukrainischer „Nationalstaat" bezeichnet wird. Angesichts der verheerenden Niederlage gegen Polen-Litauen in der Schlacht bei Berestečko 1651 musste sich *Bohdan Chmel'nyc'kyj* neue Bündnispartner suchen und unterstellte daher das „Hetmanat" der Protektion des russischen Zaren. Im Jahre 1654 wurde in Perejaslav ein **Bündnisvertrag zwischen dem Hetman Bohdan Chmel'nyc'kyj und dem russischen Zaren** geschlossen, der das ukrainische Hetmanat formell dem Moskowiter Reich unterstellte. Trotz des Gefolgschaftseides der Kosaken konnte der Zar seinen Herrschaftsanspruch in der Folgezeit nur bedingt durchsetzen. Die Verbindung zwischen Kosaken und Russen beschränkte sich auf das gemeinsame Vorgehen gegen die Polen. Gleichwohl wurde mit dem Vertrag, der das ukrainische Territorium endgültig aus dem polnischen Machtbereich löste, der außenpolitische Bedeutungsverlust Polens offen sichtbar und es begann der **Aufstieg Russlands zur europäischen Großmacht.** Noch heute scheiden sich die Geister an der Beurteilung des Vertrages, aber auch an der Person *Chmel'nyc'kyjs*. Je nach politischem Standpunkt wird **Bohdan Chmel'nyc'kyj** als „Befreier des ukrainischen Volkes vom polnischen Joch" gefeiert oder als „Zerstörer ukrainischen Lebens" verurteilt. Im Russischen Reich wurde *Chmel'nyc'kyj* als „Wiedervereiniger" Russlands geehrt.

Ukrainische Nationalbewegung

Zu Beginn des 19. Jahrhunderts kam es in der Ukraine zu einer **kulturellen Erweckungsbewegung:** Intellektuelle beschäftigten sich mit der Vergangenheit, studierten die Folklore und Ethnographie des eigenen Volkes, sammelten ukrainische Volkslieder und Kosakenepen (so genannte *dumy*) und gebrauchten das zur Bauernsprache degradierte Ukrainisch. 1798 veröffentlichte **Ivan Kotljarevs'kyj** das erste in ukrainischer Umgangssprache verfasste literarische Werk: Das Poem „Eneida" illustrierte auf volkstümliche Art und Weise das damalige Leben und den ukrainischen Nationalcharakter. Es stand am Beginn einer neuen ukrainischen Literatur.

Ein weiterer Vertreter dieser Bewegung war der Schriftsteller **Nikolaj Gogol',** der mit seinen in russischer Sprache verfassten Erzählungen aus der ukrainischen Heimat in St. Petersburg berühmt wurde und sein Volk in ganz Europa bekannt machte. Aus der linksufrigen Ukraine stammte auch der als Nationaldichter verehrte **Taras Ševčenko,** dessen Leben und Werk das Streben des ukrainischen Volkes nach Unabhängigkeit verkörpert. Zweimal – 1863 und 1876 – verbot der russische Zar den Druck ukrainischsprachiger Schriften und ukrainischsprachige Theateraufführungen. Sogar die Verwendung der Termini „Ukraina" und „ukrainisch" wurde unter Strafe gestellt. Die Ukrainer nannte man abwertend „Kleinrussen". Nationale Ideen wurden unterdrückt und erreichten nicht die breite bäuerliche Mehrheit der Ukrainer. Auch die im 19. Jahrhundert einsetzende **Industrialisierung im Osten und Süden lieferte keine neuen Impulse für die ukrainische Nationalbewegung.** Die Arbeiterschaft setzte sich zum größten Teil aus Russen zusammen und die wenigen, bis 1861 leibeigenen, ukrainischen Bauern, die in den russischen Industrieanlagen Arbeit fanden, wurden bald assimiliert.

Anders waren die Bedingungen für das **Entstehen einer ukrainischen Nationalbewegung in Galizien**, das seit den polnischen Teilungen des 18. Jahrhunderts zum Habsburger Reich gehörte und sich zum Zentrum der ukrainischen Nationalbewegung entwickelte. Hier wurden der Kampf gegen die Polen und die ukrainische Idee von der offiziell als Nationalkirche anerkannten griechisch-orthodoxen Kirche propagiert. Der österreichische Staat räumte 1848 den als „Ruthenen" bezeichneten Ukrainern in Galizien **kulturell-sprachliche und später auch bürgerliche Rechte** ein, ein muttersprachliches Schulsystem wurde aufgebaut, Zeitungen gedruckt und politische Organisationen gegründet. Zu Beginn des 20. Jahrhunderts war die ukrainische Nationalbewegung in Galizien zu einer **Massenbewegung** geworden, deren führende Vertreter eine unabhängige Ukraine forderten. Als herausragender Vertreter der Nationalbewegung wies der ukrainische Schriftsteller und Übersetzer **Ivan Franko** in seinem Werk auf die Folgen der sozialen und nationalen Unterdrückung hin. 1894 übernahm **Mychajlo Hruševs'kyj** den neu gegründeten Lehrstuhl für Osteuropäische Geschichte an der Lemberger Universität. Damals ahnte noch niemand, dass der lang gehegte Traum eines ukrainischen Nationalstaates, dessen erster Präsident *Hruševs'kyj* wurde, in greifbarer Nähe lag.

Maler, Dichter, Kultfigur: Taras Ševčenko

In der Ukraine erschien Ende der 1990er Jahre *Andrej Kurkows* Roman „Petrowitsch", in dem ein junger, arbeitsloser Geschichtslehrer aus Kiew Hinweisen auf ein verschollenes Tagebuch *Taras Ševčenkos* nachgeht und sich auf den beschwerlichen Weg nach Kasachstan aufmacht, wo er den angeblich vergrabenen Schatz vermutet. Hätte der arme Schlucker das Tagebuch des ukrainischen Nationaldichters gefunden, wäre er in der Ukraine fortan ein gemachter Mann gewesen, denn die Verehrung von *Taras Ševčenko* kennt keine Grenzen: Es gibt unzählige Denkmäler (in der ganzen Welt sollen es mehr als 400 sein), die Nationaluniversität in Kiew trägt seinen Namen und an den Jahrestagen verwandelt sich seine Grabstätte in Kaniv in einen Wallfahrtsort. *Juščenko* nannte seinen im Wahlkampf vor der Orangenen Revolution geborenen Sohn *Taras* und die Regierung hat längst einen Maßnahmenplan zur Vorbereitung der Feierlichkeiten anlässlich des 200. Geburtstages des Nationaldichters im Jahre 2014 vorgelegt.

Taras Ševčenko wurde 1814 als Sohn leibeigener Bauern im Gebiet Čerkasy geboren und lebte seit 1831 als Diener seines Gutsherren in der russischen Hauptstadt, wo Kunstfreunde das Talent des jungen Ukrainers entdeckten und ihn aus der Leibeigenschaft freikauften. *Ševčenko* trat in die St. Petersburger Kunstakademie ein und widmete sich ganz der Dichtung und Malerei. 1840 erschien die erste Gedichtsammlung „Kobzar", die er dem durch die ukrainische Heimat ziehenden Sänger und Musiker – dem Kobzaren – widmete: *„Er beginnt zu singen, beginnt zu lachen – Und dann kommen ihm die Tränen – Wenn sein Herz lacht, weinen seine beiden Augen."*

0029uk Foto: ai

Die Gedichte wurden in seiner Heimat begeistert aufgenommen und verbreiteten sich teilweise auch als Volkslieder über das ganze Land. Sie wurden zum Gemeingut des ukrainischen Volkes und auch die jungen Leute von heute zitieren mit Leichtigkeit bekannte Zeilen aus seinem Werk. *Taras Ševčenko* widmete seine Verse dem Schicksal und Leben der leibeigenen Bauern und einfachen Kosaken und kritisierte die herrschenden sozialen und politischen Verhältnisse im Russischen Reich.

In seinem „Vermächtnis“ (Zapovit, 1845) rief er seine Landsleute zum Kampf auf: *„So begrabt mich und erhebt euch!/Die Ketten zerfetzt!/Mit dem Blut der bösen Feinde/Die Freiheit benetzt!“* Die Worte *„Kämpfet und ihr werdet siegen!“* sind zu Schlüsselworten für Millionen von Ukrainern im Kampf um Unabhängigkeit geworden. In Kiew schloss er sich Mitte der 1840er Jahre der „Kyrill- und Method-Bruderschaft“ an, deren Mitglieder u.a. eine autonome Ukraine innerhalb einer Föderation slawischer Völker forderten. Der Geheimbund wurde verraten und *Ševčenko, der dem Zaren schon lange ein Dorn im Auge war,* zu zehnjähriger Verbannung nach Kasachstan verurteilt. An den Rand des Urteils schrieb Zar *Nikolaus I.* eigenhändig: *„Unter strengster Aufsicht und dem Verbot, zu schreiben und zu malen.“* Nach Ablauf der Strafe, 1857, kehrte er nach St. Petersburg zurück, wo er 1861 starb.

Das tragische Schicksal machte den wohl bekanntesten Mann des ukrainischen Volkes zum nationalen Märtyrer und Symbol der ukrainischen Nationalbewegung. Sein literarisches Werk wird als der Beginn einer neuen Epoche in der ukrainischen Literatur verehrt und ihm eine Schlüsselrolle bei der Herausbildung eines ukrainischen Nationalbewusstseins zuerkannt. Doch die bedingungslose und staatlich verordnete Verehrung des *Taras Ševčenko* provozierte unlängst den Unmut vieler Kulturschaffender und so ist es nicht verwunderlich, dass viele Ukrainer die entbehrungsreiche Schatzsuche des jungen Geschichtslehrers in *Kurkows* Roman beherzt verfolgten oder das mittlerweile als bibliographische Kostbarkeit gehandelte Buch „Vampir Taras Ševčenko“ begeistert lasen. Der Autor des „intellektuellen Thrillers“ – *Oles' Buzyna* – analysierte Tagebücher, Briefe und Erinnerungen von Zeitgenossen und machte aus dem zum unfehlbaren Idol der ukrainischen Unabhängigkeit stilisierten Dichter eine Kreatur mit menschlichen Abgründen. In diesem Sinne inszenierte auch der Regisseur *Oleksandr Bilozub* am Kiewer Ivan-Franko-Nationaltheater – immerhin der ersten Adresse für ukrainisches Theater – das Stück „Božestvenna samotnist'“ (Göttliche Einsamkeit), dem *Ševčenkos* „Oksana“ zu Grunde liegt und in dem er den Mythos des zornigen Kämpfers gegen den Zarismus und des feurigen Patrioten demontiert.

Die Ukrainische Volksrepublik

Der Erste Weltkrieg und die Wirren des Bürgerkriegs zwischen 1918 und 1920 waren der Hintergrund für die **Entstehung des ersten ukrainischen Nationalstaates.** Wechselnde politische Kräfte und militärische Formationen instrumentalisierten die Ukrainer für die eigenen Machtinteressen: Ukrainer des Habsburger Reiches standen ihren Landsleuten aus dem Russischen Reich direkt gegenüber, die Bolschewiki kämpften gegen zarentreue Truppen, ausländische Interventionstruppen mischten sich in die militärischen und politischen Auseinandersetzungen ein und die ukrainischen Bauern lösten die Landfrage in einer spontanen Agrarrevolution und schlossen sich anarchistischen Gruppierungen an. Weite Teile des Landes versanken in Anarchie und Chaos.

030uk Foto: es

Der **Erste Weltkrieg** war eine der wesentlichen Ursachen für die sozialen und politischen Umwälzungen in der Ukraine. Bereits im Frühjahr 1917 gründeten Vertreter der nationalen Intelligenz eine **ukrainische Zentral-Rada** (Parlament), die bei großen Teilen der Bevölkerung zunächst Unterstützung fand und im Januar 1918 die **unabhängige Ukrainische Volksrepublik (UNR)** unter Führung des Historikers *Mychajlo Hruševs'kyj* proklamierte. Damit stieß sie auf erbitterten Widerstand der seit der Oktoberrevolution in Petrograd, dem ehemaligen St. Petersburg, regierenden Bolschewiki, deren Ziel die Errichtung eines Arbeiter- und Bauernstaates war, zu dem ihrer Auffassung nach auch die geopolitisch wichtige Ukraine mit ihren bedeutenden wirtschaftlichen Ressourcen gehören sollte. Die Bolschewiki bildeten in Char'kiv eine sowjetukrainische Gegenregierung und begannen mit der militärischen Besatzung des Landes.

Unterstützung erhielt die ukrainische Regierung von den Mittelmächten, die als Gegenleistung Getreidelieferungen einforderten und den sich allmählich abzeichnenden Konflikt mit der ukrainischen Regierung durch deren Absetzung lösten. Doch auch die **neue deutsche Marionettenregierung** unter General *Skoropads'kyj* verweilte nur kurze Zeit an der Spitze des Landes und wurde nach der Niederlage der Mittelmächte im

Denkmal für Mychajlo Hruševs'kyj in Kiew

Herbst 1918 von einem so genannten **Direktorium,** das personell an die Zentral-Rada anschloss, abgelöst.

Führende Gestalt des Direktoriums war **Symon Petljura,** dem es noch einmal gelang, große Teile der Bevölkerung und der Bauern für die Idee einer unabhängigen Ukraine zu mobilisieren und im Januar 1919 den **Zusammenschluss der UNR mit der 1918 ausgerufenen Westukrainischen Volksrepublik** zu vollziehen. Trotzdem konnte er die innenpolitischen Probleme und allen voran die brennende Landfrage der Bauern nicht lösen und dem militärischen Druck der Roten Armee im Osten, der polnischen Truppen im Westen und der im Süden zur Unterstützung der antirevolutionären russischen Freiwilligenarmee gelandeten Entente-Truppen nicht standhalten. Er musste ein Bündnis mit den polnischen Truppen unter *Piłsudski* eingehen und dafür die Westukrainische Volksrepublik aufgeben. Doch auch dieses taktische Manöver konnte den **Fall der UNR** nur verzögern.

Nach den polnisch-sowjetischen Friedensverhandlungen stellte die unabhängige Ukrainische Volksrepublik ihre Tätigkeit ein. Bereits im Jahr 1920 war die **Ukraine wieder Bestandteil fremder Staaten** – zum größten Teil Sowjetrusslands und im Westen Polens, Rumäniens und der Tschechoslowakei.

„Anarchie ist die Mutter aller Ordnung!"

Der Saal des ehemaligen Pionierpalastes war brechend voll und die Lesung von *Ljubko Dereš* begann. Er las zunächst aus seinem Roman „Kult" und verließ dank der Beschreibung wunderschöner Exemplare des Roten Fliegenpilzes, gurgelnder Wasserpfeifen und anderer psychedelischer Erlebnisse gemeinsam mit dem Publikum die Grenzen der Realität.

Als er dann eine polnisch-ukrainische Anarchistenvereinigung hofierte, durchlief eine Welle ekstatischer Begeisterung das Publikum. Man fegte den Büchertisch leer, vernichtete die Horilka-Vorräte und schwelgte in gefühlsduseligen Erinnerungen: *„Die Anarchie ist die Mutter aller Ordnung!"*, schallte es durch den postsowjetischen Raum und *„Väterchen Machno ist unser Vorbild"* – eine Anspielung auf den legendären Anführer der anarchistischen Bauernrevolution *Nestor Machno,* der 1919–1921 in der südöstlichen Ukraine zeitweise zehntausende Menschen um sich versammelte und gegen die Roten der Sowjetregierung, die Weißen der entmachteten Zarenarmee und Petljura-Truppen kämpfte und letztendlich von den Bolschewiki geschlagen wurde. In sowjetischen Enzyklopädien taucht sein Name nicht auf und noch heute ist das Errichten von Machno-Denkmälern ein schwieriges Unterfangen.

Michail Bulgakow, der in Kiew allein zehn Machtwechsel erlebte, nannte die Revolution und die Bürger- und Interventionskriege 1917–1920 einen *„Einbruch der Geschichte"*. In seinem autobiografisch fundierten Roman „Die weiße Garde" zeichnete er das Bild der zaristisch-patriotisch gesinnten Intelligenzfamilie Turbin, die während der außerordentlich belebten Ereignisse in eine seelische und soziale Katastrophe schlitterte. Dabei ist der Rahmen der Handlung auf einen „nur" zweimaligen Machtwechsel in Kiew Ende 1918 und zu Beginn 1919 begrenzt: Der von den kaiserlichen deutschen Truppen eingesetzte Hetman *Skoropads'kyj* flieht vor den Truppen der Zentral-Rada unter *Petljura* aus der Stadt; *Petljura* wiederum wird von der Roten Armee verjagt.

Auch der aus Odessa stammende **Isaak Babel** schrieb auf Grundlage eigener Beobachtungen. Er begleitete als Korrespondent unter General *Budjonnyi* den bolschewistischen Feldzug gegen Polen und machte in seinen Tagebuchnotizen, die in den weltberühmten Zyklus „Die Reiterarmee" eingingen, erschütternde Aufzeichnungen über das Gemetzel im Bürgerkrieg, das sich auch gegen jüdische Zivilisten richtete. An den Pogromen, denen mindestens 30.000 Juden zum Opfer fielen, beteiligten sich Russen, Ukrainer sowie Polen. Nach ukrainischer Auffassung nahmen daran hauptsächlich Soldaten der Freiwilligenarmee unter *Denikin* teil – nach jüdischer Sicht waren es zumeist die Truppen des ukrainischen Direktoriums unter *Symon Petljura*. Dieser wurde 1926 vom Juden *Samuel Schwartzbad* in Paris ermordet.

„Eine Welle von Gewalttätigkeiten rollte auf Kiew zu, und in jener Nacht, von der ich erzähle, sollte die Stadt das erste nächtliche Pogrom erleben. Plünderer umstellten eines der großen Häuser, doch es gelang ihnen nicht, einzudringen. In dem dunklen Haus, das sich in der Finsternis zu ducken schien, begann eine Frau vor Verzweiflung und Grauen gellend zu schreien. Ihre Stimme durchschnitt die unheilschwangere Stille der Nacht, denn nicht anders konnte sie ihre Kinder schützen als mit diesem ununterbrochenen, keinen Moment verstummenden Schrei der Angst und Hilflosigkeit. In ihn fiel nach und nach das ganze Haus ein. Dem hielten die Plünderer nicht stand und wandten sich zur Flucht. Doch sie entkamen dem Schrei nicht, denn in allen Häusern der Wassilkowskaja- und sämtlichen angrenzenden Straßen wurde er aufgenommen und eilte vor den Plünderern her. Er schwoll wie der Wind an und erfasste immer neue Straßenzüge. Das Grauenhafteste war, dass der Schrei aus dunklen und menschenleer anmutenden Häusern hervorbrach, dass die Straßen völlig ausgestorben lagen und nur spärliche, trübe Laternen ihm flackernd und blinzelnd auf seinem Weg leuchteten", schrieb *Konstantin Paustovskij* über die antijüdischen Ausschreitungen in Kiew.

„Ukraine, unser sowjetisches Land!“

„Ich bin ein Sohn der ukrainischen Erde, auf der die schlimmsten Tragödien des 20. Jahrhunderts passierten: die Hungersnot und der Holocaust forderten Millionen Menschenleben. Mein Land weiß, welche Bedrohung von Intoleranz, Gewalt und Aggression ausgehen. Meine Nation ist auf den Platz der Unabhängigkeit gegangen, um die höchsten Menschenwerte zu verteidigen: die Achtung vor dem Menschen, Freiheit und Demokratie. In der Ukraine wird es Fremdenfeindlichkeit und Antisemitismus, in welcher Form auch immer, nicht geben. Die Tragödie darf niemals auf die ukrainische Erde zurückkehren.“
(*Juščenko* anlässlich der Feierlichkeiten zum 60. Jahrestag der Befreiung des Konzentrationslagers Auschwitz)

Dabei hatte alles so gut begonnen. Der Sozialismus startete mit einer von *Lenin* verordneten liberalen Wirtschaftspolitik und im deutlichen Kontrast zur späten Zarenzeit mit einer anpassungsfähigen Nationalitätenpolitik: Ukrainer und andere Nichtrussen wurden vorzugsweise in leitende Funktionen erhoben und damit wurde ihnen ein Aufstieg in die sowjetische Elite ermöglicht. Nationale Sprachen und Kulturen wurden gefördert und Ukrainisch das erste Mal als Schrift- und Amtssprache anerkannt. Schon im Verlaufe weniger Jahre besuchte ein Großteil aller Kinder ukrainischsprachige Schulen. Daneben gab es auch Schulen mit deutscher, jiddischer oder anderer Unterrichtssprache. Ebenso vielfältig gestaltete sich die Medien-, Presse- und Wissenschaftslandschaft. **Hauptstadt der 1919 gegründeten Ukrainischen Sowjetrepublik** war zunächst das östlich gelegene **Char'kiv.** Erst 1934 verlegten die Machthaber den Regierungssitz nach **Kiew.**

031uk Foto: ad

Doch das **„goldene Zeitalter des Sozialismus“** war nur von kurzer Dauer. Bereits Ende der 1920er Jahre entschloss sich die Moskauer Führung zu einer **Neuorientierung in der Politik.** Eine **forcierte Industrialisierung und die Zwangskollektivierung der Landwirtschaft** sollten das rückständige Agrarland in einen modernen Industriestaat transformieren. Innerhalb nur weniger Jahre gelang es, im Osten der Ukraine eine leistungsstarke Industrie aufzubauen. Dadurch veränderte sich auch die ukrainische Gesellschaft: Der Anteil der städtischen Bevölkerung nahm ebenso rapide zu wie die Anzahl der Russen, die scharenweise in die neuen Industriestandorte zogen. Gleichzeitig zerstörte die Zwangskollektivierung der Landwirtschaft die traditionelle ukrainische Dorfgemeinschaft mit ihrer spezifischen Sozial- und Wirtschaftsordnung und führte in den Jahren 1932 und 1933 zu einer schweren Hungersnot, die Millionen von Menschenleben kostete.

Brutale Säuberungs- und Terroraktionen, die in den Jahren 1937 und 1938 wie überall in der Sowjetunion ihren Höhepunkt erreichten, richteten sich gegen die örtlichen, vorzugsweise mit dem Vorwurf nationalistischer Abweichungstendenzen belegten Parteikader, Intellektuelle und religiös bekennende Menschen. Potenzieller Widerstand gegenüber der Moskauer Führung sollte im Keim erstickt und die Bevölkerung nachhaltig eingeschüchtert werden.

Nach **Abschluss des Hitler-Stalin-Paktes 1939** besetzten sowjetische Truppen das östliche Polen. Ost-Galizien, West-Wolhynien, die nördliche Bukowina und Bessarabien wurden in die Ukrainische Sowjetrepublik eingegliedert und die Bevölkerung konsequent in das Sowjetsystem integriert. Die Eliten der neu erworbenen Gebiete wurden ihrer Positionen enthoben, in Straflager verschleppt und durch Kader aus der Ostukraine ersetzt. Erst nach dem Überfall der deutschen Wehrmacht auf die Sowjetunion 1941 änderte sich diese Politik: Die sowjetische Regierung kämpfte mit patriotischen Appellen und dem eigens für die Ukrainer gestifteten Bohdan-Chmel'nyc'kyj-Orden um die Loyalität der Ukrainer. Trotzdem sympathisierten viele Menschen in den westlichen Gebieten anfänglich mit der deutschen Besatzung und unterstützten die im Untergrund agierende **Organisation Ukrainischer Nationalisten (OUN)** und später die **Ukrainische Aufstandsarmee (UPA).**

Schon wenige Wochen nach dem Einmarsch bewies die deutsche Seite mit der Inhaftierung von *Stepan Bandera,* dem Führer des militanten Flügels der OUN, dass die ukrainischen Hoffnungen auf ein Mindestmaß an nationaler Selbstbestimmung illusorisch waren. Angesichts der ganz auf wirtschaftliche Ausbeutung und Rücksichtnahme auf den rumänischen Bündnispartner ausgerichteten deutschen Besatzungsherrschaft geriet die ukrainische Unabhängigkeitsbewegung in einen Zwiespalt, wie die offizielle Ankündigung eines anti-deutschen Kurses durch die UPA im Jahr 1943 bei gleichzeitiger militärischer Kooperation von Ukrainern und Deutschen gegen die polnische Untergrundarmee und sowjetische Partisaneneinheiten belegte. Die Aufstellung der 14. Waffen-SS-Division „Galizien" aus ukrainischen Freiwilligen im Frühjahr 1943 bestätigte dieses Dilemma. Demgegenüber vermochte die sowjetische Führung unter **Nikita Chruščev,** dem 1. Sekretär der ukrainischen KP, bei der Rückeroberung der Ukraine ab 1943 ihre Autorität in den westlichen Landesteilen oft nur durch den Einsatz äußerster Gewalt durchzusetzen.

Auch die großen Schauprozesse gegen deutsche Kriegsverbrecher, die 1943 und 1946 in **Char'kiv** und **Kiew** stattfanden, konnten die innere Zerrissenheit des Landes nicht übertünchen. Die Jahre des Wiederaufbaus nach Kriegsende waren vielmehr gezeichnet von der rigorosen Fortführung der Industrialisierung im Osten der Ukraine und dem Andauern bürgerkriegsähnlicher Zustände in den neu annektierten Gebieten des äußersten Westens. Erst zu Beginn der 1950er Jahre gelang es der Roten Armee, die letzten nationalistischen Widerstandsgruppen in den Karpatenwäldern niederzuwerfen und damit die Herrschaft des sowjetischen Staats im ganzen Lande zu garantieren.

Nach *Stalins* Tod im Jahre 1953 änderte sich die Moskauer Politik gegenüber der Ukraine. Man versuchte, die **Ukraine als „Juniorpartner" der Sowjetpolitik** zu gewinnen und ermöglichte „linientreuen" Kadern aus der regionalen Parteiführung den Aufstieg an die Spitze des Partei- und Machtapparates. Zwei Jahre später begann mit dem 20. Parteitag der Kommunistischen Partei der Sowjetunion (KPdSU) in Moskau die **partielle Abrechnung mit dem Stalinismus.** Auch in der Ukraine wurden in den folgenden Jahren politische Gefangene entlassen und teilweise rehabilitiert. Dagegen blieb die öffentliche Erörterung von politischen Themen wie der Hungersnot der Jahre 1932 und 1933 oder des völligen Versagens der sowjetischen Führung nach dem Überfall der deutschen Wehrmacht im Jahr 1941 tabu.

Dennoch belebte der **Versuch einer stärkeren Nationalisierung der Gesellschaft** wie schon in den 1920er Jahren wiederum für kurze Zeit das **ukrainische Geistes- und Kulturleben.** Besonderes Aufsehen erregte z. B. 1968 der Roman *„Sobor"* (Die Kathedrale) des ukrainischen Schriftstellers **Oles Hončar,** der darin am Schicksal einer ukrainischen Kosakenkirche die Zerstörung des ukrainischen Kulturerbes anprangerte und dessen Ver-

Gospromgebäude in Char'kiv

032uk Foto: es

öffentlichung deutlich aufzeigte, wie eng die Moskauer Führung den Rahmen für eine freie Entfaltung der ukrainischen Nation setzte. Der Roman wurde umgehend verboten und sein Verfasser allein durch das ambitionierte Handeln des damaligen Parteichefs *Petro Šelest* verschont. Auch *Šelest* warf man bald nationalistische Tendenzen vor und ersetzte ihn 1972 durch einen „moskautreuen" Kader: Als Vorwand diente das 1970 publizierte Buch „Ukraine, unser sowjetisches Land!", in dem er unter anderem das ukrainische Kosakentum als Vorreiter einer klassenlosen Gesellschaft idealisierte.

Vom Enthusiasmus des propagierten sowjetischen Neubeginns künden noch immer **spektakuläre Bauten:** Das Stadtzentrum von Char'kiv wird von dem riesigen, in den Jahren 1924 bis 1928 im konstruktivistischen Stil erbauten Gebäude-Komplexes des russischen Industrieunternehmens „Gosprom" dominiert, in dem auch die sowjetische Regierung residierte.

In der Nähe der „Kosakenhauptstadt" Zaporižžja verwandelt seit 1932 das gigantische Wasserkraftwerk die Naturkraft des Dnepr in elektrischen Strom und die umliegende Landschaft in ein surrendes Durcheinander aus Stromleitungen, Hochspannungstürmen und Transformatorenstationen.

Die **Hoheitszeichen der Sowjetunion** – Hammer, Sichel und rote Sterne – schmücken noch allerorts Gebäude, Brücken und Gedenksteine. Die wichtigste Verkehrsachse Kiews – den Chreščatyk – baute man nach dem Zweiten Weltkrieg in den Traditionen der stalinistischen Architektur wieder auf. Berühmte Zuckerbäckerbauten, die bereits das Stadtbild von Stalins Moskau prägten, säumen die Vorzeigestraße. Der Hauptplatz des Prachtboulevards trug bis 1978 den Namen von *Stalins* Kampfgefährten *Michail Kalinin* und überdauerte als Platz der Oktoberrevolution die Jahre bis zu seiner Umbenennung in „Platz der Unabhängigkeit". Zierde des Forums sollte ein Stalin-Denkmal sein, doch die Zeiten änderten sich und *Lenin* – sicherheitshalber in doppelter Ausführung – nahm an dessen Stelle seinen Platz ein. Diese „Sicherheitsvorkehrungen" zahlten sich aus: Eine Statue wurde nach der erlangten Unabhängigkeit gestürzt und ihrerseits durch das Unabhängigkeitsdenkmal ersetzt, die andere blieb stehen.

Erhalten – wenn auch unvollendet – ist auch das in der Tradition der stalinistischen Nachkriegsarchitektur erbaute Hotel „Moskau": Zwei Türme und die Spitze fehlen noch immer. Sie fielen *Stalins* Nachfolger *Chruščev* zum Opfer, der die stalinistischen Prunkbauten als **„Architektur des Überflüssigen"** geißelte. Das Hotel wurde unlängst in „Ukraine" umbenannt und viele Ukrainer wollen wissen, dass auch die fehlenden Gebäudeteile bald angebracht werden. Derweil hat man vom höchsten Punkt des Gästehauses einen grandiosen Blick auf den Chreščatyk und die vielen Menschen, die sich in den Geschäften mit den protzigen Auslagen tummeln. Mit Kopfschütteln erinnern sich manche Schaulustige an ihre Kindheit und Jugend in der Sowjetunion, als lange Schlangen vor den Geschäften die Realität der Mangelwirtschaft prägten.

Die Hungersnot in den Jahren 1932 und 1933

„Ich wende mich an die gesamte internationale Öffentlichkeit, an die Vertreter der UNO-Staaten, die Hungersnot in den Jahren 1932 und 1933 als Genozid gegen das ukrainische Volk anzuerkennen." Mit diesen Worten beging Präsident *Juščenko* am letzten Novembersonnabend 2005 die offiziellen „Tage der Trauer und des Gedenkens an die Opfer des Holodomor in der Ukraine 1932–1933 und politischer Repressalien". Menschen jeden Alters und aller Schichten versammelten sich auf dem Kiewer Mychajlivs'ka-Platz und demonstrierten damit, welche moralische Bedeutung der **Holodomor** – so die ukrainische Bezeichnung der Hungersnot – für

Denkmal für die Opfer des Holodomor in Kiew

das moderne ukrainische Nationalbewusstsein hat. Punkt 16 Uhr begann eine landesweit verordnete Schweigeminute für die Opfer des Holodomor. Vertreter des politischen und gesellschaftlichen Lebens legten auf den Kiewer Dneprhügeln als Symbol der trauernden Heimat ein „Kalina" - ein (Schneeballstrauch-)Wäldchen - an und auf dem Mychajlivs'ka-Platz in Kiew wurden 33.000 Kerzen angezündet. Die Zahl hat ihre Bewandtnis. Historiker gehen davon aus, dass auf dem Höhepunkt der Hungersnot im Frühjahr 1933 in der **„Kornkammer Europas"** täglich 33.000 Menschen verhungerten. Ursache für das entsetzliche **Massensterben - drei bis vier Millionen Opfer** (einige ukrainische Historiker sprechen von bis zu 10 Millionen) - war die von *Stalin* verordnete **Zwangskollektivierung der Landwirtschaft,** der sich die ukrainischen Bauern, die im Unterschied zu ihren russischen Brüdern traditionell über eigenen Grund und Boden verfügten, vehement widersetzten. Es kam zu bewaffneten Aufständen, die von den Sowjets mit aller Härte niedergeschlagen wurden. Hunderttausende ukrainische Bauern wurden - als „Kulaken" diffamiert - enteignet und in Straflager deportiert. **Völlig überhöhte Getreideforderungen aus Moskau** verschlimmerten die bereits angespannte Versorgungslage. Der Kremlherr ignorierte die Hungersnot und lehnte jede ausländische Hilfe ab. Den Hungernden wurde gar verboten, die Ukraine zu verlassen, um Lebensmittel in anderen Teilen des Landes zu beschaffen.

033uk Foto: as

Während der Sowjetzeit wurde der Holodomor verschwiegen und erst in den Jahren der „Perestrojka" und nach der politischen Unabhängigkeit zum Thema öffentlicher Debatten. **Offizielle Gedenktage** fanden erstmals anlässlich des 60. Jahrestages der Hungersnot im September 1993 statt. Auf dem Kiewer Mychajlivs'ka-Platz wurde das zentrale Denkmal für die Opfer der Hungersnot eingeweiht. Im selben Jahr hatte auch der Film „Holodomor-33" (Regie: *Oles Jančuk*) Premiere, der nach Motiven des in der Sowjetunion verbotenen Romans „Žovtyj knjaz'" (Gelber Fürst - ein Symbol für den Hunger) von *Vasyl' Barka* gedreht wurde.

Geschichte gelebt – Anna Denysivna Schulga

„Kiew ist nicht die Ukraine", meinen die Bewohner des beschaulichen Perejaslav-Chmel'nyc'kyj. Das Städtchen liegt nur 90 Busminuten südlich vor den Toren der schillernden Metropole und doch gilt hier eine andere Zeit. Vor dem gewaltigen Verwaltungsgebäude, an dem noch Reste der alten Parolen erhalten sind, spielen Männer in abgewetzten Hosen und ausgetretenen Schuhen Domino. Auf einem klapprigen Pferdewagen wird die letzte Heuernte eingebracht. Ein Nachbar repariert das Dach seines von Wind und Regen schiefen Holzhauses und auf dem angrenzenden Markt verkaufen Kinder und Frauen Körbe frischer Pilze und Beeren, groß gewachsene Kohlköpfe, aromatischen Knoblauch, Heilkräuter und andere Wundermittel. Auch *Anna Denysivna* steht jeden Tag ab dem Morgengrauen auf dem Markt und verkauft Blumen. Die alte Frau in dem blauen Kleid mit den lustigen weißen Tupfen lebt mit der Familie ihres Sohnes in einem bescheidenen Haus im Zentrum des Städtchens. Schwere Teppiche hängen an den Wänden, ein bauchiger Teekessel surrt und auf dem Fensterbrett drängt sich Kater Vas'ka zwischen das üppige Grün.

„Den da habe ich mir in Deutschland verdient." Sie zeigt auf einen modernen Fernseher japanischer Produktion. Im Februar 1942 wurde die damals fünfzehnjährige *Anna Denysivna* nach Deutschland verschleppt. Vor wenigen Jahren erhielt sie eine Kompensation aus dem Entschädigungsfonds für Zwangsarbeiter. Zunächst arbeitete die junge Frau in einem deutschen Rüstungsunternehmen; als dieses zerbombt wurde, kam sie in die nächste Fabrik.

Zwei Jahre musste sie unter schwersten Bedingungen in verschiedenen Werken arbeiten. Dann kam sie zu einem Bauern in der Nähe der französischen Grenze. *„Dort ging es mir sehr gut, obwohl die Arbeit genauso hart war wie vorher. Aber man behandelte mich wie einen Menschen und gab mir zu Essen. Die Bäuerin hieß Hedwig und einmal durfte ich sogar mit ihrer Tochter ins Kino gehen, obwohl das verboten war. Eines Tages hörte ich im Radio einen russischen Aufruf. Der Krieg war vorüber und wir sollten in die Heimat zurückkehren."* *Anna Denysivna* begab sich auf die weite Reise zurück in die Heimat. *„Die deutschen Frauen baten mich, ihre in der Sowjetunion verschollenen Männer zu suchen, doch das war zur damaligen Zeit völlig undenkbar. Zum Glück lernte ich unterwegs einen sowjetischen Offizier kennen, der mich eindringlich vor der Repatriierungskommission warnte. Ich durfte nicht erzählen, dass ich in der Kriegsindustrie gearbeitet hatte. Ansonsten hätten sie mich in ein sibirisches Arbeitslager deportiert."*

Wieder zurück in Perejaslav-Chmel'nyc'kyj beendete sie die Schule und trat eine Ausbildung als Lehrerin an. Nach dem Abschluss wurde sie nach Transkarpatien verpflichtet, also in eine Gegend, die erst vor wenigen Jahren von der Sowjetunion annektiert worden war. *„Es war die Hölle. Die Menschen in Transkarpatien hassten uns Ostukrainer. Für sie waren wir alle Propagandisten der neuen sowjetischen Macht und die Bandera-Leute jagten uns. Eines Morgens waren meine beiden Kolleginnen aus Perejaslav verschwunden. Wir fanden sie bestialisch ermordet im Wald, an beiden Beinen aufgehängt und auseinander gerissen. Ich hatte Glück im Unglück. Meine Mutter starb 1951 und ich durfte nach Perejaslav zurückkehren und den Hof übernehmen. Mein Vater war bereits 1941 an der Front gefallen. So entkam ich wieder einmal der Hölle."*

Anna Schulga in ihrem Haus

034uk Foto: es

Anna Denysivna geleitet uns durch ihren Garten, ein Wald aus Bohnen, Kartoffelkraut, Blumen und Obstbäumen, deren Zweige die Last des Sommers kaum tragen können. Im Sonnenlicht leuchten die weiß gekalkten Mauern einer alten Kate. *„Da haben wir früher gewohnt, bevor mein Sohn das neue Haus baute."*

Ihr Sohn arbeitet im Historischen Museum der Stadt. In den letzten Jahren beschäftigte er sich mit der Hungersnot der Ukraine in den Jahren 1932 und 1933. Er interviewte dazu Überlebende, suchte in Archiven nach Dokumenten aus der damaligen Zeit und veröffentlichte mehrere Bücher zu diesem Thema. *„Als kleiner Junge musste ich immer viel essen. Darauf bestand meine Mutter. Sie erzählte mir oft, dass sie als Kind fast verhungert wäre. Sie hat ja die Hungersnot als Fünfjährige miterlebt"*, erzählt uns *Jurij Abramenko.*

Nun führt uns *Anna Schulga* durch ihre Heimatstadt. Sie zeigt uns die Himmelfahrts-Kirche, in der in einem riesigen Diorama die Schlachten am Dnepr während des „Großen Vaterländischen Krieges" dargestellt werden. Seit einigen Jahren gibt es auch eine kleine Ausstellung über das Schicksal der „Ostarbeiter". Wir betrachten das Denkmal zu Ehren der Vereinigung der Ukraine mit Russland im Jahre 1654 und fahren zum Hügel des Ruhmes. Eine Tafel verzeichnet hier die Namen aller im letzten Krieg Gefallenen aus Perejaslav. Es sind viele, darunter auch der Vater von *Anna Schulga.* Sie legt einen großen Strauß Rosen aus ihrem Garten an der Soldatenskulptur ab. *„Man muss immer eine gerade Anzahl von Blumen auf ein Grab legen. So ist es bei uns Brauch"*, erklärt sie uns zum Abschied.

„Kornkammer Europas"

Die „Kornkammer Europas", im Osten und Süden der Ukraine gelegen, entstand im 19. Jahrhundert, als adlige Großgrundbesitzer die Getreidewirtschaft ausdehnten und die Agrarwirtschaft kommerzialisierten. Grund dafür waren nicht nur die fruchtbaren Schwarzerdeböden des Landes, sondern auch die im Gefolge der Industrialisierung verbesserten Transportwege und der Ausbau der Schwarzmeerhäfen, die neue Absatzmärkte und Exportmöglichkeiten eröffneten.

Zweimal – während der deutschen Besatzung 1918 und während des Zweiten Weltkrieges – musste die „Kornkammer Europas" Getreide an das hungernde Deutschland liefern. Auch *Stalin* hielt sich am ukrainischen Überfluss schadhaft und verursachte durch Getreiderequirierungen 1932 und 1933 eine verheerende Hungersnot, die etwa drei bis vier Millionen Menschen das Leben kostete. Die Zwangskollektivierung der Landwirtschaft führte immer wieder zu so genannten Getreidekrisen, die in angstvollen Hamsterkäufen und einem beliebten Witz zum Ausdruck kamen: *„Stimmt es, dass in der Ukraine das Getreide so hoch wie Telegrafenmasten wächst? – Im Prinzip schon. Nur nicht so hoch, sondern so weit auseinander."* Daran haben auch die marktwirtschaftlichen Reformen seit 1992 nicht viel geändert. Noch immer bewirtschaften kollektive Genossenschaften einen Großteil der landwirtschaftlichen Nutzfläche und fehlt es den meisten in Lohn und Brot stehenden Frauen und Männern am Ehrgefühl eines den eigenen Boden beackernden Bauern. Daran können auch die Symbole des Landes wenig ändern: Die blau-gelbe Fahne wird volkstümlich als blauer Himmel über den goldenen Weizenfeldern der Ukraine interpretiert.

Der Zweite Weltkrieg

„Es ist ein Band von meinem Herzen, das da lag in großen Schmerzen", heißt es in einem deutschen Volksmärchen und so könnte auch die Antwort der Ukrainer lauten angesichts der erschütternden Enthüllungen ukrainischer und ausländischer Historiker zu den Ereignissen des Zweiten Weltkrieges. Zu lange war verborgen, was jetzt an die Oberfläche drängt und die ukrainische Gesellschaft spaltet.

Der Mythos vom gemeinsamen Kampf aller sowjetischen Völker im „Großen Vaterländischen Krieg" – wie er in der Sowjetunion in Anlehnung an den Vaterländischen Krieg gegen *Napoleon* hieß – ist unglaubwürdig geworden. An seine Stelle sind die **bisher verborgenen Seiten des Krieges** getreten: der Hitler-Stalin-Pakt, die Annexion und brutale Sowjetisierung der Westukraine, der Holocaust, die Deportation von Krimta-

Wehrmachtsplakat

taren und Deutschen aus der Ukraine, der polnisch-ukrainische Guerillakrieg in Wolhynien, die Deportation der aus Deutschland heimkehrenden sowjetischen Kriegsgefangenen und Zwangsarbeiter in die sibirischen Straflager, die vielen Opfer in der ersten Phase des Krieges ...

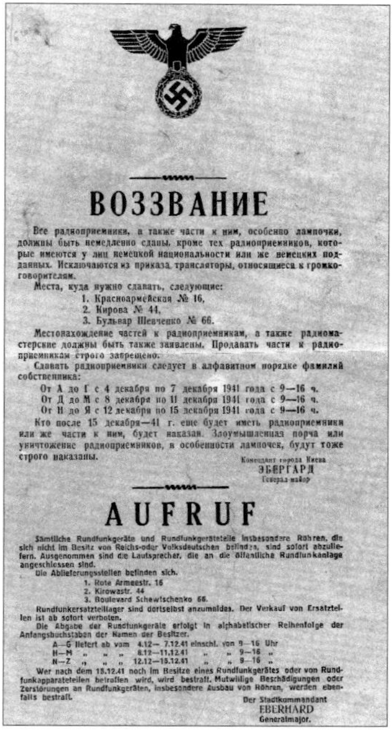

ВОЗЗВАНИЕ

Все радиоприемники, а также части к ним, особенно лампочки, должны быть немедленно сданы, кроме тех радиоприемников, которые имеются у лиц немецкой национальности или же немецких подданных. Исключаются из приказа трансляторы, относящиеся к громкоговорителям.

Места, куда нужно сдавать, следующие:

1. Красноармейская № 16,
2. Кирова № 44,
3. Бульвар Шевченко № 66.

Местонахождение частей к радиоприемникам, а также радиомастерские должны быть также заявлены. Продавать части к радиоприемникам строго запрещено.

Сдавать радиоприемники следует в алфавитном порядке фамилий собственника:

От А до Г с 4 декабря по 7 декабря 1941 года с 9—16 ч.
От Д до М с 8 декабря по 11 декабря 1941 года с 9—16 ч.
От Н до Я с 12 декабря по 15 декабря 1941 года с 9—16 ч.

Кто после 15 декабря—41 г. еще будет иметь радиоприемники или же части к ним, будет наказан. Злоумышленная порча или уничтожение радиоприемников, в особенности лампочек, будут тоже строго наказаны.

Комендант города Киева
ЭБЕРГАРД
Генерал-майор

AUFRUF

Sämtliche Rundfunkgeräte und Rundfunkgeräteteile insbesondere Röhren, die sich nicht im Besitz von Reichs-oder Volksdeutschen befinden, sind sofort abzuliefern. Ausgenommen sind die Lautsprecher, die an die öffentliche Rundfunkanlage angeschlossen sind.

Die Ablieferungsstellen befinden sich.

1. Rote Armeestr. 16
2. Kirowastr. 44
3. Boulevard Schewtschenko 66.

Rundfunkersatzteillager sind dortselbst anzumelden. Der Verkauf von Ersatzteilen ist ab sofort verboten.

Die Abgabe der Rundfunkgeräte erfolgt in alphabetischer Reihenfolge der Anfangsbuchstaben der Namen der Besitzer.

A—G liefert ab vom 4.12— 7.12.41 einschl. von 9—16 Uhr
H—M „ „ „ 8.12—11.12.41 „ „ 9—16 „
N—Z „ „ „ 12.12—15.12.41 „ „ 9—16 „

Wer nach dem 15.12.41 noch im Besitze eines Rundfunkgerätes oder von Rundfunkapparateteilen betroffen wird, wird bestraft. Mutwillige Beschädigungen oder Zerstörungen an Rundfunkgeräten, insbesondere Ausbau von Röhren, werden ebenfalls bestraft.

Der Stadtkommandant
EBERHARD
Generalmajor.

035uk

Mehr als 60 Jahre nach Kriegsende werden die blutigen Geschehnisse von damals nicht mehr als „Siegeszug des Kommunismus“ gesehen, sondern sind in der Öffentlichkeit heftig umstritten: „Welche Rolle haben wir in diesem Krieg tatsächlich gespielt?“, fragen sich viele Menschen in der Ukraine. Die **„neue“ ukrainische Geschichtsschreibung** stellt den Krieg als Ringen der Ukrainer für eine eigene staatliche Unabhängigkeit und als gleichzeitigen Kampf gegen *Stalin* und *Hitler* dar. Die Helden dieser neuen „ukrainischen Idee“ sind Vertreter der Organisation Ukrainischer Nationalisten (OUN, Orhanizacija Ukrajins'kych Nacionalistiv) und die ehemaligen Kämpfer der Ukrainischen Aufstandsarmee (UPA, Ukrajins'ka Povstans'ka Armija).

Das wissen auch die kleinen Kosaken von heute. Wen allerdings der Soldat mit dem Umhang und dem Gewehr auf der Betonsäule im nahegelegenen Wäldchen genau verkörpert, interessiert sie weniger, viel besser spielt es sich auf dem rostigen Panzer mit dem roten Stern gegenüber. Dass die alten Leute sie deshalb beschimpfen und ihnen mit erhobenem Krückstock Prügel androhen, macht die Sache erst richtig spannend und aus ihnen wahre Kosaken. Der Vater zu Hause rauft sich derweil die Haare. Er hat zwar nicht mehr wie sein Großvater am Krieg teilgenommen, ist jedoch im „Land der Sieger“ großgeworden. Er empfindet wie viele seiner Landsleute die Glorifizierung der „Ukrainischen Aufstandsarmee“ als Affront gegenüber den Gefallenen der Roten Armee. Seine Frau hingegen hat längst den Geist der Zeit erkannt und im Internet die neuesten offiziellen Daten recherchiert. Sie erledigt gemeinsam mit dem kleinen Kosaken die Hausaufgaben in ukrainischer Geschichte.

„Wie konnt's geschehen, dass an unsres Dneprs Strand
war frohes Lachen unsern Kindern unbekannt?
Wie konnt's geschehn, dass sich die ruchlosen Faschisten
auf dem Sophienplatz als Herren konnten brüsten?“
(Pavlo Tyčyna)

Der Zweite Weltkrieg begann für die Ukraine bereits vor dem deutschen Überfall auf die Sowjetunion – nämlich im Herbst 1939: Gemäß den geheimen Vereinbarungen des Hitler-Stalin-Paktes brachten Truppen der Roten Armee ab Mitte September 1939 weite Teile Ostpolens unter sowjetische Herrschaft, während sich die polnische Nation im verzweifelten Abwehrkampf gegen die deutsche Wehrmacht befand. Mit der **Annexion Ost-Galiziens, West-Wolhyniens und des westlichen Polesien-Gebietes** gerieten über drei Millionen zuvor außerhalb der UdSSR lebende Ukrainer, aber auch Millionen von Polen unter die Oberhoheit der ukrainischen Sowjetrepublik. Die sofort einsetzenden Maßnahmen des Sowjetregimes zur Zwangskollektivierung der Landwirtschaft und zur Verfolgung vermeintlicher politischer Gegner bedeuteten für die neu erworbenen Regionen bereits vor der deutschen Eroberung eine Konfrontation mit den Schrecken totalitärer Herrschaft. Insbesondere die Inhaftierungen und Massendeportationen durch den Geheimdienst NKWD, die sich vorzugs-

036uk Foto: ai

weise gegen die polnische Oberschicht und die Intellektuellen richteten, führten die westukrainischen Gebiete in den folgenden zwei Jahren an den Rand des gesellschaftlichen und wirtschaftlichen Zusammenbruchs.

Der **Angriff des Deutschen Reichs auf die Sowjetunion** am 22. Juni 1941 brachte jedoch nicht die von vielen Ukrainern erhoffte politische Unabhängigkeit und den wirtschaftlichen Aufschwung, sondern leitete eine fast drei Jahre andauernde Zeit des Besatzungsterrors ein, von dessen katastrophalen Auswirkungen sich das Land über Jahrzehnte nicht mehr erholen sollte. Angesichts der schweren Niederlagen der Roten Armee in den ersten Kriegswochen begrüßte die ukrainische Bevölkerung – zumal im westlichen Teil – die deutschen Soldaten zunächst häufig als „Befreier", musste aber schon bald die bittere Realität einer auf Unterwerfung angelegten Behandlung durch die neuen Eroberer erfahren.

Schon während der Planung des Feldzugs gegen die Sowjetunion hatte *Hitler* die deutschen Truppen auf einen „Weltanschauungskrieg" eingeschworen, der bewusst außerhalb völkerrechtlicher Verpflichtungen geführt werden sollte und in dem der Tod von Millionen von Landesbewohnern in Kauf genommen wurde. Vor allem die **Eroberung und wirtschaftliche Ausbeutung der Ukraine** als der vermeintlichen „Kornkammer" Europas sollte dazu beitragen, die Versorgung des deutschen Heeres und des Reichs für die weiteren Kriegsanstrengungen zu sichern. Um Siedlungsraum für künftige deutsche Kolonisten – hauptsächlich im Bezirk Žytomir, im Dnepr-Bogen und auf der Krim – zu gewinnen, sollte die Zahl der ukrainischen Bevölkerung gewaltsam verringert und sollten die großen Städte weitgehend deindustrialisiert und entvölkert werden. Den verbleibenden Einwohnern wurde lediglich ein Lebensstandard zugestanden, der knapp zum Überleben reichen sollte.

In diesem Sinne verhinderte die NS-Besatzungsmacht von vornherein jegliche politische Mitsprache von Seiten der Ukrainer und etablierte sowohl im zivil verwalteten Gebiet des Reichskommissariats als auch in den militärisch verwalteten Gebieten der östlichen Ukraine eine **straff organisierte Form der Kolonialherrschaft.** Zur Kontrolle des riesigen ukrainischen Territoriums verstärkte man die Verwaltung und die Polizei mit einheimischen Hilfskräften, die von deutschen Offizieren geführt wurden. Im Zentrum der deutschen Besatzungspolitik stand die rücksichtslose Ausbeutung vor allem der landwirtschaftlichen Produktion und die Heranziehung der Bevölkerung zur Zwangsarbeit. Großstädte wie Kiew oder Char'kiv wurden bewusst von der Lebensmittelversorgung abgeschnitten, um das Abwandern der nichtarbeitsfähigen Einwohner in die ländlichen Regionen zu erzwingen, wobei das Verhungern von „unnützen Essern“ – vor allem Frauen, Kindern, Alten und Gebrechlichen – mit eingeplant war. Die künstlich herbeigeführte **Hungersnot** kostete Tausende das Leben. Der sich seit der militärischen Krise des Winters 1941 zunehmend verstärkende Widerstand wurde mit schärfster Gewalt beantwortet, die in öffentlichen Hinrichtungen, dem Auslöschen ganzer Ortschaften und ab Sommer 1942 in der Deportation von Hunderttausenden zur Zwangsarbeit im Reich ihren schrecklichen Ausdruck fand.

Am stärksten betroffen von der **Verfolgung** durch die deutsche Besatzungsmacht war die **jüdische Bevölkerungsgruppe.** Bis Ende 1942 ermordeten die Deutschen fast alle Juden, denen nicht rechtzeitig die Flucht gelungen war. Schätzungsweise 1,4 Millionen Juden waren nach der Eroberung der Ukraine unter die Herrschaft des NS-Regimes geraten. Bereits während des deutschen Vormarschs bis zum Ende des Jahres 1941 töteten Einheiten der SS und der Polizei – zum Teil mit Unterstützung ihrer militärischen Verbündeten – an die 300.000 Juden. Die **Opferzahlen der größten Massaker** des Sommers 1941 in Kamjanec'-Podil's'kyj und in Babij Jar, bei denen innerhalb weniger Tage und Stunden jeweils etwa 30.000 bis 40.000 Menschen erschossen und in Massengräbern verscharrt wurden, verdeutlichten die Dimension dieses Grauens. Mit der Etablierung fester Besatzungsstrukturen systematisierten die Deutschen die Verfolgung: Die Räumung der zunächst eingerichteten Gettos, in denen die jüdische Bevölkerung konzentriert worden war, bedeutete in den folgenden Monaten den Tod für weitere Hunderttausende von Menschen, die zumeist in der Nähe ihrer früheren Wohnorte unter grausamsten Umständen ermordet wurden oder – wie die Juden Galiziens, das dem Generalgouvernement angegliedert worden war – im Todeslager Bełzec umkamen. Da die Juden vorwiegend in den Städten wohnten und sozial wenig assimiliert waren, konnten die Besatzer sie leicht kontrollieren. Der Verfolgung konnte sich meist nur entziehen, wem gelang, sich in den an Weißrussland grenzenden Wäldern im Westen und Nordwesten der Ukraine zu verbergen oder an eine Partisanengruppe anzuschließen. Zehntausende von Juden flüchteten so, doch mussten die meisten von ihnen aus Nahrungsmangel wieder zurückkehren oder wurden Opfer deutscher Razzien. Die Partisanen waren häufig antisemitisch eingestellt und akzeptierten allenfalls jüdische Ärzte in ihren Reihen. Somit schaffte es nur etwa jeder zehnte Jude, dem die Flucht gelang, auf Dauer zu überleben.

Die **sowjetische Partisanenbewegung** organisierte sich erst während des Sommers 1942, als sie verstärkt Zulauf infolge der Massendeportationen von Zwangsarbeitern erhielt und starke, von sowjetischen Offizieren geführte Partisanenverbände nach Wolhynien und Podolien und in die Region Sumy-Černihiv eindrangen. Die Auseinandersetzungen zwischen Besatzungstruppen und Widerstandskämpfern einerseits, zwischen sowjetischen Partisanen und ukrainischen Nationalisten andererseits wurden mit größter Erbitterung geführt, wobei vor allem in der zweiten Kriegshälfte die Fronten zwischen Freund und Gegner häufig kaum zu unterscheiden waren. Gerade auf dem Land geriet die Zivilbevölkerung zwischen die kämpfenden Parteien: Zufälle, persönliche Rache, die Nähe zu einer Eisenbahnstrecke - dem bevorzugten Ziel von Partisanenanschlägen - konnten so über das Schicksal ganzer Ortschaften entscheiden.

Partisanen

Die Sowjetunion war im Juni 1941 nicht darauf vorbereitet, einen Partisanenkrieg zu führen, da ihre Führung nicht mit so gravierenden militärischen Niederlagen und der daraus resultierenden Besetzung großer Gebiete der UdSSR gerechnet hatte. Die Basis der ersten Widerstandsgruppen, die während des Sommers 1941 vereinzelt und ohne große Unterstützung aus Moskau entstanden, bildeten versprengte oder von den schnell vorrückenden deutschen Truppen umgangene Einheiten der Roten Armee, zum Teil auch Aktivisten der kommunistischen Partei. Erst mit dem Aufbau einer von der Führung der Roten Armee in Moskau gesteuerten Organisation ab dem Frühjahr 1942, die insbesondere auch die logistische Versorgung und die Bildung von Großverbänden („Brigaden") übernahm, gelang es, die deutsche Besatzungsmacht zunehmend wirksamer zu bedrohen und einen größeren Teil der Zivilbevölkerung für den Widerstand zu mobilisieren. Abhängig von den geographischen Gegebenheiten und der Unterstützung durch die lokale Einwohnerschaft, die mit deutschen Vergeltungsaktionen zu rechnen hatte, konnten sich - vor allem in den unzugänglichen Sumpfgebieten zwischen Weißrussland und der Ukraine - so genannte Partisanenzonen etablieren, die weitgehend vor deutscher Verfolgung geschützt waren. Die Anzahl der aktiv am Widerstand Beteiligten ist in der Geschichtsschreibung umstritten: Sowjetische Angaben rechnen mit bis zu einer Million Partisanen, allein für Weißrussland werden nach zeitgenössischen Quellen insgesamt bis zu 374.000 „Kämpfer" und zehntausende illegal in den Städten lebende Personen angenommen. Neben der Sicherung des eigenen Überlebens verfolgten die - sowjetisch organisierten - Partisanengruppen vor allem zwei strategische Ziele: die möglichst weitgehende Störung der einheimischen Kollaborationsverwaltung, um die wirtschaftliche Ausbeutung des Landes zu behindern, und die Unterbrechung der deutschen Kommunikations- und Verkehrseinrichtungen, vor allem des Eisenbahnnetzes. Trotz der zunehmenden zahlenmäßigen Stärke der Partisanenbewegung blieb ihre militärische Wirksamkeit gegenüber den deutschen Besatzungskräften freilich begrenzt. Als größter Erfolg gilt die erfolgreiche Sabotage der Bahnlinien im rückwärtigen Gebiet der deutschen Heeresgruppe Mitte im Juni 1944, der in hohem Maße zum Zusammenbruch der deutschen Front nach dem sowjetischen Großangriff beitrug.

Die Deutschen orientierten sich in ihrem Vorgehen ausschließlich an ihren eigenen wirtschaftlichen und militärischen Interessen und verwandelten dementsprechend zusammen mit den ukrainischen Hilfstruppen ganze Landstriche in menschenleeres Ödland. Diese **Taktik der „verbrannten Erde"** wurde während des deutschen Rückzugs vor der Roten Armee im Sommer und Herbst 1943 noch intensiviert – die sowjetischen Verbände eroberten schließlich ein geschundenes, weitum verwüstetes Land zurück, dessen Wiederaufbau angesichts der enormen Zerstörungen zunächst kaum vorstellbar schien.

Die Katastrophe der deutschen Terrorherrschaft gehörte somit zu den historischen Erfahrungen, die neben der Hungersnot der dreißiger Jahre das **kollektive Bewusstsein der Ukrainer** im 20. Jahrhundert **am tiefgreifendsten prägten.** Allerdings erlebten die Ukrainer den Krieg und die Besatzungszeit je nach Region, sozialer Zugehörigkeit, Alter oder Geschlecht in sehr unterschiedlicher Weise: Von den ca. 41 Millionen Einwohnern des Landes waren zum Zeitpunkt des deutschen Überfalls annähernd zehn Prozent der Bevölkerung in die Rote Armee eingezogen und fünf bis zehn Prozent wurden in den kommenden Wochen ins Landesinnere, teilweise auch in die neu enstandenen Industriestandorte jenseits des Urals evakuiert. Soweit Angehörige der Roten Armee in den ersten Kriegsmonaten in **Gefangenschaft** gerieten, stand ihnen zumeist ein qualvoller Hungertod bevor, da die deutsche Wehrmacht nicht mit der großen Zahl an Kriegsgefangenen gerechnet hatte und ihre knappen Vorräte beinahe ausschließlich für die eigenen Truppen verwendete. Die verbliebene Bevölkerung bestand daher großteils aus älteren Personen, Frauen und Kindern, die den heimischen Haushalt versorgen und die Landwirtschaft aufrechterhalten mussten. Die Situation normalisierte sich erst mit der Heimkehr der Männer, die aus der Kriegsgefangenschaft entlassen worden waren – ein Privileg, das allerdings nur den Angehörigen der aus deutscher Sicht „unverdächtigen" Bevölkerungsgruppen wie etwa Volksdeutschen oder politisch als loyal eingestuften Ukrainern zuteil wurde. Gleichwohl bestimmten insbesondere in den Industriegebieten des Ostens **Hunger und Entbehrungen** den Alltag der Bevölkerung. Wer keinen Arbeitsplatz vorzuweisen hatte oder sein landwirtschaftliches Abgabesoll nicht erfüllte, wurde ganz vom Bezug von Lebensmitteln oder anderen Dingen des täglichen Bedarfs ausgeschlossen.

Die **Bereitschaft zur Kollaboration mit der Besatzungsmacht** speiste sich daher vielfach weniger aus politischen Beweggründen – sie war vielmehr oft eine der wenigen Möglichkeiten, das Überleben zu sichern. Ukrainer – Männer wie Frauen – waren daher in nahezu allen Bereichen der deutschen Besatzungsverwaltung als Hilfspersonal tätig: als Angestellte in den Kommunen, bei Bahn, Post, Wirtschaftskommandos, den Landwirtschaftsführern usw. Besondere Bedeutung erlangte die Zusammenarbeit bei der Rekrutierung der bewaffneten Sicherheitskräfte, die sowohl im Kampf gegen Partisanen, aber insbesondere auch bei der Ermordung der Juden, in der Schlussphase des Krieges auch an der Front eingesetzt wurden. Nach Schätzungen wurden 1943 ca. 100.000 Ukrainer als Hilfspolizisten bei den so genannten „Schutzmannschaften" oder der Feuerwehr eingesetzt; weitere ca. 300.000 Ukrainer wurden bis 1944 als „Hilfswillige" oder als Soldaten („Ostlegionen") für die Wehrmacht oder Waffen-SS rekrutiert. Insgesamt kann man davon ausgehen, dass 1943 etwa zehn Prozent aller ukrainischen Männer im erwerbsfähigen Alter in deutschen Diensten standen.

Die gefürchtete Alternative zur freiwilligen Kooperation bildete die **Zwangsarbeit:** Neben der Arbeit in den Kolchosen der Landwirtschaft, deren Bewirtschaftungssystem von den Deutschen übernommen wurde, wurde die Bevölkerung rücksichtslos zu Straßen- und Schanzarbeiten herangezogen, bei denen wiederum ungezählte Menschen ihr Leben ließen. Hinzu kam ab 1942 die zunächst freiwillige, bald zwangsweise „Verschickung" von – oft minderjährigen – Arbeitskräften in das Deutsche Reich. In der deutschen Industrie und Landwirtschaft waren mindestens 1,5 Millionen Menschen allein aus der Ukraine – auch hier wiederum oft unter unsäglichen Bedingungen – eingesetzt. Die Ukraine stellte damit das wichtigste Reservoir an „Fremdarbeitern" aus dem Osten während des ganzen Krieges.

Vor dem Hintergrund der oft völlig unterschiedlichen Lebensbedingungen und der permanenten Diskriminierung durch die Besatzer kann es nicht verwundern, dass sich in der ukrainischen Bevölkerung **keine einheitliche Haltung gegen die deutsche Gewaltherrschaft** entwickelte: Volksdeutsche, die vorzugsweise in gesellschaftlich bedeutende Positionen wie Bürgermeister, Rayon-Vorsteher, Miliz-Chef oder Schulleiter aufstiegen, hatten in der Praxis der Besatzung für ihre Zukunft naturgemäß mehr zu erhoffen als der durchschnittliche Ukrainer oder gar Russen oder Roma, die neben den Juden am stärksten vom deutschen Rassenhass bedroht waren. Ein ukrainischer Dorfpolizist war eher in der Lage, sein Schicksal bis zu einem gewissen Grade selbst zu bestimmen als eine junge Zwangsarbeiterin im Reich; ein Funktionär der nationalistischen OUN besaß gegenüber den deutschen Behörden mehr Verhandlungsmöglichkeiten als ein einfacher Bauer.

Die enttäuschte Hoffnung auf ein besseres Leben nach dem deutschen Einmarsch wandelte sich bei den meisten Ukrainern in **Apathie und eine gewisse Vereinzelung der Lebensführung,** bei der man sich hauptsächlich um das eigene Überleben und das der nächsten Familienangehörigen kümmerte. Die ständigen Entbehrungen und Erniedrigungen und der Hass gegen die für die grausamen Verbrechen verantwortlichen Täter begründeten noch kein Gefühl einer gemeinsamen „Nation", gleichwohl fanden sich selbst in Situationen der Hoffnungslosigkeit und höchster Gefahr immer wieder Menschen, die ihren bedrohten Landsleuten Solidarität und Unterstützung zuteil werden ließen. Konfrontiert mit diesem historischen Erbe mussten die Ukrainer in den Jahrzehnten nach dem Krieg allerdings erst noch ein Bewusstsein dafür entwickeln, dass die Erinnerung an jene Zeit nicht nur ein Gefühl der Verstörung und Trauer hervorrufen konnte, sondern auch eines der Gewissheit, jene Katastrophe gemeinsam überstanden zu haben.

„Das ist Erde, Erde vom Babij Jar"

„Über Babij Jar, da steht keinerlei Denkmal.
Ein schroffer Hang - der eine, unbehauene Grabstein."
(Evgenij Evtušenko)

In der Sowjetunion fand der Völkermord an den Juden durch das nationalsozialistische Deutschland in den ersten Jahren nach dem Zweiten Weltkrieg kaum Beachtung. Die Erinnerung an den Massenmord und das **Gedenken an die jüdischen Opfer in der Ukraine wurden systematisch unterdrückt.** Erst 1961 - nach zwanzig Jahren - gelang es *Evgenij Evtušenko,* die Mauer des Schweigens zu durchbrechen. Die „Literaturnaja Gazeta" veröffentlichte sein Gedicht „Babij Jar", das später von *Dmitrij Šostakovič* in seiner Symphonie Nr. 13 vertont wurde.

In der **Schlucht Babij Jar** (ukr. *Babyn Jar,* „Altweiberschlucht") bei Kiew erschossen die deutschen Besatzer am 29. und 30. September 1941 schätzungsweise 33.000 Juden und in den folgenden zwei Jahren sowjetische Militärgefangene und Zivilisten unterschiedlicher Nationalität. Um die **Spuren der Massenmorde** zu verwischen, wurden die Überreste der Toten kurz vor der Befreiung Kiews am 6. November 1943 von der SS verbrannt. Unmittelbarer Anlass für das größte einzelne Massaker an den sowjetischen Juden waren zahlreiche Explosionen und Brände in Kiew, die kurz nach der Eroberung durch die deutsche Wehrmacht am 20. September 1941 weite Bereiche der Innenstadt zerstörten. Obwohl diese Anschläge vermutlich von Abwehreinheiten der Roten Armee und des Geheimdienstes NKWD verübt worden waren, beschloss die deutsche Seite, zur Vergeltung die jüdischen Einwohner zu töten. Angehörige der SS und der Polizei führten die weitgehend ahnungslosen Juden von der Mel'nikova-Straße bis zur Schlucht und ermordeten sie dort. Anschließend sprengten Einheiten der Wehrmacht die Ränder der Schlucht.

1962 überschwemmten gewaltige Wasser- und Schlammmassen, die sich nach einem Unwetter in der Schlucht von Babij Jar angesammelt hatten, das umliegende Gebiet und rissen auf ihrem Weg ein Straßenbahndepot, Wohnhäuser und vorüberfahrende Trolleybusse mit sich. 123 Opfer wurden von offizieller Seite beklagt, doch viele Anwohner erzählen noch heute von wesentlich mehr Toten. Sie glauben, dass Gott sich an der Stadt für die Schändung der Gräber rächte. Man hatte Anfang der 1960er Jahre Teile von Babij Jar sowie den angrenzenden jüdischen Friedhof eingeebnet und einen Sportplatz und eine Fernmeldeanlage errichtet. Der Bau eines hier geplanten Vergnügungsparks scheiterte schließlich am Widerstand der Bevölkerung. Allein die Bezeichnung der Bushaltestelle „Park vidpočynku" („Erholungspark") gegenüber von Babij Jar zeugt noch von diesem Vorhaben. 1976 wurde in der Nähe der Schlucht ein im Stil des sozialistischen Realismus gestaltetes **Denkmal für die Opfer des Nationalsozialismus** eingeweiht – allerdings ohne jeglichen Hinweis darauf, dass die meisten der Toten Juden waren. Erst 1991 wurde zum Gedenken für

037uk Foto: es

den Mord an den Kiewer Juden eine überdimensionale Menora (siebenarmiger zeremonieller Leuchter) aufgestellt. Zehn Jahre später wurde der Grundstein für den Bau eines von einer amerikanischen Stiftung finanzierten **jüdisch-ukrainischen Kulturzentrums mit der Bezeichnung „Spadščyna"** („Erbe") gelegt. Das Zentrum soll Platz für verschiedene Einrichtungen wie ein Holocaust-Museum, ein Babij-Jar-Museum und mehrere Forschungsinstitute bieten, aber auch Räumlichkeiten für Gebete oder für Konferenzen und Feierlichkeiten enthalten. Doch gerade daran stoßen sich viele Gläubige. Sollen die heutigen Juden auf den Knochen ihrer unglücklichen Vorfahren tanzen und singen? Vertreter vieler jüdischer Gemeinden protestieren gegen das Zentrum und schlagen vor, in Babij Jar lediglich ein Museum, das allerdings allen Opfern – Juden wie Nichtjuden – gewidmet ist, sowie ein Forschungsinstitut anzusiedeln und das jüdische Kulturzentrum an einen anderen Ort zu verlagern. In der Zwischenzeit finden jedes Jahr am 29. September gemeinsame **Gedenkveranstaltungen** von Juden und Ukrainern statt. In ihre Gebete schließen sie auch die vielen Ukrainer ein, die während der deutschen Besatzung Juden das Leben retteten und die als „Gerechte unter den Völkern" in der Jerusalemer Gedenkstätte Jad Vashem geehrt werden. In Babij Jar ist es Brauch, jedem Retter eine Birke zu pflanzen. *„Was trägt der schwarze Wind dort so schauderbar? – Das ist Erde, Erde vom Babij Jar." (Ivan Drač)*

„Mutter Heimat"

Auf einem 40 Meter hohen Podest ragt die weithin sichtbare **Figur der „Mutter Heimat" ganze 68 Meter** in den Himmel und ist damit größer als die russische „Mutter Heimat" in Wolgograd oder die Freiheitsstatue in New York. Sie bildet den **Mittelpunkt der Gedenkstätte am Dneprufer in Kiew,** die für unzählige Veteranen des „Großen Vaterländischen Krieges" quasi ein zweites Zuhause ist. Die Gedenkstätte ist für sie eine wichtige Bastion alter sowjetischer Werte und einer Zeit, als sie – mit Orden behangen, privilegiert und zu Helden des Sowjetvolkes erhoben – durch das Land fuhren und über den aufopferungsvollen Kampf der Soldaten und Partisanen berichteten. Doch die alte Welt der Sowjetpatrioten ist im Zerfall begriffen: So erfuhren die alten Männer und Frauen jüngst, dass General *Nikolaj Vatutin,* Held der Befreiung der Stadt Kiew, 1944 an einer von ukrainischen Nationalisten zugefügten Verwundung starb. Eine Tatsache, die so gar nicht in ihre Vorstellung vom ukrainischen Heldentum

Die Figur der Mutter Heimat in Kiew

passt. Anlass zur Sorge bereiteten ihnen auch die neuesten Erkenntnisse über die am Kiewer Stadtrand „Bykovnja" gefundenen Massengräber, in denen der Geheimdienst NKWD seit 1937 Gegner des Sowjetregimes, später im Krieg dann auch Deserteure der Roten Armee heimlich verscharrt hatte.

Foto: es038uk

Bereits während der letzten Kämpfe des Zweiten Weltkrieges entstand die Idee für ein „Museum des Großen Vaterländischen Krieges des ukrainischen Volkes". Doch der Moskauer Parteiführung wollte die Bezeichnung nicht recht gefallen. Hatten die Ukrainer etwa einen eigenständigen Krieg geführt? Die Ausstellung des Museums wurde in **„Das ukrainische Volk im Großen Vaterländischen Krieg"** umbenannt und Themenschwerpunkte wie „Die Bruderhilfe des russischen Volkes" und „*Stalin* – Freund des ukrainischen Volkes" wurden eingearbeitet. Doch kaum hatte das Erinnern an den Krieg begonnen, brach wiederum die Zeit des staatlich verordneten Schweigens an. Die Moskauer Führung erachtete es für wichtiger, die kollektiven Erinnerungen an die Massendeportationen ganzer Völker, die Millionen sowjetischer Soldaten in deutscher Kriegsgefangenschaft, die antisowjetischen Bewegungen in der Ukraine und vieles mehr in der Bevölkerung durch Vergessen auszulöschen. Erst *Brežnev* besann sich wieder auf den „glorreichen" Sieg im Großen Vaterländischen Krieg und aktivierte den **Erinnerungskult zur Festigung der Sowjetmacht** und der Erzeugung eines sowjetischen Gemeinschaftsgefühls. Es begann eine Periode großangelegter Forschungen und Lobpreisungen. In Kiew wurde schließlich 1974 anlässlich des 30. Jahrestages der Befreiung der Ukraine das Museum des Großen Vaterländischen Krieges eröffnet, das zunächst im Klovs'kyj-Palast im Kiewer Stadtteil Pečers'k untergebracht war. Die Menschen strömten en masse in die Ausstellung und nach einem Jahr beschloss die ukrainische Führung unter *Volodymyr Ščerbyc'kyj*, einen neuen Museumskomplex zu errichten. Ganze vier Jahre – genauso lange wie der Krieg – dauerte der Bau, dessen

Projekt nicht einheimische Genossen erarbeiteten, sondern wie damals üblich „Sterne“ aus Moskau unter der Leitung von *Evgenij Vučetič,* der bereits die Wolgograder „Mutter Heimat“ und die Soldatenfigur im Treptower Park in Berlin schuf. Erst als *Vučetič* starb, wurden die Arbeiten ukrainischen Meistern und Konstrukteuren und die Gestaltung der Frauenfigur dem bekannten ukrainischen **Bildhauer Vasyl′ Borodaj** übertragen. Als Vorbild diente *Borodaj* angeblich dessen hübsche und talentierte, aber früh verstorbene Kollegin *Halyna*. Deshalb nennen die Mitarbeiter des Museums die „Mutter Heimat“ untereinander liebevoll *„Halja“*. Die Kiewer haben andere Beinamen und Legenden erfunden: Sie nennen die stählerne Frau barsch *„Baba“* (Weib) oder „Tante mit Schwert“ oder ehrfurchtsvoll *„Walkirija“* (Walküre) oder nach der nahegelegenen Lavra (Höhlenkloster) *„Lavrentiewa“*.

Mönche warnten damals vor der Bebauung der „heiligen Dneprhügel“ und prophezeiten eine Katastrophe. Angeblich ging von der aus „Weltalltauglichem Titan“ gefertigten Figur eine tödliche „schwarze Strahlung“ aus. Tatsächlich waren die zahlreichen Platten im metallurgischen Werk in Kiew gefertigt worden, und zwar aus rostfreiem Stahl, der auch für die Herstellung von Gabeln und Löffeln verwendet wurde. Als man diese Information in der Presse veröffentlichte, brachen in der ganzen Stadt panische Hamsterkäufe aus und bald gab es weder in Kiew noch in der Umgebung Löffel oder Gabeln zu kaufen.

Nach der Eröffnung des Museums munkelte man, dass die Figur bald von ihrem Sockel rutschen werde. Die Konstrukteure der damaligen Zeit schütteln angesichts solcher Gerüchte nur den Kopf. Nach ihren Berechnungen wird die Statue etwa 120 Jahre problemlos bestehen, denn sie ist nicht nur ein künstlerisches Meisterwerk, sondern auch eine **einzigartige Ingenieursleistung.** Die aus einem von Stahlplatten verkleideten Gerüst bestehende Figur verbirgt im Inneren einen Fahrstuhl und einen Kran, der bei Bedarf aus Luken im Kopf der Figur gefahren wird. Das 11 Tonnen schwere Schwert ist mit einem eigens entwickelten Schwingungsdämpfer versehen, sodass sich die Figur selbst bei Sturm nicht bewegt. Warum Aussichtsplattform und Ehrenhalle derzeit geschlossen sind, verstehen die Konstrukteure daher nicht.

Die „Mutter Heimat“ steht stellvertretend für unzählige Denkmäler des Großen Vaterländischen Krieges im ganzen Land: Granitblöcke mit rotem Stern, silbergetuschte Soldatenfiguren oder bedrohlich wirkende Panzer. Vergangen sind allerdings die Zeiten, als das Museum des Großen Vaterländischen Krieges und die „Mutter Heimat“ die Aufgabe hatten, den triumphalen Sieg der Roten Armee und die Macht der Sowjetunion zu demonstrieren. Eine neuartige Installation zusammengestellt aus Teilen sowjetischer und deutscher Waffen im Museum **ruft symbolisch die auf den verschiedenen Seiten der Fronten Kämpfenden zur Versöhnung auf:** die Veteranen der Roten Armee, der Wehrmacht und der Ukrainischen Aufstandsarmee, die Afghanistankrieger und auch die Kämpfer vieler anderer militärischer Konflikte. Damit spricht sie vielen Menschen in der Ukraine voll aus dem Herzen.

Krieg der Veteranen

Üblicherweise bereitet sich die Natur im Herbst auf eine lange Ruhepause vor. Doch die Menschen in der Ukraine halten sich nicht an den Lauf der Jahreszeiten. Bereits im Herbst 2004 strömten sie zu Hunderttausenden in Schnee und Eiseskälte auf die Straßen und bäumten sich gegen den Wahlbetrug einer verhassten Regierung auf. Auch 2005 gaben sie keine Ruhe. Da prügelten sich auf wackligen Beinen stehende alte Männer, skandierten zahnlose Alte patriotische Sprüche und legten Kommunisten Gedenktafeln an, die nachts wieder verschwanden.

Wer sind die siegesbewussten und mit Orden behangenen Greise unter rotem Banner auf der einen und wer die schmucklosen, aber stolzen Kämpfer mit blau-gelbem Banner auf der anderen Seite? Es sind die Veteranen des letzten Krieges: **Angehörige der sowjetischen Armee** und ihnen gegenüber **Kämpfer der Ukrainischen Aufstandsarmee (UPA).** Die einen wurden in der Sowjetunion hoch geehrt, die anderen gnadenlos verfolgt. Die UPA-Veteranen fordern nun von *Juščenko* ihre Anerkennung als Kämpfer für eine unabhängige Ukraine und Vergünstigungen, wie sie auch die Veteranen der Roten Armee erhalten.

Hervorgegangen ist die **UPA aus der „Organisation Ukrainischer Nationalisten" (OUN),** die ukrainische Emigranten1929 in Wien gründeten und die sich seit 1933 am nationalsozialistischen Deutschland orientierte. Zwei Verbände der OUN unterstützten 1941 den deutschen Überfall auf die Sowjetunion und beteiligten sich anfänglich an der Ermordung der jüdischen Bevölkerung. **Mitstreiter des Nationalistenführers Bandera** verkündeten bereits kurz nach dem Einmarsch in L'viv einen unabhängigen ukrainischen Staat.

Doch die Vorstellung der Bandera-Leute, mithilfe der Deutschen die lang ersehnte eigene Staatlichkeit herbeizuführen, erwies sich als Trugschluss. Mitglieder der OUN wurden von den deutschen Behörden verhaftet und *Bandera* selbst in das Konzentrationslager Sachsenhausen verbracht. Erste Einheiten der UPA formierten sich Ende 1942 und entfesselten in den ehemals zu Polen gehörenden, dann von der Sowjetunion und Deutschland besetzten westlichen Gebieten der Ukraine einen **Guerillakrieg.** Sie kämpften gegen die Deutschen, die sowjetischen Partisanen und die Rote Armee und die hier ansässigen Polen. Letztere sollten nach Westen vertrieben und die westukrainischen Gebiete Wolhynien und Polisja Teil der unabhängigen Ukraine werden. Ein Teil der polnischen Siedler folgte der Aufforderung der UPA und wanderte nach Westen ab, ein anderer Teil verblieb auf den Höfen oder setzte sich seinerseits zur Wehr. Den **Terroraktionen der UPA** fielen im Laufe des Jahres 1943 etwa 100.000 Polen zum Opfer, während Vergeltungsschläge der polnischen Untergrundarmee etwa 2000 Ukrainern das Leben kosteten. Die UPA kämpfte nach dem Krieg bis in die Mitte der 1950er Jahre weiter. Die Erinnerung an die Ereignisse in Wolhynien hat sich tief in das Gedächtnis der polnischen Nachbarn eingeprägt und belastet die polnisch-ukrainischen Beziehungen bis in die jüngsten Tage. Anlässlich des 60. Jahrestages der Massenmorde in Wolhynien bat der damalige Präsident *Leonid Kučma* die Polen um Verzeihung.

Derweilen kämpfen die Greise mit zitternden Stimmen und erhobenen Fäusten auf Straßen und in Versammlungen weiter. Anerkennung hin oder her – angesichts der zum Teil bizarren Ausmaße der Streitigkeiten schüttelt so mancher Ukrainer nur noch den Kopf: Am 14. Oktober 2005, dem 63. Gründungstag der UPA, weihte man im Park des Sieges in Char'kiv auf dem Gelände der unierten Kirche eine Gedenktafel für die „gefallenen Helden des bewaffneten Kampfes für die Freiheit und die Unabhängigkeit der Ukraine" ein. Einen Tag später kam es in Kiew auf dem großen Boulevard Chreščatyk zu gewalttätigen **Auseinandersetzungen zwischen Anhängern und Gegnern der UPA.** Eier und Kefirpackungen flogen durch die Luft, ausländische Journalisten suchten schleunigst das Weite, Kommunisten stampften auf UPA-Fahnen herum und schimpften auf die Faschisten.

Zu ähnlichen Vorfällen kam es auch in anderen Städten. Doch damit nicht genug. 2005 hatte *Juščenko* per Dekret den 26. November zum „Tag des Gedenkens an die Opfer von Hungersnöten und politischen Repressionen" ernannt, als er in Simferopol auf der Krim ins Gegenteil verkehrt wurde. In der Nacht vor dem 26. November 2005 stahlen Anhänger der UPA vom hell beleuchteten Sowjetischen Platz den mehrere Hundert Kilogramm schweren Grundstein für ein Denkmal für die sowjetischen Opfer der UPA. Am nächsten Morgen kam es zu der üblichen Rauferei. Den gestohlenen ersetzte man flugs durch einen neuen – mehrere Tonnen schweren! – Stein.

Viele Ukrainer fragen sich, wie es weiter gehen soll. Wer wird das Problem lösen? Der gutmütige *Juščenko?* Wird es in einigen Städten der Ukraine bald Denkmäler für die Helden der Ukrainischen Aufstandsarmee und deren Opfer geben?

Deutscher Soldat!

Wir besuchten die ukrainische Hauptstadt in Begleitung eines deutschen Historikers, der auf der Suche nach Dokumenten zur Zeit der deutschen Besatzung war. Das Leben in Archiven und ähnlichen Institutionen ist bekanntlich grau und leblos und so beschlossen wir, unseren Freund am Wochenende in die bunte Welt der ukrainischen Folklore zu entführen.

Wir stellten uns an die belebte Volodymyrs'ka, hielten kurz den Arm raus und schon hielt ein Schwarztaxi. Wir verhandelten den Fahrpreis und auf ging es nach „Pyrohiv", dem Museumsdorf vor den Toren der Stadt. Die Frauen saßen hinten und an vorderster Front kämpften fortan gemeinsam ein deutscher Historiker und ein hochbetagter Ukrainer: Sie rasten über liederlich asphaltierte Straßen, umschifften riesige Schlaglöcher und fehlende Kanaldeckel, ignorierten rote Ampeln und lehrten Fußgänger das Recht des Stärkeren. Dazu redete der Fahrer des wackligen Gefährts ununterbrochen: über seine spärliche Rente, den Tod seiner Frau im letzten Jahr usw., aber als er erfuhr, dass sein Beifahrer Historiker aus Deutschland ist, rühmte er nicht nur die deutschen Autos und die deutsche Pünktlichkeit, sondern auch die deutsche Wehrmacht. Höhepunkt seines Lobesliedes auf die deutsche Nation war der „deutsche Soldat", der auch im Krieg „immer akkurat gekleidet" und mit „gewienerten Stiefeln" dem Feind gegenübertrat, während sein Offizier auch im wildesten Gefecht an einer mit „weißem Tischtuch bedeckten" Tafel speiste. Er zeigte uns sein Holzbein und schimpfte über den ukrainischen Staat, der ihm den Kauf eines behindertengerechten Autos nicht ermögliche. „Haben Sie schon einmal mit einem Holzklotz gebremst? Und in diesem Jahr schon zwei Herzinfarkte erlitten?", wandte er sich augenzwinkernd an die völlig entsetzten Damen auf den billigen Plätzen, die – am Rande eines Nervenzusammenbruchs – nur noch flüchten wollten. Doch dazu kam es nicht mehr, denn als eine Luxuskarosse zum gewagten Überholmanöver ansetzte, gab der frühere Rotarmist seinem Gaul die Sporen und wir hoben ab und verließen die Schwere des Lebens. Wir schwebten wie ein Liebespaar bei Chagall im siebten Himmel und betrachteten aus der Vogelperspektive die goldenen Kuppeln der ukrainischen Metropole und – das muss man uns glauben – landeten wohlbehalten vor dem Eingang des Museums, wo wir den gelungenen Ausflug mit einem ordentlichen Trinkgeld honorierten. Wir verbrachten viele Stunden in „Pyrohiv", bewunderten alte Häuser, Schenken, Ziehbrunnen, Dreschplätze, Mühlen und Flechtzäune, lernten die Volkskunst und Lebensweise der verschiedenen Regionen der Ukraine kennen und wärmten uns am Ofen einer alten Dorfschenke.

Dann wollten wir wieder in die Stadt zurückkehren – mit dem Bus! Doch kaum hatten wir das Museum verlassen, tönte es uns schon entgegen: „Deutscher Soldat! Deutscher Soldat! Ich habe auf dich gewartet. Steig ein, deutscher Soldat!" Kleinlaut ergaben wir uns dem Schicksal, stiegen schnell ein und erhoben uns wieder in die Lüfte. Bei der Landung übersahen wir zwar ein Stoppschild und wurden von Blaulicht verfolgt. Doch deutschen Soldaten verzeiht man in der Ukraine so manches und so waren wir bald wieder frei. „Gände choch!", verabschiedete sich unser neuer Freund mit einem Handschlag und gab uns seine Telefonnummer. „Ich stehe euch jederzeit zu Diensten!" Doch wir haben ihn nicht angerufen. Noch einen Herzinfarkt – diesmal unseren! – wollten wir nicht provozieren!

Perebudova – Perestrojka auf Ukrainisch

Michail Gorbačev läutete 1985 eine neue Ära in der Geschichte Osteuropas ein. Seine Politik der Transparenz (Glasnost') und des Umbaus (Perestrojka) führte zum Zusammenbruch des Sowjetreiches und zur Entstehung neuer Nationalstaaten. Während im Baltikum und anderen Staaten des ehemaligen Ostblocks Straßenkämpfe tobten und die Bevölkerung die alten Machthaber zum Teufel jagte, blieb es in der Ukraine – der neben Weißrussland am stärksten sowjetisch geprägten Unionsrepublik – erstaunlich ruhig.

Die Perebudova – die ukrainische Variante des Experiments Perestrojka – schien von vornherein zum Scheitern verurteilt zu sein. Ehemalige Funktionäre leiteten auch weiterhin die höchsten Staatsämter – der seit 1972 mit eiserner Hand regierende Parteichef *Ščerbyc'kyj* wurde erst 1989 aus Altersgründen und in allen Ehren entlassen – und die Bevölkerung verharrte in Frustration und Passivität. Die oppositionellen Kräfte besaßen nur

Tschernobyl

Am 26. April 1986 geriet der Reaktor des Blocks 4 in Tschernobyl außer Kontrolle – es kam zum GAU, dem „Größten Anzunehmenden Unfall" in der Geschichte der zivilen Nutzung der Atomenergie. Die sowjetische Führung brauchte Tage, bis sie eine offizielle Erklärung abgab. Die 50.000 Bewohner der nur 5 km entfernten werkseigenen Stadt Pryp'jat' wurden erst nach 2 Tagen evakuiert und in der nur 130 km südlich gelegenen Zweimillionenstadt Kiew fand fünf Tage später die große Maiparade statt, als ob nichts geschehen sei. Angaben über die Folgen der Reaktorexplosion wurden von der sowjetischen Führung gefälscht. Entschädigungen für die Opfer wurden kaum geleistet.

Doch die Menschen in der Ukraine und in dem am meisten betroffenen Nachbarland Weißrussland nahmen den Betrug des Sowjetsystems nicht mehr schweigend hin. Längst hatte die Perestrojka die Menschen zu mündigen Bürgern mit wachsendem nationalen Selbstbewusstsein geformt. Sie bildeten spontane Bürgerinitiativen, organisierten Protestaktionen und gründeten 1990 die erste ukrainische grüne Partei „Zelenyj Svit" (Grüne Welt).

Die Auswirkungen der Katastrophe sind mit Worten kaum angemessen zu beschreiben: 12 % der landwirtschaftlichen Nutzfläche der Ukraine sind radioaktiv verseucht, die Sterblichkeit hat sich vervielfacht und Blutkrankheiten und Erkrankungen der Atmungsorgane und Schilddrüse haben rapide zugenommen.

30 km vom Atommeiler entfernt ist mit Stacheldraht ein äußerer Schutzring gezogen worden. Doch in der so genannten Todeszone leben immer noch Menschen. Es sind vor allem alte Leute, die hierher zurückkehrten, denn „Heimat ist Heimat", sagen sie. Alle anderen erhalten nur gegen Devisen Zugang in die „Zone". Sie kommen aus allen Kontinenten, um den exklusiven Ort – mit Informationszentrum und Restaurant – aus nächster Nähe zu betrachten. Der Regierung ist es recht, denn „Devisen sind Devisen".

eine schwache Basis in der Bevölkerung und zerfielen zudem in konkurrierende Strömungen. Aktionen der ukrainischen Helsinki-Union, Streiks der Bergleute aus dem Donezbecken oder der Studenten in Kiew vermochten nicht, die Bevölkerung zu mobilisieren.

Umso beachtenswerter scheint der Weg, den die ukrainische Opposition von den Anfängen der Reformbewegung 1989 bis zur Orangenen Revolution im Herbst 2004 zurücklegte.

Die Ruch-Bewegung

039uk Foto: es

Ein Meilenstein auf dem Weg zur Orangenen Revolution ist zweifelsohne das Entstehen der Ruch-Bewegung (*Narodnyj Ruch, ruch* = Bewegung) der Ukraine gewesen. Seit 1989 vereinte sie die unterschiedlichen oppositionellen Kräfte und entwickelte sich in den Folgejahren zu einer nationalen Unabhängigkeitsbewegung. Ihre pro-westlich orientierten Vertreter kämpften für die Souveränität und Unabhängigkeit des Landes, sprachliche und kulturelle Entfaltung und demokratische Ziele. Dazu gehörten auch die Wiederzulassung der unierten (griechisch-katholischen) Kirche und die offene Diskussion bislang tabuisierter historischer Themen. Spektakuläre Aktionen sollten die in Agonie verharrende Gesellschaft aufrütteln: Im Januar 1990 organisierte die Ruch-Bewegung zwischen Kiew und L'viv eine Menschenkette und gedachte damit der Vereinigung der Westukrainischen mit der Ukrainischen Volksrepublik im Jahre 1919.

Der führende Kopf der Bewegung war *Vjačeslav Čornovil,* der viele Jahre in sowjetischen Straflagern verbracht hatte und 1999 unter mysteriösen Umständen tödlich verunglückte. Nach seinem Tod verlor die Ruch-Partei an politischer Schlagkraft und zerfiel innerhalb kurzer Zeit in unterschiedliche Organisationen.

Demonstranten der Ruch-Bewegung

Zeittafel

- **9. Jh.:** Gründung des Kiewer Reichs
- **988:** Taufe der Kiewer Rus
- **1237–40:** Eroberung der Rus durch die Mongolen
- **12.–14. Jh.:** Fürstentum Galizien-Wolhynien
- **14. Jh.:** Ukraine fällt an Litauen
- **1458:** Begründung einer von Moskau unabhängigen Metropolie Kiew und der ganzen Rus
- **1569:** Polnisch-Litauische Realunion: Fast die gesamte Ukraine kommt an das Königreich Polen.
- **1596:** Kirchenunion von Brest; Spaltung der orthodoxen Kirche in Polen-Litauen
- **1648:** Aufstand gegen Polen unter dem Kosakenhetman *Bohdan Cmel'nyc'kyj;* Begründung des Hetmanats der Dnepr-Kosaken
- **1654:** Vertrag von Perejaslav – Unterstellung der ukrainischen Kosaken unter den Schutz des russischen Zaren
- **1667–1793:** Die linksufrige Ukraine kommt an Russland.
- **1686:** Unterstellung des Kiewer Metropoliten unter das Moskauer Patriarchat
- **1772:** Erste Teilung Polens; Galizien fällt an Österreich
- **1793:** Zweite Teilung Polens; die rechtsufrige Ukraine fällt an Russland.
- **19. Jh.:** Entstehen einer ukrainischen Nationalbewegung und Nationalliteratur
- **1918:** Gründung einer Ukrainischen Volksrepublik in Kiew und einer Westukrainischen Volksrepublik in Galizien; beide vereinigen sich 1919.
- **1918–20:** Bürgerkrieg zwischen „Weißen" (Zarenarmee), Bolschewiki und alliierten Interventionstruppen
- **1921:** Friedensvertrag von Riga, der den Grenzverlauf zwischen Polen und der Sowjet-Ukraine regelt.
- **1922:** Gründungsmitglied der Sowjetunion
- **1932/33:** Hungersnot in der Sowjet-Ukraine, der 3–4 Millionen (manche Schätzungen gehen sogar von 7–10 Millionen aus) Menschen zum Opfer fielen
- **1937/38:** „Große Säuberungen" in der Sowjetunion
- **1939:** Nichtangriffspakt zwischen Deutschland und der Sowjetunion
- **1941:** Besetzung der Ukraine durch deutsche Truppen
- **1943:** Rückeroberung der Ukraine durch die Rote Armee
- **1944:** Besetzung der Westukraine durch die Rote Armee
- **1945:** Angliederung der Karpato-Ukraine an die Ukrainische SSR
- **1947:** Angliederung der Nordbukowina an die Ukrainische SSR

- **1954:** Die Krim wird an die Ukrainische SSR angeschlossen. Die Ukraine ist Gründungsmitglied der UNO.
- **1956:** XX. Parteitag der KPdSU; zahlreiche politische Gefangene werden entlassen.
- **1963:** *Petro Šelest* wird 1. Sekretär der ukrainischen KP.
- **1972:** *Ščerbyc'kyj* wird Parteichef. „Säuberungen" in Partei und unter Intellektuellen
- **1985:** *Michail Gorbačev* beginnt Politik der Perestrojka und Glasnost'.
- **1986:** Reaktorunfall in Tschernobyl
- **1990:** Souveränitätserklärung der Ukraine. Ukrainisch wird Staatssprache. *Leonid Kravčuk* wird Parlamentspräsident.
- **1991:** Unabhängigkeitserklärung; Gründungsmitglied der Gemeinschaft Unabhängiger Staaten
- **1992:** weitgehende Autonomie der Krim innerhalb der Ukraine
- **1994:** Wahl *Leonid Kučmas* zum Staatspräsidenten
- **1995:** Aufnahme der Ukraine in den Europarat
- **1996:** Verabschiedung der Verfassung
- **1997:** Russisch-Ukrainischer Freundschaftsvertrag; Unterzeichnung der Charta NATO-Ukraine
- **2002:** Parlamentswahlen; neuer Ministerpräsident *Viktor Janukovyč*
- **2004:** Präsidentschaftswahlen. Nach Wahlfälschungen zugunsten Premierminister *Janukovyč* kommt es zum Ausbruch der so genannten „Orangenen" Revolution und zur Annullierung der Stichwahl durch das Oberste Gericht. Am 26.12. wird *Viktor Juščenko* zum neuen Präsidenten gewählt.
- **2005:** Am 23.1. wird *Viktor Juščenko* vereidigt. Am 4.2. wird das neue Kabinett unter Premierministerin *Julija Timošenko* ernannt. Im September kommt es zur Regierungskrise. Die Regierung *Timošenko* wird entlassen. Neuer Premierminister ist *Jurij Jechanurov.*
- **2006:** am 26.3. Parlamentswahlen

003uk Foto: ai

GESELLSCHAFT UND POLITIK

„Ich aber schrei, es waren Perlen, die ich sah -
sie liegen noch dort unten auf dem Grund -
es braucht nur einen zweiten Anlauf!“
(*Oksana Sabužko*, „Zweiter Anlauf“)

„Ich bin ein starkes Volk, ein junges Volk ...“
(*Pavlo Tyčyna*, „Der goldene Stimmenklang“, 1917)

Der Zusammenbruch der Sowjetunion führte am 24. August 1991 zur **Proklamation einer unabhängigen Ukraine.** Im Gegensatz zu den Polen und Balten hatten jedoch die meisten Ukrainer mit Ausnahme weniger Bürgerrechtler nicht um ihre Unabhängigkeit gekämpft, sondern sie wurden förmlich von der neuen Situation überrollt. In den anschließenden düsteren Jahren, in denen das Land mit der Vorherrschaft Russlands und dem Einfluss der ukrainischen Mafia rang, versank die Bevölkerung in **Passivität und Lethargie.** Erst die späten Enthüllungen um den Mord an dem Journalisten *Gongadze* im Jahr 2000 rissen die Ukrainer im Herbst 2004 aus ihrem postsowjetischen Schlaf: Sie nahmen einen „zweiten Anlauf“ und stürzten das korrupte Kučma-Regime. Die Menschen am Dnepr betraten einen steinigen Weg in Richtung Demokratie und Marktwirtschaft.

Demonstranten während der Orangenen Revolution

Ausnahmezustand Revolution

Ein Ehemann wird von seiner äußerst besorgten Frau angerufen:
„Wo bist Du, mein Lieber?"
„Bei meiner Geliebten!"
„Gott sei Dank! Ich dachte schon, du bist auf dem Unabhängigkeitsplatz."
(Witz aus der Zeit der Revolution)

Im **November 2004** standen die Medien der ganzen Welt im Bann der Revolution: Sie zeigten den **Majdan,** den **Unabhängigkeitsplatz in Kiew,** auf dem sich hunderttausende begeisterte Ukrainer versammelten und den Namen ihres Idols *„Juščenko! Juščenko!"* brüllten. Sie zeigten den **Chreščatyk** – die **sowjetische Prachtstraße** der ukrainischen Metropole –, auf der bei klirrender Kälte tausende orange ausstaffierter Revolutionäre eine Zeltstadt aufbauten, kleine Feuer anzündeten, heißen Tee schlürften, sangen, tanzten und vermeintlich einen fröhlichen Volksaufstand feierten. Sie zeigten aber auch die stille Verzweiflung und angestaute Wut der so leidensfähigen Ukrainer, die über Wochen einem korrupten und repressiven Machthaber zivilen Ungehorsam demonstrierten. Es waren Menschen, die sich beherzt in den Lauf der Geschichte einmischten und mit entwaffnendem Humor (Kostproben folgen) der Weltgemeinschaft ein unbekanntes Land – die europäische Ukraine – offenbarten. Ihre Bilder gingen um die Welt.

Ablauf der Ereignisse:

31.10.2004 Präsidentschaftswahl in der Ukraine.

21.11.2004 Stichwahl zwischen Ministerpräsident *Viktor Janukovyč* und Oppositionsführer *Viktor Juščenko.* Laut Angaben der zentralen Wahlkommission siegt der Vertreter der Machtelite *Janukovyč.* Viele Bürger der Ukraine hingegen sprechen offen von Wahlmanipulation und Wahlbeobachter der OSZE kritisieren, dass die Wahl nicht den internationalen Anforderungen genügt hätte. *Viktor Juščenko* fordert seine Anhänger zu friedlichen Protesten gegen den Wahlbetrug auf. Hunderttausende wollen sich nicht mit dem Wahlsieg des Ministerpräsidenten abfinden und gehen auf die Straßen. Mit ihren andauernden friedlichen Demonstrationen inmitten der ukrainischen Hauptstadt erzwingen sie eine Annullierung des Ausstiches durch das Oberste Gericht und eine Wahlwiederholung.

26.12. 2004 *Viktor Juščenko* gewinnt die Wiederholung der Stichwahl.

040uk Foto: ai

„Ihre Körper sind fragil, aber ihr Geist ungebrochen."

„Ich bin in Kiew. Ich habe eine jubelnde Stadt gesehen. Ich habe einen Platz gesehen, voller Menschen, die orange Schals und Jacken anhatten und es gab dieser Menschen so viele, dass ich sie kaum überblicken konnte ... Nicht nur im Stadtzentrum, in jeder Straße, d.h. nicht, um die Anhänger zu begrüßen, sondern außer sich vor Freude. Auf den Dächern von Autos sitzen auch Menschen, schwenken Fahnen und schreien. Meine Begeisterung von der Revolution mischte sich mit beißendem Neid, dass ich noch lange nichts Vergleichbares in Moskau werde sehen können. Und ich betete zu Gott, dass er mir noch die paar Jahre schenkt, die man braucht, um das in Moskau zu sehen, was ich in Kiew gesehen habe.

Eine jubelnde Stadt. Ein friedliches, lächelndes, herzliches, vereintes Volk. Und die Hauptsache – frei. Frei! Frei! Ich empfand Neid und Stolz zugleich, dass ich inmitten dieses herzlichen und frohen Volkes stehe und dieses Volk mich nicht wegjagt, ungeachtet dessen, dass ich aus dem besagten Russland komme, dessen Außenminister sich zu der Gemeinheit erdreistete, vom geopolitischen Anspruch der NATO auf die Ukraine zu sprechen. Hej, Minister, kommen Sie nach Kiew, gehen Sie auf den Majdan, und keine Befehle aus Moskau reichen, um Sie von den geopolitischen Ansprüchen der NATO sprechen zu lassen. Das ist ein Volk, das sind junge Frauen und Männer, Alte und Kinder, sie sind mehr, als der Minister oder der Präsident Russlands sich vorzustellen vermögen, wenn sie das Wort „Volk" aussprechen.

Ihre Körper sind fragil, aber ihr Geist ungebrochen. Und man braucht ihnen nicht vorzulügen, dass es in der Ukraine keine russischen Soldaten gibt. Es gibt sie hier. Und wenn einer von ihnen nur einen Schuss abgibt, werde ich – russischer Staatsbürger – mein Leben lang diese Schande nicht reinwaschen und die Sünde nicht abbüßen können ... In meinem Leben gab es kaum glücklichere Tage. In meinem Leben gab es keine größere Liebe, als die, die ich gegenüber jedem Passanten auf dem Chreščatyk verspüre ..."

Valerij Panjuškin, Spezialkorrespondent „Kommersant"

Volkstümlicher Comic: Nie wieder gestern

Inhaltsangabe: Der große Herrscher Kuči regiert seit 10 Jahren den Planeten Kučmania – einen der größten Planeten der Galaxie „Esende". Voller Hinterlist manipuliert er sein Volk; hypnotisiert die Menschen dank seiner großen Ohren und der großen Nase, raubt ihren Willen, ihre Kräfte und ihren gesunden Verstand. Doch Kučis Herrschaft neigt sich dem Ende zu. Seine Hauptmission war, den Planeten zu zerstören. Doch die natürlichen Vorräte des Planeten sind von ihm und seinen Anhängern noch nicht endgültig ausgeraubt worden. Deshalb wird ein Nachfolger mit dem Namen „ÄH" für den Sessel des Herrschers vorbereitet. Still und leise – unter ständiger Beobachtung des intergalaktischen Imperators Punti – soll der Planet Kučmania eine neue Regierung erhalten. Doch es kommt anders ...

❶ Bis zum Regierungszeitende des Herrschers Kuči verblieben nur noch einige Wochen und er hatte es immer noch nicht geschafft, den Planeten ganz zu zerstören.
❷ Diese Mission muss sein Nachfolger fortsetzen.
❸ Wie immer war sein Auftritt vor dem Volk sehr ausdrucksvoll.
❹ Ich, äh, äh, äh, kch-kch. Wir, nun, deshalb. Und dann oho-oho ...
❺ Die Menschen schauten wie hypnotisiert auf den Herrscher Kuči und glaubten ihm jedes Wort. Er erzählte Märchen über „ÄH".
❻ Mit dem Imperator sprach der Herrscher Kuči wie ein Ebenbürtiger.
❼ Ich habe alles im Griff, Euer Hochwohlgeboren! Wir haben sogar einen würdigen Kandidaten.
❽ Stell deinen Erben meinen Leuten vor. Ich erwarte, dass diesmal alles nach unserem Plan verläuft.
❾ Seht – unser zukünftiger Herrscher. Dank deinem Geld kann er den ganzen Planeten zerstören.
❿ Die Vertreter des Imperators wussten nicht, wie sie auf das vor ihnen Stehende reagieren sollten. Geld wollten sie auf keinen Fall geben. Kuči musste sie überreden.
⓫ „ÄH" hat eine dunkel-gestreifte Vergangenheit, aber wir werden sie schnell durch Himmelblau ersetzen ...
⓬ Warum hast du mich nicht eher an Himmelblau erinnert? Hast du etwa vergessen, dass das meine Lieblingsfarbe ist?
⓭ Nimm Täubchen! Du gefällst mir jetzt bereits!
⓮ Völlig unerwartet tauchte ein im Volk als „Super-JA" bekannter Held auf. Ihn begleiteten lustige Lieder, laute Zurufe und Unordnung auf den Straßen.
⓯ Tima erkannte ihre Sternstunde. Sie trommelte all diejenigen zusammen, die gerade nichts zu tun hatten, und versprach ihnen großzügig: Nahrung, Kleidung und Wohnraum.
⓰ Alle auf den Unabhängigkeitsplatz! Die Stunde zu singen und sich zu amüsieren ist gekommen!
⓱ Zur selben Zeit versammelten sich unter himmelblauen Fahnen Truppen von „ÄH".
⓲ Seid vorsichtig! Sie benutzen orangefarbene Eier und Apfelsinen als Waffen. Schlagt nicht kräftig zu, dafür aber wohlgezielt.
⓳ Wollen Sie wissen, wie die Geschichte weitergeht? Wir auch! Schreiben Sie ein Szenario darüber, wie die Ereignisse den ganzen Planeten erfassen. Werden Sie Co-Autoren des volkstümlichen Comics! Unsere E-Mail-Adresse: animagia@ukr.net.

Sergej Migrin, Comic- und Animationszentrum – Produktion und Ausbildung, www.animagia.com.ua

❶ Super-JA, unversöhnlicher Kämpfer für die Freiheit seines Volkes, hat dank der Verwendung von Apfelsinen ungewöhnliche Kräfte.
❷ Kuči, Herrscher des Planten Kučmania, Anhänger der veralteten Traditionen der Kolonialherrschaft
❸ „ÄH“, Nachfolger von Kuči und dessen letzte Hoffnung auf die endgültige Zerstörung des Planeten
❹ Achm, magischer Gebieter über Goldschätze des intergalaktischen Raums
❺ Tima, treue Freundin von Super-JA
❻ Punti, heimlicher Imperator des intergalaktischen Raums
❼ Truppen, intergalaktische Söldner, zuverlässige Verteidiger von „ÄH“

Die Protagonisten der Revolution in „Orange"

Marionette der Mächtigen: Viktor Janukovyč

Journalisten fragen Viktor Fedorovyč Janukovyč:
„Viktor Fedorovyč, an welche Bedingungen haben Sie Ihre Bereitschaft zum Fernsehduell mit Viktor Juščenko geknüpft?"
„Dass keine dreckige Wäsche gewaschen wird."
„Was meinen Sie damit konkret?"
„Meine Biografie."
(Witz)

„Das Kučma-Regime hätte uns mit keinem anderen Kandidaten trefflicher dienen können, als mit Janukovyč", meinte *Julija Timošenko* nach dem Sieg der demokratischen Kräfte. *Janukovyč* saß zweimal – angeblich wegen Diebstahl und Raubüberfall – hinter Gittern und war laut Umfragen besonders bei Gefängnisinsassen beliebt. Aber auch bei Staatsdienern aus Polizei, Armee und Sicherheitsdiensten und der russischsprachigen Bevölkerung im Osten konnte der korrupte Lokalfürst punkten. Er versprach die Einführung der doppelten Staatsbürgerschaft für Ukrainer und Russen und umgarnte die Wählerschaft mit erhöhten Sozialausgaben. Der **seit 2002 amtierende Premierminister mobilisierte seine Anhänger unter einem himmelblauen Banner,** konnte aber – ihn zeichneten vor allem intellektuelle Defizite, grobe Ausfälle gegen Demonstranten und andere Peinlich-

Bitte wieder vergessen!

Zeitungen berichteten immer wieder über Wahlmanipulationen. Doch wie geht das, fragten wir, blauäugig wie wir nun mal sind, unsere wahlkampferprobte Freundin *Kateryna*. Die starrte uns zunächst misstrauisch an, berichtete dann aber doch aus ihrem Leben als Wahlbeobachterin in einem kleinen Dorf im Char'kiver Gebiet: *„Die einfachste Methode, eine Wahl zu manipulieren, ist wohl das so genannte „Karussell". Ich gehe in mein Wahllokal, lasse mir einen Stimmzettel aushändigen, fülle diesen aus, werfe ihn aber nicht in die Wahlurne, sondern stelle mich damit vor das Wahllokal. Dann frage ich einen ankommenden Wähler, ob wir die Stimmzettel – selbstverständlich gegen eine entsprechende Belohnung – tauschen wollen. Er wirft also meinen bereits ausgefüllten Stimmzettel ein und liefert mir dafür seinen leeren, den ich wiederum ausfülle und dem nächsten Wähler anbiete usw." „Und das funktioniert?"*, fragten wir völlig erstaunt. *„Natürlich. Die Menschen sind arm und Bestechung gehört zu den Grundnahrungsmitteln."*

P.S.: Bis zur nächsten Wahl wieder vergessen!

keiten aus – zu keinem Zeitpunkt die Schlagkraft seines Widersachers in „Orange" erreichen, obwohl er sich für seinen Wahlkampf freizügig aus der Staatskasse bediente und von der in seinem Sinne weitgehend gleichgeschalteten Medienlandschaft profitierte. *„Die Angst vor dem Sturm der Sondereinheiten, der Rache der Sicherheitsorgane und ihrer kriminellen Konsorten entlud sich in zahlreichen Witzen und Karikaturen über den Regimekandidaten Janukovyč und seinen politischen Ziehvater Leonid Kučma. Die Figuren, die noch gestern das Land in Gehorsam und Furcht gehalten hatten, wurden zu den beliebtesten Komik- und Lachfiguren, ihre Namen Inspirationsquelle zahlreicher Sprachspiele." (Roman Dubasevyč)*

Volksheld: Viktor Juščenko

Das Ministerkabinett der Ukraine ordnete an, unverzüglich alle gelben und orangefarbigen Blätter von den Bäumen zu entfernen, um damit eine massenhafte und gesetzeswidrige Agitation der Bäume zugunsten von Juščenko zu verhindern.
(Witz vom Herbst 2004)

Vor noch nicht allzu langer Zeit hätten die zuständigen Behörden mit der Ausführung des so grotesk anmutenden Befehls unverzüglich begonnen ... *Viktor Juščenko* **führte die Oppositionsbewegung „Unsere Ukraine" an** und war Hoffnungsträger all derjenigen, die sich demokratische Reformen wünschten. Der Schrittmacher der Revolution hatte als **Zentralbankchef** (1997–1999) die Landeswährung Hryvnja eingeführt und sie geschickt vor einer inflationären Talfahrt bewahrt. Er wurde 1997 als einer der fünf besten Bankfachleute weltweit mit dem Global Finance Award ausgezeichnet und legte als **Premierminister (1999–2001)** unter *Kučma* den Grundstein für den Wirtschaftsboom um die Jahrtausendwende. *Juščenko* stammt aus dem äußersten Nordosten des Landes (Gebiet Sumy). Er ist in zweiter Ehe mit einer Amerikanerin ukrainischer Abstammung verheiratet – ein Umstand, den die teilweise primitive Wahlkampagne der Gegenseite benutzte, um ihn nicht nur als „westukrainischen Halbfaschisten", sondern auch „Russenhasser" oder gar „amerikanischen Vasallen" zu beschimpfen. Tiefe Religiosität und Volksverbundenheit werden dem tapferen Mann mit dem nach einem Dioxinanschlag verunstalteten Gesicht nachsagt. Während des Wahlkampfes speiste er mit dem Geheimdienstchef *Kučmas* und erkrankte danach schwer. Wie sich später in einem Wiener Krankenhaus herausstellte, überlebte er nur knapp einen Dioxinanschlag. Nicht nur die Opposition, sondern auch viele einfache Menschen in der Ukraine glauben, dass die Machtelite um *Kučma* dadurch ihrem Aspiranten auf den Thron verhelfen wollte. *Juščenko* führte gemeinsam mit hunderttausenden Anhängern die Ukraine in eine neue Epoche der Unabhängigkeit. Bei seiner Vereidigung zum Präsidenten rief er seinem Volk zu: *„Wir befinden uns nicht mehr am Rande Europas. Wir sind im Zentrum Europas!"*

„Gasprinzessin": Julija Timošenko

„Gestern war ich nicht bei euch, es war ein verlorener Tag. Ohne diesen Platz kann zurzeit keiner in der Ukraine leben. Denn wir sind ein Volk, von dem andere nur träumen. Die ganze Welt beneidet uns!", ruft *Julija* – wie sie im Volk genannt wird – den Demonstranten auf dem Kiewer Unabhängigkeitsplatz zu. Die parieren mit Begeisterungsschreien und Jubel, denn das wissen die meisten hier: Ohne ihre betörend schöne *Julija* – sie zierte nicht nur die Titelseiten zahlreicher ukrainischer Journale, sondern auch der französischen Modezeitschrift „Elle" – wäre die Revolution bereits verloren. Dabei stand die zierliche Frau mit dem energischen Durchsetzungsvermögen unlängst noch auf der anderen Seite. Aus der alten sowjetischen Kaderschmiede Dnipropetrivs'k stammend, häufte sie an der Spitze des größten Energieunternehmens des Landes in den 1990er Jahren Millionen an. Doch Ende 1999 verpflichtete *Juščenko* die Managerin als **Energieministerin** in die Regierung, wo sie binnen kurzer Zeit der Schattenwirtschaft den Kampf ansagte. Als so genannte „Gasprinzessin" reorganisierte *Timošenko* (2001 Vize-Regierungschefin) das ukrainische Energiewesen und machte sich mit ihrem mutigen Eintreten für transparente Strukturen in der Wirtschaft Feinde fürs Leben. 2001 stürzte sie schließlich über eine politische Intrige: Wegen angeblicher Steuerhinterziehung saß sie 40 Tage im Gefängnis und wurde von den russischen Behörden wegen Beamtenbestechung steckbrieflich gesucht. Das änderte allerdings

043uk Foto: if

nichts an der Popularität der heißblütigen Mitstreiterin *Juščenkos* und **Leitfigur der Partei „Bat'kivščyna"** (Vaterland), die schweren Herzens auf eine eigene Kandidatur verzichtete und sich im Kampf um eine rechtsstaatliche Ukraine stets an die Seite von *Juščenko* stellte.

Betrügerischer Politboss: Leonid Kučma

Janukovyč kommt zu Kučma und sagt:
„Haben Sie gesehen, was für eine Uhr sich Juščenko gekauft hat?"
„Nein. Aber zeig mal her!"
(Witz)

Präsident *Kučma* regierte seit 1994 ein bis ins Mark korrumpiertes Regime, das personell auf der alten sowjetischen Nomenklatur basierte, in dem sich **Beamtenwillkür und Vetternwirtschaft** ausbreiteten und die Mafia ein vitales Leben entwickelte. Die ukrainischen Staatsdiener – allen voran der Präsident – plünderten den Staat und deponierten Millionen Dollars auf ausländischen Konten, während das Volk monatelang auf karge Löhne und Renten wartete. Regierungskritische Journalisten wurden von den Behörden unter Druck gesetzt, unliebsame Zeitungen zerschlagen und die wichtigen elektronischen Medien von Kučma-treuen Oligarchen aufgekauft. Initialzündung für die **Protestbewegung „Ukraine ohne Kučma" (2000)** war dann auch das Verschwinden und der **Tod des regierungskritischen Journalisten Heorhij Gongadze,** der über Korruption in Regierungskreisen berichtet hatte. *„Die Umstände des Mordes am oppositionellen Journalisten Heorhij Gongadze lösten in der ukrainischen Öffentlichkeit ein tiefes Entsetzen aus. Er wäre wie viele andere in Vergessenheit geraten, hätte es nicht die geheimen Aufzeichnungen des Chefs der Präsidialwache, des Majors Mel'nyčenko, gegeben. Mel'nyčenko spielte sie dem oppositionellen Lager zu. Ihre Veröffentlichung stürzte Kučma und seine Regierung in die tiefste politische Krise. Die Aufzeichnungen gaben preis, was jeder insgeheim ahnte: Die Korruption und das Verbrechen in der Ukraine geht vom höchsten Amtsträger und seiner Entourage aus ..."*
(Roman Dubasevyč)

Wahlkampfhelfer: Vladimir Putin

Putin steigt in Moskau in das Flugzeug nach Kiew ein.
Die Stewardess verlangt sein Ticket.
Putin antwortet: „Ich habe ein Abonnement."
(Witz)

Putin hatte im ukrainischen Wahlkampf 2004 offen den prorussischen Kandidaten *Viktor Janukovyč* unterstützt und diesem trotz des offensichtlichen Wahlbetrugs voreilig zum Sieg gratuliert. Der größte Albtraum der Kremlherren war wohl das Übergreifen des „orangenen Exportschlagers" auf die Moskauer Untertanen.

„Ich habe heute auf den Zufahrtswegen nach Moskau Anhänger von Juščenko gesehen - einige haben den Weg aufgerissen, andere Eisenbahngleise demontiert."
„Und alle in ‚Orange'."
„Das ist eine Verschwörung!"
(Witz)

König des Donbas: Rinat Achmetov

In Odessa:
Monja, haben Sie gehört, dass man in Doneck neue Plakate aufgehängt hat: „Gehen Sie wählen! Verteidigen Sie Ihre Werte!"
Nein, Izja. Doneck ist eben nicht Odessa. Bei uns würde ein gescheiter Mensch richtigerweise sagen: „Was Ihr selbst geklaut habt, müsst Ihr auch selber verteidigen!"
(Witz)

„Der Donbas gehört Achmetov", sagen die Menschen im Osten des Landes und feiern *Rinat Achmetov* - den **reichsten aller ukrainischen Neureichen** - als Wohltäter und modernen *Robin Hood*. Betrügen gehört eben zum Alltag: *Achmetov* kam - wie auch die anderen finanzstarken Wirtschaftsclans - während der Privatisierungen in den 1990er Jahren mit undurchsichtigen Geschäften zu ungeahntem Reichtum (das US-Magazin „Forbes" schätzt sein Vermögen auf 2,8 Milliarden US-Dollar). Im Wahlkampf 2004 unterstützte er den ihm treu ergebenen *Viktor Janukovyč*.

Die Farbe der Hoffnung ist Orange!

In Kiew:
„Auf, treffen wir uns!"
„Ja. Wo wollen wir uns treffen?"
„Auf dem Unabhängigkeitsplatz!"
„Und wie erkenne ich Dich?"
„Ich werde einen orangen Schal tragen ..."
(Witz)

„Die vergifteten Apfelsinen", empörte sich die Ehefrau des Regime-Kandidaten *Janukovyč* öffentlich über die lustvollen Aktionen der Anhänger der Opposition: Im abendlichen Kiew wurde ein seltsam anmutender Mann im grell-orangefarbenen Regenmantel, mit einer transparent-orangen Schwimmbrille auf der Nase und einem kämpferisch-orangen Stirnband gesichtet. Er trug eine Kette aus Apfelsinen, in denen mit einer giftig-orangen Flüssigkeit gefüllte Spritzen steckten, um den Hals und unterhielt sich angeregt mit zwei Passantinnen, von denen eine ihren Mantel mit dem Konterfei ihres Idols und einer sorgsam gefalteten Blume aus orangem Papier geschmückt hatte. Die andere fotografierte den Aktionskünstler – natürlich digital, denn die neuen Medien gehörten zum Antlitz der Revolution. In Moskau verhöhnte der Bürgermeister *Lužkov* derweil die ukrainischen Aktivisten als „Apfelsinen-Anarchisten"; im weißrussischen Minsk verhaftete die Polizei sogar Passanten, die angeblich mit orangen Schals gegen den Diktator *Lukašenko* demonstrierten.

In Weißrussland waren orangefarbene Produkte Ladenhüter, während in ukrainischen Geschäften **Accessoires in Orange** bald knapp wurden: Krawatten, hochhackige Lederstiefel, Stoffbänder, reißfeste Müllbeutel, Mützen, Schals ... Die Ukrainer waren erstaunlich kreativ und die in der Modewelt lang verpönte Farbe Orange (Energie, Optimismus, Aufgeschlossenheit, Jugendlichkeit und Selbstvertrauen) wurde zur Modefarbe schlechthin.

Davon konnte der 1933 geborene Verfasser des sowjetischen Kinderliedes **„Orangenes Lied" Arkadij Arkanov** noch nichts ahnen. In seinem Lied besingt ein kleiner Junge seine Lieblingsfarbe. Er zeichnet auf seinen Bildern eben alles in Orange und überzeugt sogar seinen zweifelnden Großvater davon, dass die Welt durchaus orange sein kann. In der Ukraine wurde das Lied dann oft auf „Kanal 5", dem einzigen oppositionellen Fernsehkanal, gespielt und mit den vergnügten Bildern der Demonstranten unterlegt. Diese versammelten sich zu Protestmärschen, Rockkonzerten und ausschweifenden Happenings und feierten unter dem Symbol der Revolution – dem stilisierten Abbild eines Hufeisens und dem Slogan *„Juščenko!* JA!" – den Ausnahmezustand.

Katerstimmung

„Von einem unglaublichen Wohlstandswachstum des Volkes nach der Orangenen Revolution zeugt die Tatsache, dass Kommunisten und Nationalisten einander nicht mehr mit Steinen und leeren Flaschen bewerfen, sondern mit Eiern, Kefir und Mayonnaise."
(Witz)

Dem farbenfrohen Rausch der Orangenen Revolution folgte bald eine graue „Katerstimmung“: Die Mannschaft der Revolution brach auseinander, Präsident *Juščenko* verlor nach beschämenden Zugeständnissen an seinen einstigen Rivalen *Janukovyč* an Glaubwürdigkeit, das **Wirtschaftswachstum schrumpfte** von 12 % (2004) auf schlappe 4 % (2005), die **Preise für Benzin, Zucker und das kulinarische Heiligtum Speck stiegen** um ein Vielfaches, die **Korruption lebt** und **ausländische Investoren ziehen sich zurück ...**

Dennoch, in der Ukraine hat sich vieles nachhaltig verändert: Die Menschen haben politische und bürgerliche Freiheiten gewonnen, die Medien sind frei und politische Repressionen und offener Wahlbetrug gehören der Vergangenheit an. In der noch jungen Geschichte der unabhängigen Ukraine hat ein neues Kapitel begonnen.

Medienlandschaft

Vom geliebten Lügner

Wenn man in der Ukraine als Tourist privat untergebracht ist, braucht man keinen Wecker zu stellen. Punkt halb sechs werktags und um gnädige sechs Uhr morgens am Wochenende wird man durch das lautstarke Ertönen der Staatshymne aus seinen süßen Träumen gerissen. In vielen Haushalten ist der Betriebs- und Volumenregler des Radiogerätes schlicht eingerostet, weil er so gut wie nie betätigt wird. Es ist eine technische Rarität, die bis auf andere UdSSR-Nachfolgestaaten in der Welt ohnegleichen ist: Der **staatliche ukrainische Rundfunk UR-1** wird nicht über den Äther, sondern **über eine spezielle Kabelleitung übertragen.** Das ist teuer und wenig effektiv; dieses Überbleibsel aus den Sowjetzeiten wird aber wie manch anderes immer wieder repariert und aufrechterhalten, statt durch moderne Kommunikationssysteme ersetzt zu werden. Vielleicht, weil die älteren auf ihren *Pobrechunčyk* (auf Deutsch: „das kleine Lügending“), wie sie das Radio liebevoll nennen, und zwar im altbekannten Format – von der Morgenhymne bis zur Mitternachtshymne – nicht verzichten wollen.

Die Hymne ist beinahe das einzige, was sich beim Sender UR-1 seit Sowjetzeiten geändert hat, nimmt man doch auf die Stammhörer (größtenteils Rentner und Hausfrauen), die mit der schnellen neuen Mode nicht Schritt halten können, Rücksicht. Alte Sowjetschlager, Symphoniekonzerte und neuerdings Live-Übertragungen der Parlamentssitzungen, die sich, wenn auch nur als Quelle unzähliger Witze, größter Popularität erfreuen. Nachts um 12 Uhr wird es dann mucksmäuschenstill im Rundfunkgerät.

044uk Foto: ai

Freundin *Kateryna* erzählt, dass zu Sowjetzeiten ein paar technisch versierte junge, waghalsige Scherzkekse sich erlaubt hatten, zur nächtlichen Sendepause mittels eines einfachen Kassettenrecorders die ganze Stadt zu unterhalten. Das war riskant, denn nach dem zweiten oder spätestens dritten „Äthermissbrauch" kamen die gewissen Onkels und es gab ordentlich Krach mit den Eltern. Heute muss sich die Jugend nicht mehr selbst unterhalten, an Unterhaltungsangeboten mangelt es nicht. Jede

Stadt bietet **Dutzende FM-Sender,** die um die Wette um die Gunst der meist jungen Zuhörer buhlen.

Dieselbe Vielfalt herrscht im Fernsehen. Neben dem **Fernsehsender „Kanal 5",** der Geschichte schrieb, weil durch ihn die Revolution in die Wohnzimmer der Nation übertragen werden konnte, gibt es noch eine Unmenge an Sendern und Programmen, die jedes Alter und jeden Geschmack bedienen.

Die Entmachtung des Wortes

Zu dem eindeutigen (manche sagen: einzigen) Erfolg der Orangen Revolution gehört die Tatsache, dass sich die Ukraine zu einem Land entwickelt hat, in dem die **Pressefreiheit** Realität geworden ist. Noch gar nicht weit zurückliegende Zeiten, in denen Journalisten häufig Opfer von Anschlägen wurden oder eine seltsame Neigung entwickelten, bei mysteriösen Autounfällen ums Leben zu kommen, scheinen endgültig der Vergangenheit anzugehören. Die Wiederholung des Falles des im Jahr 2000 vermutlich im Auftrag des Kučma-Regimes ermordeten Journalisten *Heorhij Gongadze* hält die internationale Organisation „Reporter ohne Grenzen" für ziemlich ausgeschlossen, allein aus dem Grund, dass die Machtetage in Kiew durch das „Gongadzegate" eine gute Lehre gezogen hat. Man solle die Presse lieber in Ruhe lassen, so handelt man sich keine Probleme ein. Das hat sich 2005 bildhaft beim Skandal um den ältesten Sohn *Juščenkos,* der ganz offensichtlich über seine Verhältnisse lebt, aufs Neue gezeigt. Um seinen Sprößling gegen die „Journalistenvisagen", so *Juščenko,* in Schutz zu nehmen, riskierte er einen offenen Krieg mit der freien Presse, aus dem er als Verlierer herausging.

Die totale Freiheit, von welcher die Gründerväter der neuen ukrainischen Journalistik wie *Heorhij Gongadze,* die im Zuge der Demokratisierungswelle der frühen 1990er Jahre entstand, nur träumen konnten, hat allerdings auch ihre Kehrseiten. In Zeiten des medialen Überflusses hat das **gedruckte Wort deutlich an Kraft eingebüßt.** „Du kannst sagen und schreiben, was du willst, man beachtet dich nicht mehr", hat es ein befreundeter Journalist auf den Punkt gebracht. Und trotzdem: Die Gesellschaft ist aktiv, es wird diskutiert und kritisiert, alles Charakterzüge einer bürgerlichen Zivilgesellschaft. Die ukrainischen Journalisten haben dazu einen wesentlichen Beitrag geleistet.

Krisenherd Wirtschaft

„Schaut nicht runter", meint Taxifahrer *Andrij* als wir die Paton-Brücke in Kiew überfahren. *„Guckt Euch lieber das Geländer an!"* So ganz können wir *Andrij* zwar nicht verstehen, doch wir folgen seinem Rat und blicken aus dem Fenster: Sowjetsterne, Sonnenblumen und Getreideähren – die Symbole der Sowjetukraine – rauschen an uns vorbei und erinnern daran, was die Ukraine einmal war: „Kornkammer der Sowjetunion", wichtigster Kohlelieferant des Sowjetimperiums, bedeutender Industriestandort und Zentrum der Hochtechnologie in den Bereichen Energie, Metallurgie, Petrochemie und Maschinenbau. Die **Ukraine war nach Russland die reichste Sowjetrepublik** und übernahm mit der Unabhängigkeitserklärung 1991 im wirtschaftlichen Bereich ein zunächst zuversichtlich stimmendes Erbe.

Doch hinter der Fassade der aussichtsreichen Hinterlassenschaft versteckten sich **irreparable Schönheitsfehler,** die den Weg zu einer neuen Wirtschaftsordnung enorm erschwerten. Dazu gehörten vor allem die **enge Verflechtung der ukrainischen mit der russischen Wirtschaft,** die Abhängigkeit von russischen Energielieferungen, die Monopolisierung der ukrainischen Industrie und ein aufgeblähter und von „alten Kadern" dominierter Verwaltungsapparat, deren Leiter ebenso wie die um ihre Stellung bangenden Direktoren von Staatsbetrieben marktwirtschaftliche Reformen vehement blockierten. Ihre Einstellung geißelte man oft als ein Nach-vorn-Gehen mit „rückwärts gewandtem Kopf".

Während andere ehemalige Sowjetrepubliken bereits mit einer Annäherung an die EU liebäugelten, bewegte sich die ukrainische Wirtschaft zunehmend an den Rand einer Katastrophe. 1994 wählten die enttäuschten Ukrainer **Leonid Kučma zum neuen Präsidenten,** der dann auch einen Ausweg aus der Misere versprach. Doch ebenso wie sein Vorgänger versäumte es *Kučma,* Wirtschaftsreformen nach marktwirtschaftlichen Gesetzen durchzuführen. Im Gegenteil – er ermöglichte **„wilde" Privatisierungen,** bei denen Günstlinge, Clans und Angehörige der alten Nomenklatura den ersten Zuschlag bekamen und sich den Löwenanteil an den früheren Staatsbetrieben aneigneten. Letztlich beherrschten etwa ein Dutzend „Oligarchen", vor allem im Osten des Landes agierend, die Wirtschaft des gesamten Landes. Sie **verhinderten marktwirtschaftliche Reformen** und kriminalisierten das Land. **Korruption, Mafia und organisierte Kriminalität** fanden ihren festen Platz in der politischen und wirtschaftlichen Kultur des Landes. An der Spitze des korrupten Machtsystems thronte ein selbstverliebter Präsident, der keine großen Anstrengungen unternahm, seine eigenen kriminellen Taten zu verheimlichen – er soll u. a.

Ukraine ohne Ikea

„Die Eröffnung des ersten Handels- und Erholungszentrums ‚MEGA' in Kiew wird mindestens um ein Jahr auf Herbst 2007 verschoben", äußerte *Lennart Dalgren*, Generaldirektor der Gesellschaft „IKEA Russische Föderation-Ukraine" gegenüber dem Wochenmagazin „Business". *„Trotz der Unterstützung seitens der Regierung ist es uns nicht gelungen, die Unterlagen zu erhalten, die es einem Architektenbüro erlauben würden, das ausgewählte Grundstück zur Bebauung zu nutzen. Bei dem Versuch, das Recht auf Erwerb des gewählten Grundstücks zu erhalten oder zumindest auf langfristige Pacht stießen wir auf einen Berg von bürokratischen Hindernissen, darunter auch den Wunsch einzelner Beamter, Bestechungsgeld aus dieser Angelegenheit zu kassieren. Aber IKEA hat nirgendwo und niemals Schmiergeld gezahlt"*, betonte *Dalgren* und fügte hinzu: *„Ich möchte jetzt keinen Hehl daraus machen, dass wir uns überlegen, ob wir eventuell andere GUS-Länder in Betracht ziehen sollten. Das wäre jedoch schade, weil wir an die Ukraine wirklich glauben."*

Millionen aus der Staatskasse unterschlagen haben – und der dadurch von den nach politischer Macht und wirtschaftlichem Einfluss dürstenden Oligarchen ebenso wie vom großen Bruder in Moskau in immer größere Abhängigkeit geriet.

Als die Menschen im Herbst 2004 auf die Straßen gingen und gegen den Wahlbetrug aufbegehrten, richteten sich ihre Parolen auch gegen das die ukrainische Gesellschaft zerfressende Krebsgeschwür der Korruption, gegen die das Land plagenden Oligarchen-Clans und gegen den Diebstahl des ehemaligen Volksvermögens. Der neu gewählte Präsident **Viktor Juščenko kündigte umfassende Wirtschaftsreformen und eine Neuverteilung der wirtschaftlichen Ressourcen an,** die unter Präsident *Kučma* in gesetzeswidriger Weise privatisiert worden waren. Doch mit wenigen Ausnahmen wie dem Wiederverkauf des größten Stahlproduzenten Kryvorižstal' – er brachte immerhin das Sechsfache des Vorverkaufswertes ein – **verliefen die Reprivatisierungen im Sande.** Stattdessen lieferten sich Vertreter der Führungsspitze und einflussreiche Wirtschaftsbosse erbitterte Schlammschlachten um die Neuverteilung von Macht- und Einflusssphären und sorgten ständig für negative Schlagzeilen in den internationalen Medien. Präsident *Juščenko* ernannte 2005 *Jurij Jechanurov* zum Regierungschef, obwohl dieser für die undurchsichtigen Privatisierungen von Staatsbetrieben während der Kučma-Ära verantwortlich war.

Die heutige Bilanz ist ernüchternd: Das Wirtschaftswachstum ist von etwa 12 % 2004 auf 5 % 2005 abgestürzt. Die **Inflation** (2006 wird sie nach Schätzungen 10% betragen) wurde angeheizt, Ansätze einer umfassenden Justizreform sind nicht erkennbar und *Juščenkos* Versprechen, eine

045uk Foto: ai

Million neue Arbeitsplätze zu schaffen, bleibt Utopie. Schattenwirtschaft, übermäßige Bürokratie, Rechtsunsicherheit und Korruption sind auch nach der Revolution im Herbst 2004 die wichtigsten Merkmale der ökonomischen Ordnung und mit Sicherheit ein Grund dafür, dass Investitionen des Westens weit hinter den Erwartungen zurückblieben.

Auch mehr als ein Jahrzehnt nach der Unabhängigkeit krankt die ukrainische Wirtschaft an den Hinterlassenschaften der sowjetischen Monowirtschaft. Statt wieder zum „Brotkorb Europas" zu werden, ist die Ukraine durch Misswirtschaft und verzögerte Privatisierung zum Getreideimporteur geworden.

Die Abhängigkeit von russischen Energielieferungen und die einseitige Ausrichtung auf den Export von Stahl machen die **ukrainische Wirtschaft extrem anfällig für Schwankungen der Weltmarktpreise** und protektionistische Maßnahmen im Ausland. Die EU hat der Ukraine Ende 2005 den **Status einer Marktwirtschaft** verliehen. Doch auch wenn damit ein kleiner Schritt in Richtung EU und WHO getan ist, wird die Ukraine ein armes und wirtschaftlich perspektivloses Land bleiben, sollten nicht umfassende Reformen einsetzen.

Einst war die Ukraine die „Kornkammer der Sowjetunion"

Diebe, Banditen und Brigaden

An dieser Stelle sei bemerkt, dass die ukrainische Öffentlichkeit der Kriminalität in mancher Hinsicht durchaus mit Sympathie gegenübersteht, was in der Sprache deutlich zum Ausdruck kommt. Es ist vor allem das Erbe der Sowjetmacht, die durch Zwangskollektivierungen und Repressionen das Verbrechen institutionalisiert hat. In einem Land, in dem fast jeder Vierte einmal unschuldig eingesessen hat, wird dies irgendwann nicht mehr als Makel angesehen. Ganz im Gegenteil: Gefängnis-Jargon, -Lieder und -Werteskala haben für die Jugendlichen eine Aura des Rebellisch-Romantischen. Mit der Öffnung der Grenzen sind nun die so genannten *Avtorytäty* (im Gefängnisjargon die Häftlinge, die es zu einem gewissen Einfluss gebracht haben) beinahe salonfähig geworden. Unzählige Bücher, Kinostreifen und Fernsehsendungen über „Diebe, Banditen und Brigaden" gelangen in die guten Stuben und transportieren die „moderne" Botschaft: Wer nicht beraubt werden will, dem bleibt nichts anderes übrig, als selbst zu rauben. Damit erklärt sich auch eine gewisse Akzeptanz der Gesellschaft für große Politiker, die mal „kleine Schwierigkeiten" mit der Gesetzgebung hatten *(Janukovyč, Timošenko).* Stark zu sein gehört zum Idealbild: Jeder Junge, der etwas auf sich hält, weiß, wo sich der nächste Keller mit einem Boxsack und ein paar Matten befindet.

Bitterarm und steinreich: das Wohlstandsgefälle

Am Strand der Krim liegen Urlauber und braten in der Hitze. Plötzlich taucht am Horizont ein Flugzeug auf, aus dem ein Mann mit einem Fallschirm abspringt. Es ist ein „neuer Ukrainer". Er landet inmitten der Sonnenhungrigen, aber in voller Skiausrüstung und mit angeschnallten Skiern. Die Leute machen sich lustig und fragen ihn spöttisch, wo er denn hier Ski fahren möchte. Der „neue Ukrainer" lächelt schmal und erwidert. „Wartet nur ab, das zweite Flugzeug mit dem Schnee ist schon unterwegs."
(Witz)

Die großen Veränderungen, die in der Ukraine mit der Unabhängigkeitserklärung 1991 begannen, haben die Gesellschaft verändert. Viele Menschen wurden von der Entwicklung überrollt und blieben auf der Strecke, andere sind nach der Wende reich geworden.

Die **neureichen Privatisierungsgewinner und Geschäftsmänner** in Champagnerlaune protzen mit ihrem teuren Lebensstil und leben frei nach der Maxime: „Wenn die Regierung nicht mit uns zusammenarbeiten will, übernehmen wir den Laden." Die anderen, die **Reformverlierer,** wählten im Glauben an die Wahlversprechen jene Regierung und wurden regelmäßig über den Tisch gezogen – erst von *Kravčuk*, dann von *Kučma* und nun von *Juščenko*.

Reichster Ukrainer

Ihor Kolomojs'kyj – ukrainischer Geschäftsmann und Gesellschafter der „Privat-Group" – nimmt auf der Liste des polnischen Magazins „Wprost" mit einem geschätzten Vermögen von 2,8 Milliarden US-Dollar den zwölften Platz unter den reichsten Vertretern der mittelosteuropäischen Länder ein. Nach Informationen des Magazins nahm das Vermögen des reichsten Mannes der Ukraine allein im Jahre 2005 um mehr als eine halbe Milliarde US-Dollar zu.

Der überwiegenden **Mehrheit der Bevölkerung geht es schlechter als vor der Wende.** Etwa 40% der arbeitsfähigen Ukrainer sind arbeitslos, zwei Drittel davon sind Frauen. Offizielle Statistiken sprechen zwar von weniger als 10% Arbeitslosigkeit, doch sie gelten nicht als glaubwürdig. Überhaupt hat die Bevölkerung das Vertrauen in die Obrigkeit verloren. Während sich einige wenige in den 1990er Jahren schamlos bereicherten, fraß die Hyperinflation die bescheidenen Spareinlagen der arbeitenden Bevölkerung auf. Die Sozialsysteme brachen zusammen, Löhne und Renten wurden nicht oder Monate später ausgezahlt – **Massenarmut** wurde zu einem allgemeinen Phänomen und gilt nach wie vor als gravierendstes Problem der Gesellschaft.

Die sozialökonomische Verelendung trifft dabei vor allem die **sozial Schwachen:** Rentner, alleinerziehende Mütter, kinderreiche Familien und Niedriglohnempfänger wie Lehrer und andere Akademiker. Leidtragende der Situation sind vor allem die Kinder, besonders dann, wenn ihre Eltern ihre aussichtslose Situation im Alkohol ertränken.

Anfang 2006 musste das **ukrainische Katastrophenministerium eine traurige Bilanz** ziehen: Vom 16.1.–31.1.2006 erfroren in der Ukraine 589 Menschen, weitere 3874 wurden mit der Diagnose „Unterkühlung" in Krankenhäuser eingeliefert. Dabei waren es nicht nur Obdachlose, die keine Rettung vor der klirrenden Kälte fanden, sondern auch Menschen, denen das nötige Geld fehlte, um ihre Wohnungen und Häuser zu beheizen. Wie gleichgültig sich Väterchen Staat gegenüber seinen Schützlingen verhält, zeigt auch die **Situation der Kumpel in den maroden Bergwerken** im Osten des Landes: Pro 1 Millionen geförderter Kohle sterben 8 Bergleute wegen mangelnder Sicherheitsvorkehrungen. Ändern wird sich daran nichts und so arbeiten die Männer mit den schwarzen Gesichtern weiter, denn wer meutert, fliegt raus.

Die Armut nimmt zu und der Reichtum auch – das sagen fast alle.

Landflucht

Serhij und *Marija* (beide Jahrgang 1950) haben ihr ganzes Leben in großen Städten verbracht. Nach der Militärausbildung in Leningrad hat *Serhij* als Angehöriger der Sowjetarmee mit seiner Familie abwechselnd in Rußland, der Ukraine und sogar einige Jahre in der DDR gelebt. Trotz der Bequemlichkeiten und Reize des Stadtlebens hegte *Marija* seit langem den Traum von einem Stück eigenen Land und einem Häuschen darauf. Der Zerfall der Sowjetunion und das hiermit bedingte Quittieren des Militärdienstes ereilte die Familie in Ivano-Frankivs'k. Nach jahrelangem anstrengendem Suchen war es 2002 endlich soweit: Die 2-Zimmer-Wohnung, die *Serhij* als Ex-Offizier zustand, wurde verkauft, die 23-jährige Tochter bekam mit ihrem Verlobten die 1-Zimmer-Wohnung von *Serhijs* Mutter in der Stadt Ternopil', aus der *Serhij* und *Marija* stammen, und *Serhij* zog mit seiner Frau und seiner Mutter in ein Bauernhaus, das sie einer alten Frau im Dorf Dubivci abgekauft hatten, 20 Kilometer nördlich von Ternopil' gelegen.

Marija erinnert sich: *„Es war gerade Frühling, alles blühte, ich stand da und traute meinen Augen nicht. Es war genau das, was ich mir erträumt habe. Ein schöner Hof mit Obstbäumen und ein Riesengarten! Das Haus hatte zwar weder Gas noch Wasser, nur einen alten Holzofen und einen Brunnen im Hof. Uns war klar, dass uns eine Höllenarbeit bevorstand, aber vor Arbeit hatten wir keine Angst. Das einzige, was mir schon Schwindelgefühle bereitete, war das Grundstück (ca. 0,5 ha). Es erstreckte sich einen kleinen Hang hinunter bis zu dem Bächlein und direkt dahinter sah man schon den Wald. Du hattest das Gefühl, dir würde die halbe Welt gehören. Damals konnte ich mir nicht vorstellen, wie ich das alles beackern kann. Heute habe ich es ein bisschen gelernt, da kommen ein paar Blümchen rein, hier Gemüse, da Beeren und dort ein paar Sträucher ... Ich sage mal so: Wenn du gesund bist, ist das hier ein Paradies! Ein Mini-Traktor würde uns natürlich die Arbeit wesentlich erleichtern. Mein Mann hat sich nach einem Kredit erkundigt. Man hat uns geraten, die Wahlen abzuwarten. Die Parteien versprechen um die Wette erhebliche Vergünstigungen für Bauern und Landwirte. Ich glaube aber keinem von ihnen: Sobald man gewonnen hat, werden die ganzen Versprechen wie immer vergessen sein. Wir können, wie alle anderen hier im Dorf, nur auf uns selbst zählen. Das heißt, wir bekommen auch viel Unterstützung. Die Schwiegermutter packt trotz ihres hohen Alters tüchtig mit an, unsere Tochter kommt jedes Wochenende mit ihrem Mann her, was mich besonders freut, weil ich befürchtet hatte, dass eine eingefleischte Städterin wie sie* (*Sofijka* spielt Geige, spricht mehrere Sprachen und geht leidenschaftlich gern ins Theater, d. A.) *sich hier kaum blicken lassen wird. Und im Sommer ist hier ständig jemand aus der großen Verwandtschaft zu Besuch. Es ist immer genug zu tun, aber auch immer irgendein Grund zusammen zu feiern. Wir leben von unseren Renten – ich und die Schwiegermutter bekommen je 350 Hryvnja (ca. 55 Euro) und Serhij als ehemaliger Offizier das Doppelte. Dadurch könnte man uns schon als privilegiert bezeichnen, besonders im Vergleich zu den städtischen Rentnern, deren Rente* (alle „normalen" Bürger der Ukraine bekommen vom Staat unabhängig von Art und Dauer der Beschäftigung die gleiche Rente, d. A.) *fast ausschließlich von Kommunalabgaben, Telefonkosten etc. aufgefressen wird. Dadurch, dass wir vieles selbst herstellen (Gemüse, Obst, Eier, Fleisch, Milch, Quark), können wir sogar noch für den Hausbau sparen. Außerdem fährt einer von uns regelmäßig in die Stadt und verkauft dort auf dem Markt das, was gerade aktuell ist. Wir können uns wirklich nicht* beschweren. Ganz im Gegenteil: Im Unterschied zu vielen Städtern, die unter der Armutsgrenze leben, können wir uns selbst versorgen und sogar noch den Verwandten in der Stadt helfen. Es ist natürlich ein hartes Leben, das die Dörfler führen. Das allerschlimmste ist das Fehlen jeglicher Infrastruktur. Wir haben das Glück, dass die Stadt nicht weit weg ist. Der durchschnittliche ukrainische Dorfbewohner kommt praktisch ohne medizinische Versorgung, ohne anständige Bildungs- und Kulturangebote, viele ohne Straßen, Kanalisation und Gasleitung aus, ganz zu schweigen von modernen Kommunikationsmitteln. Dabei geht es immerhin fast einem Drittel unserer Bevölkerung so! Schwere körperliche Arbeit, meist ohne angemessene technische Ausrüstung, gehört auf dem Lande zum Alltag. Wie unser 95-jähriger Nachbar zu sagen pflegt: ‚Je früher du stirbst, desto weniger musst du schuften!' Aber zumindest lohnt sich die Schufterei: Viele aus dem Dorf haben ihren Kindern in der Stadt Wohnungen kaufen können.

Wir sind nicht die einzigen „Fremdlinge" hier. Es ziehen immer mehr Städter aufs Land. Sie haben verschiedene Motivationen. Die einen, wie wir, wollen ein Stück eigenes Land bearbeiten. Die anderen stecken bloß ihr Kapital in die Landhäuser, weil sie einerseits den Banken nicht trauen und andererseits sich die horrenden Immobilienpreise in der Stadt nicht leisten können. Die Dörfler haben nichts gegen die Neuankömmlinge. Im Gegenteil, sie profitieren davon, weil mit diesen neue Straßen, Laternen und sogar ein paar Läden kommen. Wir überlegen uns übrigens auch sehr ernst, ob wir nicht einen Lebensmittelladen im Dorf aufmachen. Wir würden dann jemanden aus der Verwandtschaft, der gerade ohne Arbeit dasitzt, hinzuziehen. Es ist aber alles Zukunftsmusik.

Erstmal haben wir genug mit dem Haus zu tun. Als wir hier einzogen, dachte ich, dass drei Zimmer völlig ausreichen werden. Jetzt, wo die Kinder ständig da sind und sich bei ihnen Nachwuchs ansagt, ist klar geworden, dass wir uns vergrößern müssen. Zum Glück hat mein Mann goldene Hände. Die Nachbarn kommen extra zu Besuch, um zu bestaunen, was sich an dem Haus alles tut. Mittlerweile haben wir eine Heizung, Gas, fließendes Wasser, ein richtiges Bad mit Innentoilette, eine Sommerküche im Garten. Unsere zwei Schweine und meine Lieblinge Bilka und Milka (die Ziegen, d. A.) haben gerade ein neues Dach über dem Kopf bekommen. Momentan zaubert er an gemusterten Pflastersteinen (er hat es irgendwann mal in Deutschland abgeguckt) für den Gartenweg. Ich glaube, dieses Talent zum Bauen steckt in jedem Mann, nur nicht jedem bietet sich die Gelegenheit es auszugraben. Ich habe Serhij noch nie so jung aussehend und so glücklich erlebt. Heute kann ich mir gar nicht vorstellen, wie wir in der Stadt leben konnten. Dort gibt es keine Luft zum Atmen. Wir fahren nur wenn es sich nicht vermeiden lässt in die Stadt. Wir fühlen uns hier draußen viel energischer und gesünder als früher, obwohl wir uns von unseren kleinen Sünden (Alkohol und Nikotin) auch hier nicht ganz trennen konnten. Mein Kirschschnaps gilt übrigens als ein besonderer Leckerbissen im ganzen Dorf ... Hier habe ich das Gefühl, dass selbst meine Katzen fruchtbarer geworden sind, irgendwie sind sie ständig trächtig. Ich bin vollkommen glücklich.

Ich kann nicht sagen, dass wir echte Dörfler geworden sind. Für die Hiesigen werden wir wohl immer „Hinzugezogene" bleiben. Aber wir sind in das Dorfleben völlig integriert: Wir feiern zusammen, werden zu Rate gezogen oder bitten um Hilfe, wenn nö-

Ausgraben der letzten Kartoffelvorräte

tig; wir wissen, was für Probleme die Leute haben. Das allergrößte ist die Arbeitslosigkeit. Vor ein paar Jahren hat hier ein Deutscher eine Firma für die Herstellung moderner Plastikfenster aufgemacht.

Sie wird jetzt von einem aus dem Dorf geführt. Das Geschäft floriert und bietet vor allem für ein paar unserer Männer einen festen Job. Zu Sowjetzeiten gab es hier eine reiche, gut funktionierende Kolchose, die nach der Unabhängigkeit wie alle anderen auch auseinandergefallen ist. Die Anteile, die unter allen Bauern aufgeteilt wurden, kauften später für Kopeken ein paar neue Farmer auf. Heute gibt es in unserem 1500-köpfigen Dorf drei Farmer. Sie werden hoch angesehen, weil sie quasi 24 Stunden im Einsatz sind. Außerdem geben sie gelegentlich den Dörflern die Möglichkeit eines Zubrotes und spenden Geld für die Dorfkirche. Alle haben mit den gleichen Problemen zu kämpfen: Brennstoff und Saatgut sind zu teuer, Subventionen gleich null. Unter Präsident Juščenko hat sich nichts geändert. Er hat zwar das Jahr 2006 feierlich zum Jahr des Dorfes ausgerufen. Das Dorf jedoch ist nach wie vor sich selbst überlassen. Das einzige, was sich geändert hat, ist die politische Aktivität der Dörfler. Sie diskutieren die Vor- und Nachteile einzelner Politiker, manche fahren sogar zu Meetings in die Stadt, so was gab es hier noch nie. Ich persönlich wollte bei der kommenden Wahl (März 2006, d. A.) *Julija* (*Julija Timošenko*, d. A.) *meine Stimme geben, aber irgendwie bin ich mir nicht mehr so sicher. Ich denke, ich wähle lieber die Partei „PORA"* (wörtlich: „es wird Zeit", die Vereinigung der ersten Aktivisten der Orangenen Revolution, die Parteiliste wurde von *Vitalij Kličko* angeführt, der sich gleichzeitig um den Bürgermeister-Posten von Kiew bemüht hatte, der Wahlkampfslogan: „Das Gute muss manchmal mit den Fäusten sein!", d. A.): *Es wird Zeit, dass die Jüngeren und die Kräftigen ans Steuer kommen..."*

Nach der Wahl ist vor der Wahl

„Für das Wohlergehen der Menschen ist es besser, ihnen nicht zu erzählen, wie in der Ukraine Politik gemacht wird. So ähnlich, wie man nicht erzählen sollte, wie in der Ukraine Wurst hergestellt wird."
(*Volodymyr Lytvyn,* Parlamentssprecher, 2005)

Das war ein guter Tag für die Demokratie in diesem Land, so lautete die weitverbreitete Reaktion im Westen auf den friedlichen und korrekten **Verlauf der ukrainischen Parlamentswahlen am 26. März 2006.** Diese galten als Beweis dafür, dass die Orange Revolution nicht erfolglos geblieben war, nicht zuletzt angesichts der nur eine Woche zuvor erfolgten „einstimmigen" Wiederwahl des Diktators *Lukašenko* in der benachbarten Republik Belarus. Mit der Verfassungsreform, die erst am 1. Januar in Kraft trat, wandelte sich die politische Ordnung in der Ukraine von einer präsidialen zu einer **parlamentarischen Demokratie mit Verhältniswahlrecht** statt Mehrheitswahlrecht. Die Ukrainer wählten somit zum ersten Mal nicht einzelne Politiker, sondern politische Parteien ins Parlament. Viele waren mit der Situation überfordert, in der nicht nur über populäre Persönlichkeiten, sondern auch über politische Programme entschieden wurde, aber ihnen wurde reichlich Nachhilfeunterricht in Staatsbürgerkunde geboten. Das ganze Land wurde mit **politischer Werbung** in bester Druckqualität regelrecht überschwemmt. Selbst in Deutschland strahlte die ahnungslosen Passanten an den Zeitungskiosken *Julija Timošenko* von den Titelseiten der russischsprachigen Zeitung „Russkaja Germanija" an – blendend gestylt mit weißer Bluse und roter Rose, unter dem Foto ihr Wahlkampfslogan: „Der Frühling wird siegen!" Nach einer Meldung der Nachrichtenagentur „Ukrinform" belief sich die Gesamtsumme für politische Reklame der Parteien und Wahlblöcke auf etwa 10 Mrd. US-Dollar. Die Präsidentschaftskampagne von *Viktor Juščenko* kostete dagegen 2004 schätzungsweise „nur" 1 Mrd. US-Dollar.

Gleichwohl ist die allgemeine Ernüchterung deutlich bemerkbar: Die Parlamentswahlen des Jahres 2006 fanden unter dem Eindruck einer **tiefen politischen und wirtschaftlichen Krise** des ganzen Landes statt, welche die heitere Revolutionsromantik in Orange abgelöst hat. Nicht zuletzt dieser Umstand erklärt den überzeugenden **Sieg des Lagers der pro-russischen „Partei der Regionen"** von *Juščenkos* einstigem Herausforderer, Ex-Premier *Janukovyč* (30 %). Der Wahlblock von *Julija Timošenko* kam mit 22,5 % der Stimmen auf den zweiten Platz. Die Partei „Unsere Ukraine" um den Präsidenten *Juščenko* belegte mit 15 % den dritten Platz, was für ihn einer herben Niederlage gleichkam. Außer diesen drei führenden Kräf-

„Der Frühling wird siegen!"

Zumindest eine Botin des Frühlings hat in der Ukraine definitiv gesiegt: Nach der Verfassungsänderung haben die ukrainischen Wähler, ähnlich wie in Deutschland, de facto erstmals selbst über ihre künftige Regierungschefin bestimmt, auch wenn ihnen das noch nicht ganz bewusst war. *Julija Timošenko,* die offen eine erneute Ernennung zur Premierministerin anstrebte, äußerte unmittelbar nach Bekanntgabe der Wahlergebnisse: *„Als Angela Merkel in Deutschland zur Macht kam, haben viele es auch nicht wahrhaben wollen. Insbesondere Schröder hatte hiermit seine Probleme. Geholfen hat es ihnen nicht."*

ten schafften auch die sozialistische und die kommunistische Partei die Drei-Prozent-Hürde für den Einzug ins Parlament. Insgesamt waren 45 von knapp 150 Parteien und Wählervereinigungen zur Wahl zugelassen worden. Auch diese **ersten Erscheinungsformen des Pluralismus** belegten, wie schnell die Ukraine zu den politischen Standards des Westens aufschließt. Zweifellos war die Orangene Revolution dabei nur der erste Schritt auf dem langen Weg zu Demokratie und Stabilität. Es wird allerdings noch weiterer konsequenter institutioneller Reformen bedürfen, bis die politische Transformation der Ukraine zu einer tatsächlich repräsentativen und rechtsstaatlich fundierten Demokratie abgeschlossen ist.

055uk Foto: es

MYTHEN – TRADITIONEN – SELBSTBILD

„Aber wir sind wer? Wer sind wir? Wer sind wir?
Wer sind unsere Vorfahren? Zugewanderte? Alteingesessene?“
(Lina Kostenko)

„Was sind wir? Wessen Söhne? Wer sind unsere Väter?
Von wem und wofür wurden wir in Ketten gelegt?“
(Taras Ševčenko)

Selbstbestimmung

Wer sind wir? Wo kommen wir her? Wo gehören wir hin? Diese Fragen sind für die meisten Ukrainer keine leeren Floskeln. Die Suche nach dem nationalen Charakter ist für die Staaten im Übergangsstadium besonders typisch. In der Umbruchzeit, wenn die gewohnten Werte und Verhaltensnormen ins Schwanken geraten, bleibt die nationale Identität oft das einzige Bollwerk, so etwas wie eine ruhige Insel im Ozean von Chaos. Jede Nation, jeder Staat (die Ukrainer sind da nicht sonderlich originell) braucht einen Augenblick der Selbstbestimmung – den heroischen Mythos einer Geburt. Die Orangene Revolution ist zu solch einer Markierung

Taras Ševčenko ist allgegenwärtig

geworden, zum Ausgangspunkt einer neuen Ära. Sie lieferte ein eindrucksvolles Zeugnis dafür, dass die überwiegende Mehrheit der Ukrainer von einem unstillbaren Hunger nach Freiheit und Selbstbestimmung erfüllt ist.

Die Ukrainer haben vergleichsweise spät angefangen, über das Schicksal und den Platz ihres Landes in der Weltgeschichte laut nachzudenken. Und zwar erst zu einem Zeitpunkt, als sich die „alten" europäischen Staaten von solchen Begriffen wie „Volk" und „Nation" bereits distanziert hatten. Den Westeuropäer wird es daher vielleicht verwundern, mit welchem Ernst und welcher Selbstverständlichkeit in der Ukraine mit diesen Worten in alltäglichen Situationen jongliert wird. Es gibt beispielsweise so gut wie nichts, was sich durch das Adjektiv „national" nicht noch mehr veredeln ließe: die Nationalprämie, der Nationalfußball, das Nationaltheater, der Nationalzirkus, das Nationalprodukt, die nationalen Interessen und so endlos weiter.

Die Ukrainer, bei welchen im Unterschied zur westlichen „ratio" der **emotional-sinnliche Faktor** die Überhand nimmt, können auf der **Suche nach der „Seele ihres Volkes"** auf unzählige Legenden und Mythen zurückgreifen, von denen es in ihrer Geschichte und ihrer Literatur mehr als genug gibt.

Taras Ševčenko hält einen besonderen Rekord – keinem anderen Dichter sollen weltweit mehr Denkmäler gesetzt worden sein. In vielen Schulbibliotheken hat er und nicht etwa der Präsident *Juščenko* den eingerahmten Ehrenplatz eingenommen, wo einst *Lenin, Stalin* und Co. hingen. In manchen Bauernhäusern stand *Ševčenkos* Bildnis, mit schneeweißen gestickten Deckchen liebevoll geschmückt, bereits zu Sowjetzeiten neben Jesus- und Mutter-Gottes-Heiligenbildern. Jeder Ukrainer, unabhängig von Glaubensrichtung, Bildungsniveau und Wohnort wird auf Anhieb ein

Banner und Slogans vom Majdan 2004

„Liebt die Ukraine!"
„Jungs, konsumiert keinen Alkohol! Wir sind eine nüchterne Nation. Respekt!"
„Die ukrainische Miliz ist mit dem Volk!"
„Das Volk ist nicht zu besiegen!"
„Mein Omichen ist für *Juščenko!*"
„Gott, behüte unsere Ukraine!"

„Unser Adlerchen!"

Der Pariser Großflughafen Orly trägt den Namen eines ukrainischen Patrioten, französischen Adligen und Generals: *Hryhorij Orlyk (auf Deutsch: junger Adler oder Adlerchen).* Er teilte nach dem Fall von *Mazepa* das erzwungene Exil seines Vaters, *Pylyp Orlyk,* der 30 Jahre lang (allerdings die meiste Zeit vom Ausland aus) ukrainischer Hetman war. Sein Sohn hat es zum bedeutenden Militär und Staatsdiener Frankreichs, sogar zum besonderen Vertrauten von König *Ludwig XV.* gebracht, wobei er niemals seine Abstammung vergaß und an der Seite seines Vaters um die Befreiung der ukrainischen Kosakenrepublik von der Fremdherrschaft kämpfte. Zu seinen Freunden zählte auch der damals noch unbekannte Schriftsteller *Voltaire,* der später *Orlyks* Darstellungen zur ukrainischen Geschichte in seine Werke mit einfließen ließ. *Hryhorij Orlyk,* dessen abenteuerliches Leben genug Stoff für einen abendfüllenden Streifen geliefert hätte, begann seine Militärkarriere bereits mit 14 Jahren, als er mit seinem Taufpaten *Ivan Mazepa* an der Seite des Schwedenkönigs *Karl Gustav XII.* an der Schlacht um die Stralsunder Festung teilnahm. Er ist 1759 mit 57 Jahren bei der Schlacht um Minden gefallen. Das Territorium bei Paris, wo sich das Familienschloss von *Orlyk* und seiner Frau befand, nannte man im 18./19 Jahrhundert nach seinem Besitzer Orly. So erhielt auch der Flughafen, der hier später errichtet wurde, den Namen des ruhmreichen Kosakensohnes.

Dutzend Heroen aus der eigenen Geschichte nennen, über die er auch meistens lange und begeistert erzählen kann. In diesem Land ist man auf die nationalen Helden unendlich und aufrichtig stolz und aus dieser Quelle schöpft man Kraft, Inspiration und Hoffnung in den dunkelsten und aussichtslosesten Augenblicken.

Neue alte nationale Symbole

Nach der Unabhängigkeitserklärung wurden alte sowjetische Herrschaftszeichen demontiert und die Symbole und Embleme der eigenen Vergangenheit wieder aufgerichtet. Das **Wappen** der Sowjetrepublik Ukraine wurde durch den **Tryzub** ersetzt, den „Dreizahn" der Kiewer Großfürsten der mittelalterlichen Rus. Die rote Fahne wich den **gelb-blauen Farben der neuen Staatsflagge,** welche die Dnjepr-Kosaken in der „goldenen Zeit" des 17. Jahrhunderts und die Volksrepublikaner von 1917 bis 1920 vor sich hergetragen hatten.

Auch wurden einige **nationale Mythen und Gestalten neu bewertet** bzw. von den Verfälschungen der Sowjetzeit befreit. So ist die Figur des ruhmreichen Hetmans *Bohdan Chmel'nyc'kyj,* nach welchem zu Sowjetzeiten sogar ein Gebietszentrum benannt wurde, für viele zum Symbol

des erniedrigenden Anschlusses an Russland geworden.

Ein anderer Hetman, *Ivan Mazepa,* wurde vom Verräter Russlands zum weitsichtigen Staatsmann und nationalen Heroen hochstilisiert. Einzelne Themen, die in der sowjetischen Geschichtsschreibung tabu waren, sind zu Bestandteilen nationaler Identität geworden. So ist 2005 zum ersten Mal auf der höchsten Ebene öffentlich an Holodomor gedacht worden, der von *Stalin* verursachten Hungersnot 1932–33, welche nach verschiedenen Einschätzungen 3 bis 11 Millionen Ukrainer zum Opfer fielen.

Ukrainische Nationalhymne

Ще не вмерла України і слава, і воля,
Ще нам, браття молодії, усміхнеться доля.
Згинуть наші воріженьки, як роса на сонці,
Запануєм і ми, браття, у своїй сторонці.
Душу й тіло ми положим за нашу свободу,
І покажем, що ми, браття, козацького роду.

Noch sind der Ukraine Ruhm und Freiheit nicht gestorben,
noch wird uns lächeln, junge Brüder, das Schicksal.
Verschwinden werden unsere Feinde wie Tau in der Sonne,
und auch wir, Brüder, sind Herren im eigenen Land.
Seele und Leib geben wir für unsere Freiheit,
und zeigen, dass wir, Brüder, von Kosakenart sind.

Welch wunderliche Blüten der alte Kosakenmythos in der modernen Ukraine zuweilen treibt, zeigt die Geschichte über die Hymne. Das **patriotische Gedicht „Šče ne vmerla Ukraina“** (Noch ist die Ukraine nicht gestorben), welches das starke brüderliche Zusammenleben in einem unabhängigen gerechten Kosakenstaat glorifiziert, ist vom Ethnographen und Dichter **Pavlo Čubyns'kyj** 1862 geschrieben und innerhalb kürzester Zeit in verschiedenen Bevölkerungsschichten so populär geworden, dass sein Verfasser noch im selben Jahr „wegen seines schädlichen Einflusses auf die Gedanken des Volkes“ von der zaristischen Gendarmerie nach Sibirien verbannt wurde. Als der katholische Priester und zur damaligen Zeit bedeutende **Komponist Mychajlo Verbyc'kyj** den Text, von welchem er auf Anhieb begeistert war, 1865 auch noch vertonte, wurde *„Šče ne vmerla Ukraina“* endgültig zur inoffiziellen Hymne der Ukraine, noch bevor es einen unabhängigen Staat je gegeben hätte. Zwischen 1917 und 1920 sang man das Lied als Nationalhymne der jungen Volksrepublik, obwohl es nicht als Staatshymne festgelegt wurde: Es gab mehrere Stücke, die als Hymnen dienten. 1991 wurde die Musik von *Mychajlo Verbyc'kyj* als **offizielle Staatshymne** in die Verfassung der unabhängigen Ukraine aufgenommen. Die Entscheidung über den zu singenden Wortlaut wurde jedoch dem Gesetzgeber überlassen. Das Problem bestand im **pessimistischen Grundton des Textes,** der dem modernen Geist nicht mehr entsprach. Es dauerte über zehn Jahre, bis endlich ein Kompromiss gefunden wurde.

Am 6. März 2003 wurden in dem vom Obersten Rat unter dem Präsidenten *Leonid Kučma* verabschiedeten **Gesetz „Über die Nationalhymne der Ukraine“** die erste Strophe und der Refrain des Gedichtes von *Čubyns'kyj* in leicht variierter Form als Hymnentext bestimmt. Durch die Veränderung eines einzelnen Buchstabens und dadurch der grammatischen Endung heißt es jetzt statt *„Noch ist die Ukraine nicht gestorben, weder Ruhm noch Freiheit“* – *„Noch sind der Ukraine Ruhm und Freiheit nicht gestorben“*. Allerdings würden die meisten Ukrainer große Augen machen, wenn sie von dieser Abänderung, die wie so oft über ihre Köpfe hinweg beschlossen wurde, erfahren hätten. Außerdem würden sich wahrscheinlich viele trotz der rasanten Entwicklungen der jüngsten Geschichte nach wie vor mit der alten Variante identifizieren wollen ...

Hryvnja – ukrainische Währung

Auch eine neue Landeswährung wurde eingeführt, die Hryvnja (ukr. Гривня). Der ISO-Code ist UAH. Eine Hryvnja ist in 100 Kopeken (ukr. *kopijka*) unterteilt. Das Wort Hryvnja stammt von **Hryva (Pferdemähne)** und ist bereits seit der Kiewer Rus ein Begriff. Es bezeichnete eine allgemeingültige Geldeinheit, die einem Pfund Silber (400 g) entsprach. Offensichtlich betrug ungefähr so viel der Preis für ein Pferd, daher die Entstehung des Wortes. Laut einer anderen Theorie kommt dieses Wort von

Politisches Design

„Bonistique“ (franz.) ist eine historische Hilfswissenschaft, die Zahlungsmittel aus Papier als historische Dokumente erforscht.

Die Heroen, welche auf den Hryvnjas verewigt sind, scheinen ein dynamisches Eigenleben entwickelt zu haben. Es wird immer wieder spekuliert, dass infolge regelmäßiger „Auffrischungen“ die einzelnen Abbildungen an konkrete Absichten und politische Motivationen der Machtinhaber angepasst werden oder dass sie schlicht und einfach Ergebnisse oberflächlicher bzw. nicht professionell ausgeführter Arbeit sind. So gab es Annahmen, dass der Künstler als Vorlage für die Porträts von *Volodymyr* und *Jaroslav* aus dem Jahre 1992 die Variationen eigener Selbstbildnisse genommen hatte. Ordentlich rasiert und mit Schnurrbärten versehen, sahen die Gründer der Kiewer Rus wie brave Kosaken aus. In der Ausführung von 2004 bekamen *Volodymyr* und *Jaroslav* endlich ihre Bärte zurück. Im selben Zug wurde dem letzteren eine Krone aufgesetzt, die damals die Fürstinnen zu tragen pflegten. Die größten Veränderungen erfuhr die Gestalt von *Ivan Mazepa,* der zweifellos umstrittensten Figur der ukrainischen Geschichte. Bereits die Tatsache, dass er den am häufigsten gebrauchten, den 10-Hryvnja-Schein, schmückt, haben viele als Provokation (Zufall oder Aufklärungsmaßnahme?) empfunden. In der Auflage von 1994 und 2000 sieht man einen reifen Kosakenhetman, der allerdings mit den überlieferten historischen Porträts wenig gemeinsam hat. 2004 ist *Mazepa* auf einmal um einiges verjüngt und entspricht im Allgemeinen der Figur eines ukrainischen Casanova, als welche er in die Weltliteratur (unter anderem bei *Aleksandr Puškin* und *Lord Byron* nachzulesen) eingegangen ist.

Ein Musikinstrument, eine Feder und ein Buch auf der Rückseite setzen einen deutlichen Akzent auf die Attribute „Künstler“ und „Weltmann“.

Als geschichtliche Kuriosität makabrer Art gilt die Rückseite der Mazepa-Scheine aus den Jahren 1994 und 2000. Da ist nämlich das Kiewer Höhlenkloster (welches in der Jurisdiktion des Moskauer Patriarchats liegt) abgebildet. Einmal im Jahr, am ersten Großen Fastensonntag, werden dort alle Ketzer und Abtrünnige der orthodoxen Kirche verflucht. Unter ihnen ist auch der Hetman *Ivan Mazepa,* über welchen zu seiner Zeit auf Befehl von *Peter I.* der Kirchenbann verhängt wurde.

10-Hryvnja-Scheine aus den Jahren 2000 (oben) und 2004 (unten)

der alten Bezeichnung für Halsschmuck aus Gold oder Silber, das man im Nacken (ukr. *na sahryvku,* was allerdings etymologisch ebenfalls auf die Mähne zurückzuführen ist) trug.

In der gängigen Bezeichnung *hryvenyk* (umgangssprachlich für eine 10-Kopeken-Silbermünze) ist die Hryvnja bis in die sowjetischen Zeiten erhalten geblieben. In der kurzen Zeit der Unabhängigkeit 1917–1920 war die Hryvnja (die Scheine wurden übrigens in Berlin gedruckt!) neben dem Karbovanec' die offizielle Währung. Der **sowjetische Rubel** hieß in der ukrainischen Übersetzung ebenfalls Karbovanec'. Die 1991 eingeführte **Übergangswährung** „Kupono-Karbovanec'" ist den Ukrainern in besonderer Erinnerung geblieben. Sie litt aufgrund der wirtschaftlichen Krise unter einer Hyperinflation. Laut einem der unzähligen Witze zündete man den Herd mit einem Kupon an, um Streichhölzer zu sparen.

Seit der **Währungsreform 1996** ist die Hryvnja die offizielle Währung der Ukraine. Ihre Scheine zeigen nationale Heldengestalten: *Volodymyr den Heiligen,* der das Kiewer Reich zur christlichen Taufe führte; *Jaroslav den Weisen,* seinen Sohn, dem die Kultur der Rus ihre erste Blüte verdankt; *Bohdan Chmel'nyc'kyj* und *Ivan Mazepa,* die großen Figuren des Hetmanats, die an den Abwehrkampf der Kosaken-Ukraine gegen die polnische Herrenklasse und die zaristische Despotie erinnern; *Taras Ševčenko* und *Ivan Franko,* die Freiheitsdichter der Nationalbewegung; *Mychajlo Hruševs'kyj,* den Patriarchen der nationalen Historiografie, der den „moskowitischen" Geschichtslegenden entgegentrat, um die Kontinuität ukrainischer Staatlichkeit über ein Jahrtausend hin zu beweisen.

Hryvnja ist vergleichsweise kursstabil. Im April 2006 galt der offizielle Wechselkurs 1 EUR = 6,509 UAH.

Ukrainer, wer bist du?

„In Wirklichkeit ist er gar nicht so, wie es auf den ersten Blick scheint. Er ist schlau, klug und stur. Ein Chochol eben."
(*Konstantin Simonov,* „Tage und Nächte")

„Jeder Ukrainer ist ein ‚Dreiermusiker': Er denkt das Eine, sagt das Andere und macht das Dritte."
(*Ivan Drač*)

Über das Wesen eines Ukrainers waren sich die ukrainischen Intellektuellen nie einig. Im Zentrum von *Kotljarevs'kyjs* „Eneida" (1798) sowie im frühen Werk von *Ševčenko* (1814–1861) steht der kämpferische, aggressive, agile „Parubok“, ein Hajdamake (eine Bezeichnung für ukrainische Partisanenkämpfer/Räuber in Polen und Litauen).

Bereits bei dem späten *Ševčenko* ist die Gestalt des Ukrainers viel milder geworden, dessen Lebensideal ist nunmehr „ein Kirschgarten neben dem Häuschen“. Durch diese beinahe weibliche Weichheit oder gar Abwesenheit „von männlichen Genen und Genitalien“ erklärten sich viele das schamlose, ungestrafte Benehmen der Nachbarn (speziell der Ljachen und Moskalis) den Ukrainern gegenüber. Aufwachen und endlich zum Mann werden - dazu riefen der Schriftsteller *Mykola Chvyljovyj* (1893–1933) und der Regisseur *Oleksandr Dovženko* (1894–1956), in dessen frühen Filmen das Männliche und das Siegreiche triumphiert, die Ukrainer auf.

Auch die ukrainische Revolution 2004–2005 würde den Umstand, dass sie ohne Blutvergießen zu Ende ging, gerade diesem Charakterzug der Ukrainer zu verdanken haben, so die verbreitete These ukrainischer und ausländischer Analytiker. Ein Ukrainer sei weich und gutmütig, er wäre nie bereit, im Unterschied zu den Russen, aus den Panzern auf das eigene Parlament zu feuern. Diese Gegenüberstellung mit der russischen Mentalität kommt nicht nur in solchen Betrachtungen immer wieder zum Zuge. In einer aktuellen Studie der Marktpsychologen aus der Werbebranche ist zu lesen: *„Die in der Werbung sehr oft gebrauchte Phrase ‚Wozu mehr zahlen‘ entspricht der Sparsamkeit des Ukrainers. Diese Aussage hätte kaum eine vergleichbare Resonanz in der Heimat der offenen russischen Seele gefunden.“* Es ist nun mal so, dass die Suche der Ukrainer nach der eigenen Identität stets mit der Abgrenzung vom Russischen einherging.

Eine typisch russische Sicht auf die Ukraine steckt in der Aussage von *Ivan Bunin: „Es gibt kein schöneres Land als das der Kleinrussen. Aber das Wichtigste ist - dieses Land hat keine Geschichte, seine Geschichte ist längst und endgültig zu Ende gegangen. Es gibt nur die Vergangenheit, nur Lieder und Legenden über das Alte, eine Art Zeitlosigkeit.“* Die Ukraine als riesengroßes Museum mit nur so viel und nur solcher Folklore, wie es dem großen Bruder genehm war! Von dem Image eines Bewohners des kolonialen Randes, eines Chochols im obligatorischen gestickten Hemd, das ihm von Moskau jahrhundertelang aufgedrängt wurde, hat sich der Ukrainer bis zum heutigen Tag nicht so richtig befreien können. Dichterin *Lina Kostenko* sieht hierin eines der grundlegenden Probleme der Selbst-Definition ihrer Mitbürger: *„Schön wäre, wenn nicht die Vergangenheit den modernen Typus eines Ukrainers bestimmen würde, sondern wenn der moderne Ukrainer imstande wäre, die Zukunft zu bestimmen.“*

Bauboom in Kiew

Die „neuen Ukrainer"

„Wisst ihr, wer der ‚neue Russe' ist? Ein Odessaer, der nach Moskau gezogen ist. Und der ‚neue Ukrainer'? Es ist ein Odessaer, der es bis Moskau nicht geschafft hat."

„Worin besteht der Unterschied zwischen einem „neuen Russen" und einem „neuen Ukrainer"? Wenn man den letzten um Geld bittet, hat er nie welches!"

„Anfang der 90er Jahre kam in unser Leben ein neuer Ausdruck: ‚neue Russen'. Dagegen hat sich der Ausdruck ‚neue Ukrainer' trotz der Anwesenheit der gleichen Kaste der Schnellreichen und von der Kultur unberührten Menschen nicht eingebürgert. Vielleicht weil dieser Ausdruck seine Zeit und andere Menschen brauchte, diejenigen, die die schmutzigste Präsidentschaft der ganzen Landesgeschichte hervorgebracht hat. Hervorgebracht, um die Gesellschaft vor Gift, Drogen und Betäubungsmitteln zu retten, die die Obrigkeit in die sozialen Adern einspritzte. Diese Neuen Ukrainer sind Menschen, für die Demokratie, Recht und Würde keine leeren Worte sind. Ihre Zahl beeindruckte in Moskau, Brüssel, Washington und in Warschau und

051uk Foto: as

das Wichtigste – [ihre Präsenz] auf den Hügeln von Kiew. Aber grundsätzlich gibt es wesentlich mehr Neue Ukrainer, als wir es uns vorstellen können. Und das beiderseits vom Dnjepr, sowohl am linken als auch am rechten Ufer. Sie unterscheiden sich nicht voneinander, verstehen einander beim halben Wort, bringen ihren Söhnen auf dieselbe Art das Binden der Schnürsenkel bei, flechten auf die gleiche Art die Zöpfe ihrer Enkelinnen, borgen bei den Nachbarn die gleichen 10-Hryvnja-Scheine kurz vor der Lohnzahlung und fahren am Sonntag mit den gleichen Wagen in die traurigen Dörfer zu ihren alternden Eltern. Sie fluchen auf die gleiche Weise, wenn sie Nachrichten schauen und greifen in die Tasche nach den gleichen Beträgen, sobald sie von der Straßenpolizei angehalten werden. Sie glauben ebenso wenig an die Gerichtsbarkeit und das Mitgefühl der Kommunalbeamten, die Uneigennützigkeit der Staatsdiener und an die Gerechtigkeit der Macht. Entgegen Tolstoj sind sie in ihrem Unglück genauso gleich, wie sie einander in ihrem Glück gleichen. Eben auf dieses erkämpfte und nicht geschenkte, mit eigenen Händen wieder aufgebaute Glück haben diese Neuen Ukrainer Hoffnung bekommen. Und viele werden gegenüber dieser Hoffnung [im Wahlzettel] ein Häkchen setzen. Und alle Versuche, sie zu rauben – vergeblich! Das Land wird eins bleiben. Es wird nicht leicht sein, es auszukurieren und wiederzubeleben, nach dem Ganzen, was mit diesem Land angestellt wurde. [...] Es wird so sein, wie wir, **Neue Ukrainer,** *es gestalten werden. Schließlich wird es ein erstklassiges Land werden!"* Diese Worte stammen aus der Feder von *Julija Mostova,* die einen der hellsten journalistischen Köpfe der Ukraine hat, und sind in der Zeitung „Dzerkalo tyždnja" (Wochenspiegel) mitten im Höhenflug der Orangenen Revolution 2004 abgedruckt worden. Daher der etwas überschwengliche und pathetische Ton einerseits und die bedingungslose Bestimmtheit andererseits. Denn natürlich gibt es sie, die **„neuen Ukrainer".**

Dieser Dummbatz, Großkotz, Bullterrier, Fressenpolierer, Ganove, behängt mit Kettchen und Mobiltelefonen! Kurze, dicke Finger, kahler Schädel, Ledernacken und maßloser Hintern ..."
(Jurij Andruchovyč, „Zwölf Ringe")

Die populärsten Helden moderner Witze sind die neureichen oder die „neuen Ukrainer", ungebildet, anmaßend und selbstverliebt. Die Wirklichkeit sieht etwas anders aus. *Irina Demidova,* Direktorin einer der führenden Kiewer Werbeagenturen (eine erfolgreiche „neue Ukrainerin" wohl bemerkt, die als Frau nicht mal in Witzen präsent ist!) beschreibt die „neuen Ukrainer", die zu ihrer Hauptklientel zählen, folgendermaßen: *„Sie sind 35 bis 44 Jahre alt; haben aktive Lebenspositionen; streben nach Reichtum,*

Wohlergehen, aber auch nach Anerkennung in der Gesellschaft; lehnen sowjetische Symbole der Vergangenheit ab, empfinden aber auch eine gewisse Skepsis gegenüber den ethnischen Motiven in der Werbung." Der aufmerksame TV-Zuschauer wird sich übrigens ein ziemlich genaues Bild vom „neuen Ukrainer" machen, allein auf der Grundlage der ukrainischen Werbespots der führenden Weltmarken.

So wirbt beispielsweise der Fahrzeughersteller Mercedes, dessen Autos selbstverständlich auch in der Ukraine ein Erfolgs- und Statussymbol repräsentieren, mit folgenden Slogans: *„Du weißt, was du willst"* oder *„Er wird über dich mehr sagen, als du selbst"*. Nach Meinung der Werbestrategen wird auf diese Weise dem besonderen Drang des Ukrainers zur Selbstbehauptung Genüge getan.

Allerdings ist der Erfolg solcher Werbekampagnen in der Ukraine umstritten. Im Unterschied zu den Russen gelten Ukrainer als misstrauisch. Sie würden eher auf die Meinung des Nachbarn hören, als auf die Aussage eines Experten oder eines Stars im Fernsehen.

Im Sommer 2005 wurde in Kiew zum ersten Mal ein allukrainischer Wettbewerb namens „Coverbild des Jahres" veranstaltet. Den Preis „Bester Umschlag des Jahres 2005" erhielt das erst ein Jahr zuvor gegründete Magazin „Macht des Geldes".

Im Übrigen badet der „neue Ukrainer" im Unterschied zum „neuen Russen" nicht in Champagner und schmeißt die Geldbündel nicht zum Fenster raus. Er fährt nicht mal unbedingt ein fettes, schickes Auto: Der preiswerte unauffällige Volkswagen tut es auch. Viel Wert legt der „neue Ukrainer" dagegen auf ein geräumiges und funktionales Haus – unbedingt in der freien Natur. Natürlich spürt man auch bei den „neuen Ukrainern" einen Anflug an Pathos und Angeberei, aber im Vergleich zu den „neuen Russen" ist alles um einiges bescheidener (nicht ärmer!). Mit anderen Worten: Ein neureicher Ukrainer lebt mit Komfort, aber ohne angeberischen Prunk.

Und noch etwas: Der „neue Ukrainer" will Spaß haben. Spaß bei der Arbeit, bei der Erholung, Spaß am Risiko einer Kapitalinvestition (auch in der Politik), beim Wechsel des Wohnortes bzw. der Beschäftigungsart. Er will möglichst komfortabel und interessant leben – und zwar nicht irgendwann mal in der Zukunft, sondern sofort. Noch vor kurzem ein unvorstellbarer Gedanke! Wer weiß, vielleicht wird sich Frau *Mostova* eines Tages eingestehen müssen, dass die heutigen „neuen Ukrainer" die Neuen Menschen von morgen sind. Es wird schließlich ganz bestimmt ein erstklassiges Land werden!

Hi-Tec-Kosaken

Im Sommer 2005 ist in den Computerläden auf der ganzen Welt ein neues Spiel unter dem Titel „Kosaken-2. Napoleon-Kriege" erschienen. Sein Herausgeber ist die ukrainische Firma GSC Game World. Die ersten „Kosaken" kamen 2001 auf den Markt. Die Computeranimation, die auf der Grundlage der europäischen und ukrainischen Geschichte konzipiert wurde, ist in 4 Millionen (legalen!) Exemplaren verkauft worden. Wer sich in den Gepflogenheiten des Lizenzwesens der modernen Ukraine und Russlands auskennt, wird wissen, dass die reale Verkaufszahl um einiges höher liegen dürfte. (Zum Vergleich: Der Verkaufspreis eines Spiels in Europa betrug 50 $, während man in der Ukraine dafür nur 4 $ berappen musste.)

In Deutschland belegte „Kosaken-1" dem Umsatz nach den zweiten Platz und in Frankreich und Großbritannien gelang es sogar, für mehrere Monate auf Platz 1 zu kommen. Ein überzeugendes Debüt in einer boomenden Branche, wo allerdings auf 96 Patzer nur 4 richtig erfolgreiche Spiele kommen. In den USA fand das ukrainische Computerspiel wenig Absatz. Das liegt daran, dass das Thema der europäischen Kriege der amerikanischen Mentalität völlig fremd und für US-Amerikaner uninteressant ist. Der Self-Made-Man *Sergij Grigorowitsch,* der Gründer von GSC Game World, macht sich um seine Karriere dennoch keine Sorgen: *„Wir arbeiten gerade an dem Spiel S.T.A.L.K.E.R., dessen Hauptbühne Tschernobyl ist, für welches wir 1 Mio. Dollar investiert haben. (Zum Vergleich: Bei „Kosaken-1" waren es 100.000.) Ich bin mir sicher, dass die Geschehnisse in der Ukraine in der allernächsten Zukunft ein Bestandteil der Weltgeschichte sein werden. Ich hatte bereits mehrere teilweise äußerst verlockende Angebote von führenden Computerspiele-Herstellern der Welt erhalten. Ich werde mich aber nicht verkaufen, denn im Namen der Firma stehen ja schließlich meine Initialen."*

Der moderne Kosak – Ein Porträt

„Halt durch, Kosak, dann wirst du Otaman!"
(Ein beliebtes Sprichwort)

„Das Großartigste an diesen Ukrainern ist ihre schnapsselige Warmherzigkeit. Dank einer höheren Vorsehung sind sie überhaupt unendlich viel menschlicher als wir."
(*Jurij Andruchovyč,* „Zwölf Ringe")

Wenn vom ukrainischen Nationalcharakter die Rede ist, fallen zuallererst solche Begriffe wie **„Stolz" und „Emotionalität".** Ein Ukrainer sei sentimental, feinfühlig und lyrisch, was unter anderem in der Ästhetik des Volksbrauchtums und der Folklore deutlich zum Ausdruck kommen würde. Seine spezifische Lebensanschauung, das **starke Empfinden des Au-**

genblicks, den man gerade lebt, seine unkaputtbare Lebensfreude, seinen angeborenen vitalen Witz und seine poetische Einstellung zur natürlichen und sozialen Umgebung schreibt man der Tatsache zu, dass die Ukrainer sich lange Zeit in unmittelbarer Nähe zur feindlichen Nomadensteppe aufhielten. Man war ständig auf der Hut, denn man konnte nie wissen, welcher Augenblick der letzte im Leben sein würde.

Der bedeutendste ukrainische Philosoph der Barockzeit, Hryhorij Skovoroda, schrieb über die Priorität des Herzens gegenüber dem Kopf. Er war sich sicher, dass das Wichtigste an einem Menschen nicht seine Fähigkeit zum Erkennen der Welt sei, sondern sein emotionales Wesen und seine Willensstärke. Auf dieser Grundlage entstand später die so genannte ukrainische „Philosophie des Herzens", die viele Anhänger hatte: „Das Herz ist die Wurzel des Lebens und die Heimstatt des Feuers und der Liebe." Auch Nikolaj Gogol', ein großer Kenner der ukrainischen Seele, räumte nicht dem Intellekt, sondern den Gefühlen und Emotionen des Menschen einen absoluten Vorrang ein.

Dieser **Hang zum Sentimentalen** ist das, was einen Ukrainer in erster Linie vom pragmatischen Westeuropäer unterscheidet. Der Ukrainer hat ein herzliches Verhältnis zu der ganzen Welt: Das, was keinen Widerhall im Herzen findet, wird einfach abgelehnt. Ganz gleich, ob es sich dabei um eine Ware, eine Sendung, eine Zeitung, eine Regierung oder einen Job handelt. Selbst mit demjenigen, dem man „auf die Pfote gibt" (ein gängiger Ausdruck für: „bestechen"), versucht man eine menschliche Beziehung aufzubauen. Ein Ukrainer ist weich und gutherzig. Er wird sich stets bemühen, den Konflikten aus dem Weg zu gehen. Ein Ukrainer ist **fleißig und sparsam.** Seiner Geduld sind keine Grenzen gesetzt. Er wird die halbe Stadt auf der Suche nach dem billigsten Artikel durchkämmen und selbst wenn er für die Fahrerei mehr als für die Ware ausgibt, wird er sehr stolz auf sich selbst sein, denn er hat letztendlich das Billigste gefunden! Die Sturheit und der Eigensinn sind seine zweite Haut. Es heißt, zwei Ukrainer hätten gewettet, wer von beiden es länger unter Wasser aushält. Beide ertranken.

Böse Zungen verbinden mit dem Bild eines Ukrainers den berühmten Spruch: *„Moja chata s kraju, ja ničoho ne znaju."* (Mein Haus ist am Rande, ich weiß von nichts.) Das ist der pure Neid, denn es geht hier nicht um Ignoranz und Gleichgültigkeit, sondern einzig und allein um die Konzentration auf das Allerwichtigste im Leben: das Wohlergehen der eigenen Familie. Mit dem **Nachbar** pflegt der Ukrainer das **innigste und leidenschaftlichste Verhältnis,** das man sich nur vorstellen kann.

„Ein guter Nachbar ist der beste Verwandte."
„Kauf dir keinen Hof - kauf dir einen Nachbarn!"
„Ohne Bruder kann ich leben, ohne Nachbarn - nicht."
(Volksweisheiten)

„Es gab zwei Nachbarn. Einem wurde ein Auge eingeschlagen. Gott hat sich seiner erbarmt und fragte ihn: Bitte, um was du willst. Ich werde deinen Wunsch erfüllen". Darauf antwortete der Mann, ohne nur eine einzige Sekunde zu zögern: „Ich will, dass mein Nachbar beide Augen verliert!" Diesen Witz dürfte man keineswegs wörtlich nehmen: Er soll ja nur die Intensität der Verbundenheit zwischen den Beiden zum Ausdruck bringen. Der Neid auf den erfolgreichen Nachbar ist die treibende Kraft des Ukrainers. (Ein Ukrainer unterscheidet übrigens zwischen dem positiven, „weißen" und dem negativen, „schwarzen" Neid.) Aus einer populären Radiowerbung: „Chr-r-r ... Während Sie schlafen, verdienen Ihre Nachbarn Geld!"

Das ukrainische Lied

„Es gibt begnadete Menschen und es gibt begnadete Völker. Ich kenne ein solches Volk, ein Musiker-Volk. Das sind die Ukrainer."
(Petr Čajkovskij)

053uk Foto: ai

Im Kirschengärtchen vor der Hütte,
der Käfer summendes Gebraus;
die müden Pflüger ziehn nach Haus.
Die Mädchen singen. Ihre Mütter
erwarten sie zum Abendschmaus.

Man isst zu Haus vor der Hütte;
der Abendstern geht auf und blinkt.
Das Abendbrot die Tochter bringt,
sie hört nicht Mutters Rat und Bitte,
die Nachtigall betörend singt.

Dann legt die Mutter vor der Hütte,
die Kleinen schlafen wieder mal,
und geht zu Bett. Still überall.
Es zwitschern nur nach alter Sitte
die Mädchen und die Nachtigall.

(Worte: Taras Ševčenko
Weise: Mykola Lysenko
Übersetzung: Erich Weinert)

Hang zur Musik

„Du Ukraine bist das Land der Sänger,
Schufst Genien in Sang und Kampf gleich groß ...“
(Anton Mauritius)

Musica Sacra a Roma 2005, das **internationale Festival für geistliche Musik in Rom,** ist mit einer kleinen Sensation zu Ende gegangen. Den Hauptpreis gewann ein **Chor namens „Ščedryk“** („Weihnachtslied“) aus Kiew, der einzige Kinderchor-Teilnehmer auf dem Festival. Die Presse berichtete von einer Offenbarung: Wie waren die Kinder imstande, so komplizierte Werke mit einer derartigen Virtuosität auszuführen? Papst *Benedikt XVI.,* der den kleinen Künstlern als einzigen Teilnehmern die Ehre einer Audienz erteilte, begrüßte sie in sauberem Ukrainisch: *„Danke Euch für Eure vollkommene Kunst!“* Das kirchliche Oberhaupt war bei weitem nicht der erste Deutsche, der von der Musikalität der Ukrainer so angetan war. Der Philosoph *Herder,* der Dichter *Bodenstedt,* um nur ein paar Namen zu nennen, sie alle bezeugten tiefe Bewunderung über den außerordentlichen Hang der Ukrainer zur Musik.

„Die Lieder des Volkes der Ukraine leben fort von Geschlecht zu Geschlecht, und erzählen den Kindern von den Thaten der Väter. Und in keinem Lande hat der Baum der Volkspoesie so herrliche Früchte getragen, nirgends hat sich der Geist des Volks so lebendig und wahr in seinen Liedern ausgeprägt, wie bei den Kleinrussen.
Welch ein ergreifender Geist der Wehmuth, welch tiefe, ächt menschliche Gefühle sprechen sich in den Liedern aus, die der Kosack in der Fremde singt. Welch eine Zartheit, mit männlicher Kraft gepaart, durchweht seine Gesänge der Liebe...
Man muß in der That annehmen, dass ein Volk, welches solche Lieder singen und Geschmack daran finden konnte, auf keiner ganz niedrigen Stufe der Bildung gestanden haben kann ...“
(Friedrich Bodenstedt, 1845)

Archetyp des Nationalcharakters

In der Ukraine kommt auf 200.000 Menschen ein Komponist.

Die **Lust am Singen** ist auch heute noch beinahe das Erste, was einem Fremden ins Auge sticht. Es gab viele Versuche, das Phänomen zu erklären. Die musikalische Ader der Ukrainer läge an der unendlichen Schönheit der Natur, so die gängigste Erklärung. *„Ukrainische Weiten sind die Hauptstadt der lyrischen Poesie.“ (Adam Mickevič)* Die polnischen Romantiker bezeichneten die Ukraine schlicht als Land mit Flüssen aus Milch und Ufern aus Honig. Tatsache ist: Es soll nirgendwo sonst so viele Lieder geben wie in der Ukraine. Die Fachleute sprechen von **etwa 250.000 Liedern.** Es ist natürlich nicht so, dass jeder in der Ukraine sie alle beherrscht, obwohl in manchen Gegenden der Verdacht durchaus gerechtfertigt wäre. Die Ukrainer singen viel und gern. Im Unterschied zu den Deutschen etwa, haben die meisten mehr drauf, als nur die erste Zeile. Von manchen Liedern existieren unzählige Varianten. Auf dem Lande ist es immer noch Usus, einander zu besuchen, nicht etwa um zu essen oder zu trinken, sondern um zusammen zu singen. In den Karpatendörfern geht man auf den Festen oder einfach abends aufeinander zu, indem man die **Kolomyjkas,**

Kobsa-Spieler

scherzhafte „beißende" Lieder, oft aus dem Stehgreif, einander zuwirft, um zu provozieren, zu gefallen oder schlicht zu unterhalten. In den Karpaten lebt übrigens jenes geheimnisumwitterte Urvolk der Ukraine, das vor nicht allzu langer Zeit in der ganzen Farbenpracht seiner Kostüme über die Bildschirme und Titelseiten der Hochglanzmagazine der Welt huschte. Der „stampfende Ethnorock" (Der Spiegel) unter dem Titel „Wild Dances" der Eurovisionssiegerin 2004 *Ruslana* wurzelt nämlich in der Kunst der Huzulen - beziehungsweise in dem, was davon noch übrig geblieben ist. Denn die Huzulenmusik verkommt zu Kitsch. So meint zumindest *Jurij Andruchovyč,* der moderne ukrainische „Klassiker" aus Galizien. Er will die Musik der Huzulen retten. Denn *„auf dieser Welt findet man schwerlich eine Musik, die irdischer wäre als die der Huzulen. Was ihre biologische Spannung, Körperlichkeit und Erotik betrifft, so kann wohl nur die rumänische Musik mithalten. Oder die der Zigeuner ..."* (Carpathologia Cosmophilica, „Das letzte Territorium")

Kunst des Singens

Das Singen und Musizieren wurde in der Ukraine immer schon groß geschrieben. Es gab hier Gesangsbruderschaften und spezielle Gesangsschulen. Ein Sänger oder Musiker war sehr hoch angesehen. Die **Kobsa, eine Kurzhalslaute,** war das Lieblingsmusikinstrument der Kosaken und

052uk Foto: ad

galt als Geschenk Gottes, von diesem und den Heiligen eigenhändig angefertigt, um sie zu trösten. Der **Kobsar, der Spieler,** wurde gleich einem Gottgesandten verehrt. Die Kosakenlieder, die sich nach wie vor großer Popularität erfreuen, nannte man respektvoll *dumy* (Gedankenäußerungen). Oft wurde ein Kosak, der auf dem Schlachtfeld das Augenlicht verlor, zu einem professionellen Kobsar. Heute beleben die Kobsare wieder das Straßenbild. Die Kunst des Kobsa-Spielens erlebt wie alles, was mit dem Nationalbewusstsein zu tun hat, eine Wiedergeburt: Es gibt zahlreiche Vereinigungen, Kongresse, Festivals, Wettbewerbe und Konzerte.

Manche **Kosakenlieder** haben ihre explosive Kraft bis in die heutigen Tage nicht eingebüßt. Es existiert folgende Legende: *„Oj na hori ta ženci žnut'"* ist ein beliebtes Reiterlied der Zaporožer Kosaken aus der Zeit von 1730 und in deutsch auch als „Hej, durch reifes Korn die Schnitter schreiten" bekannt. Als eine ukrainische Marschkolonne im Norilsker (Sibirien) Gefangenenlager plötzlich anfing *„Oj na hori..."* zu singen, feuerten die mit Maschinenpistolen bewaffneten Begleitsoldaten vor Schreck auf diese einfach los. Das gab den Anstoß für den berühmten Norilsker Gefangenenaufstand von 1953. Laut einer anderen Legende soll der polnische König *Jan Kazimir* nach der Niederlage seines Heeres bei Korsun' einst gesagt haben: *„Vor den Kosaken habe ich keine Angst, wir werden uns noch öfters begegnen. Was aber die Kobsare angeht, so befehle ich, diese in der ganzen Ukraine auszurotten!"* Allein den stalinschen Säuberungen sind 200 Kobsa-Spieler zum Opfer gefallen. Anfang der 1990er Jahre gab es in der Ukraine nur 13 Kobsare, inzwischen sind es immerhin 80 geworden.

Expansion (Lieder – Gut!)

Ukrainische Lieder, zu welchen außer den Kosakenliedern auch Alltags-, Hochzeits-, Wiegen-, Frühlings-, Weihnachts-, Tanz-, Tafellieder und vor allem herzzerreißende lyrische Balladen und Liebeslieder zählen, haben stets **große Faszination auf andere Musiker und Komponisten** ausgestrahlt. Motive und Liedbearbeitungen findet man unter anderem bei *Čajkovskij, Glinka, Rimskij-Korsakov, Mussorgskij* und *Dvořák*. Einige Lieder wurden auch in Russland und Polen so populär, dass man sie dort für die eigenen hielt – etwa „Schöne Minka". Diese Melodie ist dem ukrainischen Lied *„Jihav kozak za Dunaj"* entlehnt, welches Anfang des 19. Jahrhunderts in ganz Europa so populär wurde, dass selbst *Ludwig van Beethoven* und *Carl Maria von Weber* es als Thema von Variationswerken verwendeten. Das ukrainische Volkslied mit demselben Namen wie der eingangs erwähnte Kinderchor *„Ščedryk"* aus Kiew, heißt in den USA „Carol of the Bells" und ist dort eine der beliebtesten Weihnachtsmelodien.

Ukrainische Volkslieder sind ein **unerschöpflicher Fundus an Weisheiten, Witzen, Aberglauben und typischen Nationalcharakteren.** Es gab in der ukrainischen Geschichte kaum ein Ereignis von Bedeutung, welches nicht in einem Lied verewigt oder einen Charakterzug, der dort nicht treffend beschrieben wurde. *„Gewöhnlich kann das menschliche Gedächtnis die Ereignisse nicht länger als über zwei Generationen behalten. Dann fängt es an, einzelne Begebenheiten durcheinander zu bringen. Wenn die Erzählung über das Geschehene aber die Form eines Gedichtes oder eines Liedes annimmt und auswendig gelernt wird, bleibt sie in kollektiver Erinnerung ewig lange, ohne wesentliche Veränderungen."* (*Mychajlo Hruševs'kyj*, „Die Geschichte der Ukraine"). Eine Liederstudie lohnt sich allemal!

Humor

„Hinter dem Meer ist es wärmer, bei uns dafür - lustiger."
(Volksweisheit)

„Hörst du, mein Täubchen,
ich liebe dich so sehr
und die Piroggen mit Quark ebenso ...
Da flossen dem Kosaken die Tränen:
Nehmt euch das Mädchen,
aber gebt mir die Piroggen zurück!"

„Ganz, ganz hinten trottet Zahajdačnyj.
Hat verkauft sein Weibchen für Tabak
und ein Pfeifchen - war das nicht unklug?"

„Du sagtest: Ich sterbe. Ich machte dir einen Sarg.
Ich kam - und du warst lebendig - du hast mich getäuscht und verraten.
Du hast mich getäuscht, du hast mich verraten!
Du hast mich Jungen wahnsinnig gemacht!"
(Aus ukrainischen Volksliedern)

Kosakenerbe

„Die Sitten der Zaporožer sind seltsam", schrieb ein europäischer Zeitgenosse über die Kosaken, *„ihre Handlungen sind listig, die Reden und Einfälle sind scharfsinnig und sie entbehren nicht eines gewissen Spottes."* Als 1675 **Sultan Mohamed IV.** die Zaporožer Kosaken angriff, verlor er

Geheime Kosakenwaffe

Das legendäre Dokument, das unter dem Namen „Brief der Zaporožer Kosaken an den türkischen Sultan" in die Geschichte eingegangen ist, erschien zum ersten Mal in gedruckter Version 1683 in Wien. Es ist nicht bekannt, wer wann den Brief nach Österreich brachte und diesen ins Deutsche übersetzen ließ. Tatsache bleibt, dass der Text unter den Verteidigern der österreichischen Hauptstadt während der langen Monate der türkischen Belagerung so außerordentlich populär war, dass man beinahe ihm allein den endgültigen Sieg der europäischen Staatenkoalition über das Osmanische Reich zuschreibt. In etwas abgeänderter Form ist die „geheime Waffe" auch nach Russland exportiert worden, wo sie während der zahlreichen russisch-türkischen Kriege Ende des 17./Anfang des 18. Jahrhunderts erfolgreich eingesetzt wurde. Der russische Maler *Ilja Repin* war von dem Brief so begeistert, dass er 14 Jahre lang an dem Bild gearbeitet hat, welches die Szene des Verfassens desselben darstellt. Das Gemälde „Die Zaporožer Kosaken" ist schließlich nicht weniger berühmt geworden, als der Brief selbst und somit untrennbarer Teil der Legende. Aus dem Brief *Repins* an einen Freund: *„Es tut mir leid, dass ich so lange nicht antworten konnte: An allem sind die Zaporožer schuld. Es ist vielleicht ein Völkchen! Ich kann mich von ihnen überhaupt nicht mehr trennen – ein lustiges Volk. Ein Teufelsvolk!"* Von den Ukrainern wird der berühmte Brief, der bald 400 Jahre alt wird, wie eine Reliquie gepflegt. Zeugt er doch von der Unsterblichkeit der traditionellen ukrainischen Waffe – angeborenem Humor und gesunder Satire.

15.000 Mann. Danach schrieb der „Bruder der Sonne, Statthalter Gottes, Ritter ohnegleichen, Pfleger des Himmels, Trost des Moslems und Entsetzen der Christenheit" dem Sieger **Ivan Sirko** und forderte die Kapitulation der Kosaken. Daraufhin verfassten sie folgende Antwort (s. auch Exkurs):

„Du sultanischer Teufelsschwanz, Bruder und Genosse des erbärmlichen Satans und des leibhaftigen Luzifers Sekretär!! Ei, was bist Du Hosentrompeter doch für ein trauriges Zwiebelchen! Was Beelzebub scheißt, das frisst Du samt Deinen Scharen! Wie will so ein Wind-Ei wie Du ehrliche Christensöhne und Zaporožer Kosaken in seine Gewalt kriegen??? Zu Wasser und zu Lande haben wir Dich zu Boden gestreckt! Komm nur, dass wir Dir völlig den Garaus machen! Du babylonischer Küchenchef, Du mazedonischer Fingerhut, Du alexandrinischer Ziegenmetzger, Erzsauhalter von Ägypten, Du armenisches Schwein, Du tatarischer Geißbock, Du Taschendieb von Podolsk und blutbesudelter Hinterfotz von Kamenetz, Du Enkel aller Höllenbewohner, Du Schmutzfink ohnegleichen, Du stinkender Narr der ganzen Welt und Unterwelt, dazu unseres Gottes Dummkopf! Sollen wir Dich anreden, wie Du es verdienst, Du aufgedunsener Schweinekopf? Dann hör zu, Stutenarsch und Metzgerhund, der Du bist! Du ungetaufter Schädel und

Mistkäfer! Wir wissen vor allem dieses: Du Unflätiger bist nicht würdig, einer rechtgläubigen Christenmutter Sohn zu sein! Deshalb schlagen wir Dir diesen Brief um Dein rotziges Maul, Ungewaschener. Und das ist auf Siegel und Wort unsere Antwort, Mohamed! Da wir keinen Kalender haben, wissen wir das Datum nicht. Der Mond steht am Himmel und wir tafeln im Freien. Das Jahr steht im Buch geschrieben. Und der Tag ist der gleiche wie bei Euch. Womit Du uns den Hintern küssen kannst! Dem Altlager-Ataman Ivan Sirko und allen seinen braven und tapferen Zaporožer Kosaken! Amen!!!"

Überlebensstrategie

Ob dieser Brief tatsächlich je geschrieben wurde oder eher eine gelungene Parodie eines Literaten ist, mag dahingestellt sein. Aber selbst wenn es nur eine Anekdote ist, sagt sie viel mehr aus, als es manches Buch imstande wäre. Denn ohne ihre **Witze und Anekdoten** zu kennen, kann man die Ukrainer nicht begreifen. Der **Humor in Verbindung mit dem klaren Verstand ist ihre Überlebensstrategie** („Solch ein Unglück! Soll ich etwa tanzen?") und ihre Lebensphilosophie zugleich („Wer nicht lacht, der weint immer", „Lachen macht gesund"). Schlicht und ergreifend: Es ist ihr Seelenzustand. Eine gute Anekdote ist Gold wert. Ein brandneuer Witz wird ausgetauscht, noch bevor man sich nach der Gesundheit erkundigt hat. Scherzen, necken, anmachen gehört zum Umgang. Man nimmt gern auf den Arm und man wird gern auf den Arm genommen. Diese Art Ironie bzw. Selbstironie, die ein fester Bestandteil der ukrainischen Mentalität ist, wird wie ein Verhaltenscode praktiziert, was für den Außenstehenden oft kaum nachvollziehbar ist. Das ständige über sich selbst Spotten macht das Leben leichter, erträglicher und dadurch lebenswerter.

„Dem Land mangelt es an Kosmonauten. Liebt euch!"
(Werbeplakat)

Häufige Protagonisten der Witze sind so genannte *„Chochly"* (derb für „Ukrainer") und *„Moskali"* (derb für „Russen"):

Kommt ein Chochol nach einem Meeting nach Hause. Hungrig und müde tritt er in den Hausflur ein und horcht sofort auf, weil der Fahrstuhl funktioniert. Er stürzt in die Wohnung und sieht, dass seine Frau in der Küche auf dem Gasherd das Essen kocht, er wird leichenblass, macht die Tür zum Bad auf, dreht den Hahn auf und stellt fest, dass es warmes Wasser gibt. Er greift sich ans Herz und flüstert mit den letzten Kräften, während er an der Wand runterrutscht: „Die verdammten Moskali-Okkupanten sind wieder da!"

Salo - der Speck - ist ein anderer unabdingbarer Gegenstand ukrainischer Witze bzw. der Witze über die Ukrainer, was ja verständlicherweise nicht immer dasselbe ist.

Die Studentin schreibt einen Brief nach Hause: „DER SPECK IST ALLE! Guten Tag, Mama..."

Ernster Job

Die Leute zum Lachen zu bringen gilt als höchste Kunst. Witzbolde und Scherzkekse sind überall gern gesehene Gäste. Die Geschicktesten unter ihnen haben es zum Beruf gemacht und unterhalten große Runden bei verschiedenen Festen. Die **Sketche der beliebten Komiker** kennt man auswendig und zitiert sie bei jedem Anlass. Die besten von ihnen stammen traditionell aus Odessa, einer Stadt mit einem ganz besonderen Flair. Eigentlich hat diese Perle am Schwarzen Meer, die vor 200 Jahren von einem Spanier auf Befehl der Zarin *Katharina II.* aus einer Siedlung mit einer türkischen Festung zum südlichen Tor des russischen Imperiums ausgebaut wurde, auf den ersten Blick mit der Ukraine wenig zu tun. *Aleksandr Puškin* bewunderte Odessa als einen Ort, *„wo man ganz Europa atmen kann"*. Noch vor 100 Jahren hatte hier die italienische Sprache beinahe offiziellen Status, heute ist es Russisch. Und trotzdem lieben die Ukrainer ihr „kleines Paris", wegen des unverwechselbaren Odessaer Humors, welcher zum ukrainischen Selbstverständnis so schön passt. Nur in **Odessa** kann man am Eingang in die Bar „Haifisch" lesen: *„Unsere Preise beißen nicht"*. Oder einen Lebensmittelladen namens „Vakuum" finden. Oder durch folgendes Schildchen in einem Taxi eingeladen werden: *„Platz zum Kopf anstoßen"*. Eine Stadt, die sich als **Welthauptstadt des Lachens** rühmt, darf sich manches leisten. Auch mal einen „bösen" Witz: *„Als der Ukrainer geboren wurde, hat der Jude geheult."* Oder: *„Einen Odessaer Juden fragte man nach der Zusammensetzung der Bevölkerung in Odessa. 10% Russen, 10% Ukrainer und die restlichen 80% sind Hiesige, lautete die Antwort."*

Am 1. April findet hier das alljährliche **Humorfestival „Humoryna"** statt, welches nach alter Tradition die besten Entertainer, Kabarettisten und Satiriker aus der ganzen ehemaligen Sowjetunion zusammenbringt. Das grandiose Fest fängt mit einer Lachparade durch die Deribasovskaja-Straße an, angeführt vom Bürgermeister persönlich, und gipfelt in der Einweihung eines Denkmals im Skulpturengarten des Literarischen Muse-

0S4uk Foto: ad

ums. Es ist eine skurrile Sammlung an realen und fiktiven Gestalten, die für den Weltruhm Odessas gesorgt haben: vom ewigen Juden *Rabinovič* aus den zahllosen Witzen, über den Seemann *Kostja* aus dem gleichnamigen populären Lied bis zum gebürtigen Odessaer, den Satiriker *Michail Žvaneckij*. Letzterer ist so beliebt, dass eines der Festivals zu Ehren seines Jubiläums unter dem Slogan „70 Jahre Žvaneckij-Macht" (in Anspielung an „70 Jahre Sowjetmacht") gelaufen ist.

Die Odessaer erkennen keine andere Autorität an als ihren angeborenen Sinn für Humor. Für sie ist Odessa vollen Ernstes das absolute Zentrum des Universums: „Ein Odessaer erzählt einem anderen von einer Ausstellung in Paris. Der hört aufmerksam zu und fragt: – Sag mal, Sjoma, wo liegt denn dieses Paris, weit weg von Odessa? – Oh ja, antwortet der erste, ein paar tausend Kilometer entfernt. – Unglaublich, was kann nur einen Menschen in so eine Einöde verschlagen?"

004uk Foto: ai

KIRCHE UND RELIGIOSITÄT

Religiosität in der Ukraine

Die Menschen in der Ukraine sind ziemlich religiös und haben über Jahrhunderte eine eigentümliche Spiritualität und Volksfrömmigkeit beibehalten. Die geistlichen Seminare in der Ukraine sind überfüllt, Kirchen werden rekonstruiert oder neu gebaut, Kinder und Erwachsene getauft, an Sonntagen füllen Hochzeitsgesellschaften die Kirchen, zur österlichen Beichte (Ostern ist das wichtigste orthodoxe Fest) bilden sich Schlangen von Gläubigen vor den Kirchen; kirchliche Würdenträger sind auf weltlichen Feierlichkeiten anwesend und spielen eine enorme Rolle im geistigen wie auch politischen Leben des Landes. Die Mehrheit der Bevölkerung glaubt an Gott und die Anzahl der Gläubigen steigt beständig. Sie gehören verschiedenen christlichen Kirchen und anderen Konfessionen an. Andere identifizieren sich nicht mit einer speziellen Konfession, sondern suchen ihren eigenen Weg zu Gott.

Erzbischof der orthodoxen Kirche

Nach der Anzahl der Gemeinden ist die **dem Moskauer Patriarchen unterstellte ukrainische orthodoxe Kirche** die größte Konfession, gefolgt von der **ukrainischen griechisch-katholischen Kirche,** die seit der wiedererlangten Religionsfreiheit in der Ukraine regelrecht boomt. Die Gemeinden der griechisch-katholischen Kirche befinden sich zu einem großen Teil in den westlichen Gebieten des Landes, die erst nach dem Zweiten Weltkrieg unter die Sowjetherrschaft gerieten und deren Gläubige der atheistischen Sowjetpropaganda erbitterten Widerstand leisteten. Dort ist auch die kleinste der drei orthodoxen Kirchen, die **ukrainische autokephale orthodoxe Kirche** verankert. Obwohl die ukrainisch-orthodoxe Kirche des Moskauer Patriarchats über die besten Strukturen und die meisten Gemeinden verfügt, identifiziert sich ein verhältnismäßig großer Teil der Gläubigen nach jüngsten Umfragen mit der **ukrainisch-orthodoxen Kirche des Kiewer Patriarchats,** der somit zweitgrößten orthodoxen Kirche. Doch viele Menschen sehen in der verwirrenden Vielfalt der Kirchen und Konfessionen nicht durch. Sie verstehen kaum den Unterschied zwischen Moskauer und Kiewer Patriarchat und wissen auch häufig nicht, zu welchem Patriarchat ihre Gemeinde zählt. Das Durcheinander an Kirchen und Konfessionen geht einher mit anhaltenden religiösen Konflikten, die innerhalb der orthodoxen Kirchen, aber auch zwischen Orthodoxen und Katholiken ausgetragen werden. Sie streiten um Gläubige, Immobilien und um den Status einer Nationalkirche der Ukraine.

Die orthodoxen Kirchen

Vydubyči ist ein Stadtteil in Kiew. Die Bezeichnung *Vydubyči* leitet sich von „Sehen" ab und bezieht sich auf ein lang zurückliegendes Ereignis: Von hier aus beobachteten die Menschen im Jahre 988 wie Anhänger des neuen christlichen Glaubens den hoch verehrten heidnischen Donnergott *Perun* von seinem angestammten Platz auf einem Hügel der alten Stadt in die Fluten des Dnepr warfen und somit der neuen Religion opferten.

Fürst *Vladimir* hatte zuvor Gefolgsleute in alle Himmelsrichtungen geschickt und Informationen über die verschiedenen Religionen einholen lassen. *„Wir gingen zu den Bulgaren* (ein Tatarenvolk, nicht zu verwechseln mit den heutigen Bulgaren – d. A.), *sahen, wie sie sich in ihrem Tempel, in ihrer Moschee also, ohne Gürtel dastehend, verneigten. Wer sich verneigt hat, setzt sich nieder und schaut – wie besessen – bald hierhin, bald dorthin, doch Fröhlichkeit ist unter ihnen nicht, sondern Trübsal und großer Gestank ... Wir kamen zu den Deutschen und sahen in den Kirchen, wie sie viele Gottesdienste abhielten, doch an Schönheit haben wir nichts erblickt.*

Ostern

„Wie soll man eine Osternacht beschreiben? Wie kann man ihre Größe und ihre Schönheit zum Ausdruck bringen? Wie kann man bloß dieses Erlebnis so auf dem Papier wiedergeben, dass es verständlich und nachvollziehbar wird? Es bleibt wohl nichts anderes übrig, als schulternzuckend auf die festlich geschmückte Kirche zu zeigen: ‚Kommet und genießet ...'

Die Osternacht ist voll von flammender Wonne! Sie ist grenzenlos wie der Himmel und nah wie der Atem. In ihr ist langes Warten, welches im Augenblick des Treffens sofort vergessen ist, Alltagskummer, welcher von der Ewigkeit verschlungen wird, jahrhundertelanges Schmachten der kraftlosen Menschenseele, welches in der Freude über den Besitz der Wahrheit spurlos verschwindet ...

Die Kirche ähnelt einem überfüllten Abendmahlkelch. ‚Kommet und lasset uns neuen Wein trinken.' Es ist kein Gottesdienst mehr, sondern ein üppiges Ostergelage. ‚Jesu ist auferstanden!' – ‚Wahrhaftig auferstanden!', erklingt es von allen Seiten, und der Wein der Freude und der Glückseligkeit schäumt über den Rand hinaus, erneuert die Seelen für das ewige Leben.

Alle sind glücklich und ausgelassen wie Kinder. Trotz der schlaflosen Nacht ist man so fröhlich und munter, dass man nur an das Eine denkt: feiern. ‚Ostern! Lasset unsere Freude einander umarmen ...' Am Ausgang der Kirche umarmen sich die Leute, küssen sich dreimalig (hrystosujut'sja) und laden einander zum Osterkuchen (Pasha) ein. Die Priester besprengen die draußen auf der Erde stehenden endlosen Reihen an fertig gestellten Körben mit bemalten Eiern (Pysanki), Pasha und sonstigem festlichen Essen. Der ganze Kirchenhof sowie alle Zufahrtstraßen sind mit tausenden Flammen übersät: angezündete Kerzen, fröhliche Gesichter und donnerndes ‚Jesu ist auferstanden!' – ‚Wahrhaftig auferstanden!' füllen die Morgendämmerung. Und es kommen immer mehr Menschen hinzu. Wie der Volksmund sagt, ist selbst die Morgenröte an diesem Tag besonders: Zu Ostern ‚spielt' die Sonne, sie schillert in ihrem Jubel, als ob die Natur selbst den auferstandenen Gott rühmen würde.

Zu Ehren des großen Feiertages sind gegenseitige Kränkungen vergeben und vergessen. Alle sind festlich angekleidet, besuchen einander von früh bis spät, küssen einander dreimalig auf der Straße und beschenken einander mit Kuchen und Eiern. Selbst die Sprache gewinnt an diesem Tag an Anstand – zu Ostern verbietet man sich ein grobes oder kränkendes Wort. Ostern ist ein heiliger Tag."

(Aus dem Tagebuch des Neo-Märtyrers *Vasilij Optinskij*)

Schließlich kamen wir zu den Griechen und sie geleiteten uns dorthin, wo sie ihrem Gott dienen, und wir wussten nicht, ob wir im Himmel waren oder auf Erden ..." berichteten die Gesandten. *Vladimir* entschied sich für das Christentum byzantinischer Prägung, das seit der Abspaltung (Schisma) vom westlichen Katholizismus im Jahr 1054 als Orthodoxie (Rechtgläubigkeit) bezeichnet wird. Mit der Annahme des griechisch-orthodoxen Christentums prägte Fürst *Vladimir,* der im 13. Jahrhundert heilig gesprochen wurde, das Schicksal der Ostslawen für die folgenden Jahrhunderte: Die Kiewer Kirche bildete eine Teilkirche des Patriarchats von Konstanti-

057uk Foto: as

nopel und die Kiewer Metropoliten wurden vom dortigen Patriarchen ernannt. Im 17. Jahrhundert gelangten die zentralen und östlichen Gebiete der Ukraine nach und nach in den Herrschaftsbereich der russischen Zaren; 1686 wurde schließlich die orthodoxe Kiewer Metropolie dem Moskauer Patriarchat unterstellt. Der überwiegende Teil der Gemeinden der ukrainisch-orthodoxen Kirche des Moskauer Patriarchats, denen seit 1992 **Vladimir Sabodan als Metropolit** vorsteht, befindet sich im Osten und Südosten des Landes.

Nach der Unabhängigkeitserklärung der Ukraine 1991 hatte sich ein Teil des Klerus, der nicht mehr mit der Moskauer Kirche in einer Einheit leben wollte, abgespalten und die von Moskau unabhängige **ukrainische orthodoxe Kirche – Patriarchat Kiew** ins Leben gerufen. Dabei wurden die Gründer von Vertretern der Regierung, verschiedenen politischen Parteien und zeitweilig sogar von Anhängern der wiederbelebten ukrainischen autokephalen orthodoxen Kirche unterstützt. Seit 1995 steht der umstrittene **Patriarch Filaret** dieser von der Weltorthodoxie nicht anerkannten (unkanonischen) Kirche vor.

Bereits zu Anfang des 20. Jahrhunderts gab es Bestrebungen, eine von Moskau unabhängige orthodoxe Kirche zu gründen, in deren Folge 1921 die **ukrainische autokephale orthodoxe Kirche** ins Leben gerufen wurde. Die Liturgien wurden in ukrainischer Sprache gelesen und der **Priester Vasyl' Lipkivs'kyj** zu ihrem Oberhaupt geweiht. Die Weihe erfolgte durch gegenseitiges Handauflegen und nicht wie vorgeschrieben durch andere Bischöfe. Daher stammt auch die Bezeichnung für die Gläubigen dieser Kirche als „Selbstweiher". Wenige Jahre nach ihrer Gründung wurde die Kirche, mit einer kurzen Wiederbelebung während der deutschen Besatzung, verboten. Die Führung der autokephalen Kirche emigrierte nach Kanada und in die USA und kehrte erst nach der Unabhängigkeitserklärung der Ukraine wieder in ihre Heimat zurück. Zunächst versuchte man gemeinsam **mit der ukrainisch-orthodoxen Kirche des Kiewer Patriarchats ein Gegengewicht zur Moskauer Kirche** zu bilden und eine ukrainische Nationalkirche zu gründen, doch es kam bald zum Zerwürfnis mit dem Kiewer Patriarchen *Filaret.* Aber die Oberhäupter der autokephalen Kirche haben die Hoffnung auf eine Einigung der Kirchen in der Ukraine nicht aufgegeben und verzichten seit Jahren auf die Neuwahl eines eigenen Patriarchen. Ebenso wie die orthodoxe Kirche des Kiewer Patriarchats wird die autokephale orthodoxe Kirche von den orthodoxen Kirchen anderer Länder nicht anerkannt.

Die katholischen Kirchen

In der Ukraine existieren zwei katholische Kirchen mit einer jeweils eigenen hierarchischen Struktur: die **römisch-katholische** und die **griechisch-katholische (unierte) Kirche.** Beide sind mit dem Apostolischen Stuhl in Rom verbunden. Unterschiede sind vor allem im liturgischen Leben und in der kanonischen Ordnung zu finden.

Ein Höhepunkt für die Katholiken in der Ukraine war 2001 der **Besuch von Papst Johannes Paul II.,** der sich zeit seines Lebens um eine Annäherung an die Orthodoxen bemühte. Das erste Mal reiste damit ein Oberhaupt der römisch-katholischen Kirche in ein Land, das die russisch-orthodoxe Kirche als ihren Einflussbereich ansieht – entsprechend kritisierte der Moskauer Patriarch den Papstbesuch als den Versuch einer „feindlichen Übernahme". Das Oberhaupt der Orthodoxen im Kiewer Patriarchat *Filaret* hingegen begrüßte die Reise des Papstes als „eine historische Chance" und der damalige Staatspräsident *Leonid Kučma* bezeichnete sie als „Meilenstein für die Geschichte seines Landes". Allerdings warfen viele Menschen dem Präsidenten vor, das Ereignis zu benutzen, um sein nach dem Mord an dem Journalisten *Heorhij Gongadze* angeschlagenes Image wieder aufzuwerten. Die Ukrainer selbst begrüßten den Papst mit der ihnen eigenen Herzlichkeit, auch wenn es vorher vereinzelt zu Demonstrationen gegen den Papstbesuch gekommen war. Der Papst dankte den Menschen und las zur Unterstützung der griechisch-katholischen Kirche auch zwei Messen im slawisch-byzantinischen Ritus.

Die Pfarrgemeinden der **römisch-katholischen Kirche** verteilen sich vornehmlich auf Gebiete, die in der Vergangenheit den benachbarten katholischen Staaten angehörten. Nach der Einverleibung der Westukraine in die Sowjetunion wurden sie liquidiert und der Klerus in Straflager deportiert. In der heutigen Ukraine sind die lateinischen Gläubigen eine religiöse Minderheit (ca. 2% der Christen). Sie sind meistens ukrainische Staatsbürger, die ukrainisch oder russisch sprechen, während der größte Teil der Geistlichkeit polnischer Herkunft oder Staatsbürger des polnischen Nachbarlandes ist.

Die Wurzeln der **griechisch-katholischen Kirche** gehen auf die Brester Union im Jahre 1596 zurück, in der sich ein Teil des orthodoxen Klerus in der Westukraine, die sich zum damaligen Zeitpunkt unter polnischer Herrschaft befand, mit Rom vereinte, jedoch weitgehend den byzantinischen Ritus beibehielt. Deshalb wird sie auch „unierte" Kirche genannt. 1946 wurde die Kirche verboten. Ihre Gebäude fielen an die russisch-orthodoxe Kirche. Viele Priester emigrierten ins Ausland. Diejenigen, die ihrer Heimat Treue hielten, wurden in den GULAG – Lagersystem der UdSSR – deportiert oder zum Übertritt in die russisch-orthodoxe Kirche gezwungen. Ungeachtet des Verbots und der grausamen Verfolgung hat die Kirche in der Diaspora überlebt. Ende der 1980er Jahre demonstrierten in L'viv Tausende Menschen gegen das Verbot der Kirche. Es wurde 1989 nach einem Besuch von *Michail Gorbačev* im Vatikan aufgehoben. Zwei Jahre später kehrte das Oberhaupt der unierten Kirche nach L'viv zurück. Seit 2001 steht **Kardinal Lubomyr Huzar** der in der Westukraine verwurzelten Kirche vor. Im August 2005 verlegte er seinen **Amtssitz nach Kiew** und trägt seitdem den Titel „Großerzbischof von Kiew und Galizien".

Dieser Schritt sorgte im Land für viel Aufregung und lieferte neuen Sprengstoff für den seit langem schwelenden Konflikt zwischen den Unierten und den Moskauer Orthodoxen. Die **Unierten fordern eine Aufwertung ihrer Kirche und ein eigenes Patriarchat.** Die Orthodoxen hingegen betrachten die Schaffung eines neuen unierten Patriarchats als einen weiteren Schritt in Richtung „Unterordnung unter Rom", die in einer Überwindung der Kirchenspaltung von 1054 durch Absorbieren der orthodoxen Gläubigen enden könnte. Bereits nach der wiedererlangten Unabhängigkeit der Ukraine verlor die orthodoxe Kirche des Moskauer Patriarchats in der Westukraine ihre Vormachtstellung, als Anhänger der wiedergeborenen unierten Kirche orthodoxe Gotteshäuser regelrecht stürmten und in den Besitz der eigenen Kirche überführten. Dabei beriefen sie sich auf die brutale Liquidierung der Unierten unter *Stalin* und die zwangsweise Überführung ihrer Gemeinden und Kirchen in die Moskauer Jurisdiktion.

Gleichzeitig kommt es immer wieder zu Auseinandersetzungen zwischen den Unierten und Vertretern der ebenfalls in der Westukraine verwurzelten ukrainischen autokephalen orthodoxen Kirche. Dabei geht es beiden um die Rückführung von Immobilien und Gemeinden an die jeweilige Kirche. Es gibt aber auch ganz andere Beispiele: An vielen Orten in der Westukraine werden Kirchen im „Schichtdienst" genutzt. **Gläubige verschiedener Konfessionen nutzen Kirchen gemeinsam.** Doch das wird sich bei dem anhaltenden Kirchenbauboom bald ändern.

056uk Foto: as

Drei Kirchen – drei Gläubige

Natalja, 27: Sie lernt Fremdsprachen, reist ins Ausland, arbeitet als promovierte Biologin an der renommierten Taras-Ševčenko-Universität in Kiew und hat viel Spaß im Leben. *„Ich wurde bereits kurz nach meiner Geburt heimlich getauft. Eigentlich sollte ein Freund meines Vaters Taufpate werden, aber er lehnte im letzten Augenblick ab. Er war Kommunist und hatte Angst vor Verfolgung. In die Kirche bin ich zur damaligen Zeit nicht gegangen, die Gebete habe ich von meiner Großmutter und von meiner Mutter gelernt. Heute gehe ich in die* **ukrainisch-orthodoxe Kirche des Kiewer Patriarchats,** *obwohl die Menschen sehr schlecht über die Geistlichen dieser Kirche und den Patriarchen Filaret sprechen. Ich glaube ihnen auch nicht. Eigentlich gehöre ich auch der autokephalen Kirche an. Dort gefällt mir besonders das Verhältnis zwischen den Geistlichen und den einfachen Menschen. Aber in meiner Nähe gibt es keine entsprechende Kirche. So besuche ich die Gottesdienste meiner Kirche nur, wenn ich bei meiner Mutter bin. In meiner Heimatstadt wurden seit der Wiederbelebung des religiösen Lebens neben der schon bestehenden orthodoxen Kirche des Moskauer Patriarchats drei neue Kirchen geweiht: eine orthodoxe Kirche des Kiewer Patriarchats, eine autokephale orthodoxe Kirche und eine Baptisten-Kirche. Für mich gibt es nur einen Gott, deshalb ist es mir auch egal, in welcher Kirche ich bete, obwohl ich Gottesdienste in ukrainischer Sprache bevorzuge. Wenn ich die freie Wahl hätte, würde ich mich für die römisch-katholische Kirche entscheiden. Die Moskauer Kirche hat während der Sowjetzeit in der Ukraine viel Unheil angerichtet."*

Vasyl', 39, Historiker: Er wurde zu Sowjetzeiten vom Priester der russisch-orthodoxen Kirche des Moskauer Patriarchats getauft. Wie er selbst sagt, ist er auf dem so genannten „kanonischen" orthodoxen Territorium geboren, d.h. in der Sowjetunion, wo die Menschen von Geburt an um das Recht einer Wahl beraubt und zu den Sklaven einer Konfession gemacht wurden. Die Möglichkeit der freien Wahl des Glaubens findet er für die Menschen auf den postsowjetischen Territorien besonders wichtig, da gerade hier die russisch-orthodoxe Kirche (alle anderen waren ja verboten) sich oft durch die Mitarbeit mit dem atheistischen Regime völlig kompromittiert hat: *„Ich bin bewusst zum griechischen Katholizismus konvertiert. Ich war Zeuge, wie die* **ukrainische griechisch-katholische Kirche** *legalisiert und wiedergeboren wurde. Mich hat insbesondere das Märtyrertum in der Geschichte dieser Kirche beeindruckt. Man denkt, im 20. Jahrhundert seien die Verfolgungen der Kirchen, wie sie in der Zeit der ersten Christen praktiziert wurden, unvorstellbar. Aber bei den Griechisch-Katholiken ist genau das der Fall gewesen. Durch eine Reihe grausamer Repressionsmaßnahmen im Namen des Russischen Imperiums und später der Sowjetregierung wurde die ukrainische griechisch-katholische Kirche schließlich nach dem Zweiten Weltkrieg als solche liquidiert. Dabei traten die orthodoxen Brüder als Kollaborateure des kommunistischen Regimes auf. Als mir diese Tatsachen der Geschichte bekannt wurden, konnte ich mich nicht mehr zwingen, den alten orthodoxen Priestern zu glauben. Dazu kamen nach der Perestrojka ständige gegenseitige Anschuldigungen unter orthodoxen Hierarchen bezüglich der Mitarbeit bei den sowjetischen Geheimdiensten. Um mir Ent-*

täuschungen solcherart in Zukunft zu ersparen, entschied ich mich für die verfolgte griechisch-katholische Kirche, die erst nach der Unabhängigkeitserklärung in der Ukraine wieder Fuß fassen konnte. Ich bin der Meinung, dass nur die verfolgten, verbannten Kirchen eine besondere Geistlichkeit und christliche Atmosphäre beibehalten haben. Trotz des Konfessionswechsels empfand ich keine Unbequemlichkeiten, da die griechischen Katholiken sowohl den byzantinischen Ritus als auch den julianischen Kalender pflegen. Die Kirche zeichnet sich durch den ausgeprägten ukrainischen Charakter (das wird besonders bei den festlichen Zeremonien, im Volksbrauchtum und überhaupt beim gemeinsamen Feiern in den Gemeinden deutlich) und interessante historische Traditionen aus und führt Gottesdienste seit langem in ukrainischer Sprache durch. Und noch etwas: Die griechisch-katholische Kirche, die weit über die Grenzen der Ukraine hinaus verbreitet ist (USA, Kanada, Europa), ist für einen ökumenischen Dialog offen, weil sie ihre eigene Identität nicht als Gegenthese zu den anderen Kirchen und Konfessionen baut. Sie ist imstande, eine Brücke zwischen der östlichen (orthodoxen) und westlichen (katholischen) Welt zu schlagen."

Ihor, 37, verheiratet, drei Kinder, Inhaber einer kleinen Baufirma: *„Ich habe sehr lange gebraucht, um zu Gott zu kommen. Vieles in meinem Leben bis dahin hätte ich mir ruhig sparen können. Es war Mitte der 1990er Jahre und die Frage, in welche Kirche gehen, stand irgendwie nicht so richtig. Natürlich habe ich mich erkundigt, was es so alles gab. Vom Kiewer Patriarchat hatte damals noch keiner was gehört. Also bin ich zur* **ukrainisch-orthodoxen Kirche des Moskauer Patriarchats** *gegangen. Für mich ist das die einzige Kirche. Dort ist Gott, Wahrheit, Licht, Leben, Wärme. Als es später zur Spaltung kam, haben wir es zu spüren bekommen. Es rumorte überall und einige unserer Priester sind an die Seite Filarets (dem Patriarchen der ukrainisch-orthodoxen Kirche des Kiewer Patriarchats) rübergewechselt. Natürlich habe ich mich wie jeder denkende Mensch auch gefragt, wo mein Platz ist, sozusagen alle „für" und „wider" sorgfältig abgewogen. Alle vom Kiewer Patriarchat, mit denen ich gesprochen habe, gaben als Motivation für meine Begriffe formelle, rein äußerliche, oberflächliche Gründe an. Die meisten wollten schlicht und einfach Gottesdienste in ukrainischer Sprache. Aber das ist doch reiner Unfug! Die Predigten werden auch in unserer Kirche auf Ukrainisch abgehalten. Ansonsten ist es Kirchenslawisch und gar nicht Russisch, wogegen die so genannten Patrioten protestieren. Ich bin auch Ukrainer und die Zukunft meiner Heimat geht mich sehr wohl an. Aber hier wird die Sprache als Politikum missbraucht. Es gab übrigens auch früher schon innerhalb der russischen Kirche Überlegungen, zum Zweck der leichteren Verständigung für einfache, oft ungebildete Menschen, statt Kirchenslawisch Russisch als Kirchensprache zu gebrauchen. Das Priestertum hat sich kategorisch dagegen entschieden. Seine Motivation teile ich absolut. Es soll doch ein Unterschied sein, ob ich die Bibel oder eine Gebrauchsanweisung aufschlage. Und wer nach der Wahrheit sucht, sollte schon diese kleine „Hürde" nehmen können. Das Kirchenslawisch hat meinen Horizont unsäglich erweitert. Wenn ich diese majestätischen heiligen Lettern vor mir sehe, hebe ich total ab und vergesse die Welt um mich herum."*

008uk Foto: es

KULTUR UND KUNST

Ukrainische Literatur

„Die ukrainische Literatur feiert ihre Rückkehr nach Europa, allerdings weiß Europa so gut wie nichts davon."
(Tymofij Havryliv)

Ein Dichter in der Ukraine zu sein

Die Geschichte der ukrainischen Literatur ist eng mit der Entstehungsgeschichte der Ukraine und der ukrainischen Sprache verbunden und geht auf die Zeiten der Kiewer Rus zurück. Als **Geburtsstunde des modernen**

058uk Foto: es

ukrainischen Schrifttums gilt der Übergang von der ukrainisch-russisch-kirchenslawischen Buchsprache zur ukrainischen Volkssprache Ende des 18. Jahrhunderts. Das erste Werk, das von **Ivan Kotljarevs'kyj** vor gerade mal 200 Jahren im „kleinrussischen" Bauerndialekt verfasst wurde, heißt „Enejida" (Aeneis) und war vom Autor eher als Witz gedacht. Diese Gedichtsprovokation, deren überwältigender Erfolg den Autor selbst völlig überraschte und ihn an dem Werk weitere 26 Jahre seines Lebens arbeiten ließ (wie *Johann Wolfgang von Goethe* an seinem „Faust", sagen die Ukrainer gern), leitete eine **Geschichte der Unterdrückung, Verbote, Verbannung, Zäsur, Samovydannja (Selbstverlegen) und tragischer Selbstmorde** ein, die in der Weltliteratur ohnegleichen ist.

Das letzte Opfer des Systems, dessen einziges Vergehen war, geniale Gedichte in seiner Muttersprache zu verfassen, hieß **Vasyl' Stus** und wurde unter dem Liberalen *Gorbačev* 1985 in die Verbannung geschickt und kam dort ums Leben.

Dichtkunst und Nationalbewusstsein, politische Unterdrückung und nationales Priestertum der Dichter gehörten in der Ukraine seit je eng zusammen. Ein Dichter zu sein, bedeutete in der Ukraine immer schon mehr als anderswo auf der Welt. Wen wundert es also, dass die beiden verehrten **Klassiker der ukrainischen Literatur, Taras Ševčenko** und **Ivan Franko,** im Volk liebevoll mit den mythologischen Namen benannt werden, die deren programmatischen Werken entstammen. Der erste, *„Kobsar"*, bezeichnet einen wandernden Barden und der zweite, *„Kamenjar"*, einen Steinbrecher.

Die Unabhängigkeitserklärung von 1991 bedeutete für die Ukrainer nicht nur die lang ersehnte Freiheit, sich endlich uneingeschränkt ihrer Muttersprache bedienen zu können, sondern auch die Entdeckung einer Reihe von talentierten Literaten und Büchern, die während des Sowjetregimes ein Schattendasein führten.

Aus Ivan Kotljarevs'kyjs Biografie

Die Biografie des Gründers der modernen ukrainischen Literatur *Ivan Kotljarevs'kyjs* liest sich wie ein spannender Krimi. Ganz am Rande werden zwei Imperatoren erwähnt, der russische *Alexander* und der französische *Napoleon*. Der erste beschenkte den Dichter mit einem Diamantenring, dem Rang eines Majors sowie einer Rente. Der zweite steckte hastig ein Exemplar von „Enejida" in sein Gepäck, als er Moskau verlassen musste. Keiner wird je sagen können, was sich *Napoleon* dabei gedacht haben will.

Eine große Unbekannte

Noch vor etwa zehn Jahren ahnte das breite Lesepublikum in Deutschland nicht einmal etwas von der Existenz der ukrainischen Literatur. Im Zarenreich wurde die Ukraine als Kleinrussland bezeichnet und ihre Sprache als Dialekt der russischen betrachtet. Die kulturelle Unterdrückung gipfelte in dem seit 1863 geltenden **Druckverbot für ukrainische Bücher,** das erst mit der Revolution 1905 aufgehoben wurde.

Die fast 80 Jahre lang gebräuchliche Bezeichnung „russisch" oder „sowjetisch" überdeckte das Schaffen der Schriftsteller in den so genannten kleinen Nationen, zu welchen das ukrainische „Brudervolk" zählte. Der aufgedrückte Stempel des Provinziellen und Unbedeutenden saß so fest, dass selbst 1993 – da war die Ukraine längst unabhängig und einer der größten Staaten des Kontinents – ukrainische Literatur in Berlin als Gast der „8. Biennale Kleinerer Sprachen" abgehandelt wurde (Veranstalter: Neue Gesellschaft für Literatur e. V.).

Erste Schwalbe

Die erste ukrainische Schwalbe (so der poetische Ausdruck im Ukrainischen für einen Boten, der den Frühling ankündigt) war ein Pinguin. Er hieß Mischa und hauste hinter dem Kühlschrank in der Chreščatyker Wohnung des Hauptheldend in dem grotesken Roman **„Picknick auf dem Eis"** (Diogenes 1999) von **Andrij Kurkov.** Dieser zugleich melancholische und komische Zeuge des alltäglichen Irrsinns watschelte so hinreißend

Denkmal zu Ehren von Taras Ševčenko

durch die postkommunistische Mafia-Gesellschaft Kiews, dass sein Erfinder hierzulande bekannt wurde und mit ihm die Tatsache, dass es in der Ukraine nicht nur kaputte Atomkraftwerke, sondern auch spannende Bücher gibt. Mit dem etwas später erfolgten, schlagartigen **Erscheinen von Jurij Andruchovyč auf der deutschen Literaturbühne** hat sich die Situation grundlegend geändert. Bereits sein Essayband „Das letzte Territorium" (Suhrkamp 2003), eine Sammlung von verspielten, ironischen und kritischen Liebeserklärungen an die Ukraine, ließ die Kritiker Loblieder auf den „unnachahmlichen Nachtigallengesang" des Ukrainers singen. (Die Ehrerbietung, die die Autorinnen vor dem modernen Klassiker der ukrainischen Literatur empfinden, merkt man allein an dem Umfang der in diesem Buch benutzten Zitate von ihm.

Sie befinden sich übrigens in bester Gesellschaft: Seitdem dem damals Noch-nicht-Präsidenten *Viktor Juščenko* in seinem Wahlkampfbus durch die Ukraine *Jurij Andruchovyčs* Bücher als Lektüre vorgesetzt wurden, beteuert er immer wieder in den Interviews, dass dies sein Lieblingsschriftsteller sei.) Der Roman von *Jurij Andruchovyč* „Zwölf Ringe" (Suhrkamp 2005) katapultierte die Ukraine mit einem Schlag in die europäische (Post-)Moderne.

Brodina-Verlag: ein Fenster nach Osten

Lina Kostenko, Ihor Kalynec', Oksana Zabužko, Viktor Kordun, Vasyl' Holoborod'ko, Vasyl' Herasymjuk, Natalka Bilocerkivec'... Plötzlich stellte man fest, dass es eine ganze Reihe anderer höchst interessanter Schriftsteller jenseits der Karpaten zu entdecken gilt. Der Nachholbedarf scheint immens. Die Ukraine ist Ehrengast der renommierten internationalen Buchmessen der kommenden Jahre, unter anderem 2007 in Warschau sowie 2008 in Frankfurt am Main. Und dabei ist es gar nicht nötig, sich auf weite Reisen zu begeben oder die ukrainische Sprache zu lernen. Es gibt eine wundervolle Möglichkeit, sich in Deutschland und auf Deutsch kundig zu machen. Seit 1995 betreibt *Dr. Anna-Halja Horbatsch,* eine Ukrainerin mit deutschen Vorfahren, einen Verlag namens „Brodina", den sie nach ihrem Geburtsort in den südbukowinischen Karpaten genannt hatte, das heute an der rumänischen Seite nahe der ukrainischen Grenze liegt.

Der Verlag der unermüdlichen **„Vermittlerin im deutsch-ukrainischen Dialog"** (Mannheimer Morgen) widmet sich ausschließlich der **ukrainischen Literatur in deutschen Übersetzungen** sowie Beiträgen zur ukrainischen Kulturgeschichte und stellt für Interessenten eine wahre Fundgrube des ukrainischen poetischen Wortes nicht nur neueren Datums dar (s. auch Anhang).

Ein Fenster nach Westen

„Dabei ist die Ukraine die Bronx Europas. Ihr fehlen nur die Geschwindigkeit und der Sex-Appeal der amerikanischen Unterwelten. Aber nicht mehr lange."
(Iris Radisch)

Oktober 2005: Während Politiker die Ukraine der westlichen Welt präsentieren und die gestrigen Helden vom Majdan untereinander klären, wofür sie eigentlich gekämpft haben, nutzen ukrainische Dichter die Gelegenheit, Europa kennen zu lernen, während sie den Europäern nebenbei ukrainische Literatur näher bringen. Das **Literarische Colloquium Berlin** stellt vor vollem Haus gleich zwei **Neuentdeckungen aus der Ukraine** vor, die auf dem Weg zur Buchmesse in Frankfurt eine Zwischenstation in der Hauptstadt einlegen. Es sind der 20-jährige **Ljubko Dereš** aus L'viv und der 30-jährige **Serhij Žadan** aus Char'kiv. Auf den ersten Blick scheinen die beiden Abgesandten von zwei verschiedenen Planeten zu sein. *Žadan* bekam sein Reifezeugnis in dem Jahr, als die Sowjetunion auseinander fiel, und die 10 Jahre, die ihn von *Dereš* trennen, machen aufs Deutlichste klar, dass sich seitdem ein Generationswechsel vollzogen hatte. Und trotzdem verkörpern beide eine bildhafte Widerlegung der These von der unüberbrückbaren Kluft zwischen Ost- und Westukraine. Beide strahlen so viel unbezwingbare Lebensenergie, Freude und Esprit aus, dass man auf der Stelle gewillt ist, alles zum Teufel zu schicken und in diese Ukraine zu fliehen, wo das Leben offensichtlich sprudelt. *Ljubko Dereš* liest aus seinem ersten, gerade auf Deutsch bei Suhrkamp erschienenen Roman „Kult". Der Autor hat sein Buch mit 16 verfasst. Diese Tatsache ist symptomatisch, denn **ukrainische Literatur erlebt ein Phänomen der Verjüngung.** Die Teenes haben für sich ein neues Medium entdeckt, welches denselben Rang wie Computer und MTV einnimmt. Der Roman „Kult" ist ein Gemisch aus Fantasy, Thriller, Mystik einerseits und einer rührenden jugendlichen Geschichte von der ersten Liebe andererseits. Wenn man *Dereš* zuhört, versteht man, dass man es mit einem geborenen Geschichtenerzähler zu tun hat. Das Auditorium prustet vor Lachen, sobald er anfängt zu lesen und zwar doppelt bei jeder Pointe, was den besonderen Reiz einer zweisprachigen Veranstaltung ausmacht. *Serhij Žadan* ist eine Erscheinung in der ukrainischen Literatur. Ein ukrainischsprachiger Poet im russischsprachigen Char'kiv, Anarchist, Universitätsprofessor, Kommandant vom Charkover Revolutions-Majdan, Autor des in Russland verbotenen Romans „Depesh Mod" (enthält Rezepte für die Bombenherstellung) – ob man da nichts vergessen hat? Als eine betagte Dame *Žadan* bittet, ein Gedicht, welches ihr besonders gut gefallen hat, auf Ukrainisch vorzutragen, entschuldigt er sich mit dem Argument, dass er es nicht auswendig kann. Wenn man bedenkt, dass bis jetzt sieben Bände des Autors allein an Gedichten erschienen sind, hat man ein Nachsehen. Außerdem, fügte *Serhij* hinzu, sei er kein Held des Abends und würde dann mehr lesen, wenn er sein eigenes Buch in Deutschland präsentieren wird. Ab 2006 sollen *Žadans* Gedichte auf Deutsch (Suhrkamp) zu genießen sein.

Vorsicht, Buchfälschungen! – oder neue ukrainische Gutenbergs

„Petrivka" ist ein riesiger Büchermarkt unter freiem Himmel, nicht weit von der gleichnamigen U-Bahn-Station in Kiew. Er ist ein Mekka für Buchliebhaber aus der ganzen Ukraine, weil die Bücher hier etwas preiswerter als sonstwo sind und weil es eigentlich nichts gibt, was es hier nicht gäbe. Mehr noch: Hier gibt es etwas, was es überhaupt nicht gibt. Zum Beispiel, einen brandneuen Roman vom Moskauer Bestsellerautor *Boris Akunin* unter dem Titel „Rochade" für „nur" 30 Hryvnja (ca. 5 Euro), der ... nie geschrieben wurde. Der aufmerksame Leser hätte viele weitere wunderliche Entdeckungen machen können. Die englischen Originaltitel und Namen von Sankt-Petersburger Verlagshäusern, die aus der Luft gegriffen sind, das Fehlen ganzer Passagen bei den Übersetzungen oder umgekehrt, zwei identische Erzählungen in einem Buch, ein Coverbild, welches mit dem Inhalt nicht im Entferntesten etwas zu tun hat und vieles mehr, was bei dem modernen Stand der Computer- und Drucktechnik eine Sache von fünf Minuten ist.

Es gibt aber auch völlig legale Methoden, mit der Brandware Buch Kapital zu schlagen. Man muss nur darauf kommen. Ein ukrainischer Bürger mit dem ganz offiziellen Namen *Harry Potter* (laut sämtlichen Papieren und Ausweisen!) verfasst Kinderenzyklopädien für Zauberkunst, die weggehen wie warme Semmeln. An sich gäbe es an den dicken Wälzern nichts zu meckern: Sie stellen ziemlich anständig gemachte Kompilationen dar, von denen es in der modernen Buchwelt rund um die Erdkugel nur so wimmelt. Bloß hätten sie bei weitem nicht so reißenden Absatz finden können, wenn der Autor *Dmytro Rjabko* oder ähnlich geheißen hätte.

Foto: as 060uk

Auf dem Büchermarkt

Die Kunst, Kunst zu genießen

Geniale Fußstapfen

Es ist nun mal so, dass bei dem Begriff „ukrainische Kunst" einem durchschnittlichen „Westler" zuallererst bemalte Ostereier, prachtvolle Seidenstickereien und aufwendige Handwerkserzeugnisse einfallen. Dabei ist praktisch jedem halbwegs gebildeten Europäer mindestens ein ukrainischer Name geläufig, der in der internationalen Kunst Geschichte geschrieben hat. Es ist einem nur nicht bewusst, dass es sich dabei um ukrainische Künstler handelt, deren Identität, wie so oft in der ukrainischen Geschichte, in den Wirren des homogenisierenden Sowjetexperiments untergegangen ist. Der **Suprematist Kazimir Malevič,** der **Mitbegründer des Kubismus Olexander Archipenko,** der **Futurist David Burljuk,** die **Konstruktivistinnen Olexandra Exter,** *„aus deren Schule alle linken Maler Kiews hervorgingen" (Anna Achmatova),* und **Sonja Delaunay-Terk** – ihre Arbeiten schmücken die besten Museen moderner Kunst der Welt. Die ukrainische Avantgarde-Bewegung zwischen 1910 und 1930 wird inzwischen als besonderes Phänomen der europäischen Kunst angesehen.

Auch heute verfügt die Ukraine über eine **beachtliche Zahl an Künstlern,** deren Werk als integraler Teil europäischer Kunstströmungen betrachtet wird. Der ukrainische Performance-Künstler und Autor unkonventioneller Installationsausstellungen, **Oleg Kulik,** gilt seit Jahren als Geheimtipp bei den wichtigsten Kunstausstellungen und Marktplätzen Deutschlands, wie Documenta, Biennale, ART COLOGNE und art.fair. Der **Fotograf Boris Michajlov** aus Char'kiv, dessen Arbeiten in den größten Kunstforen der Welt ausgestellt wurden, von dem Museum of Modern Art in New York bis zum Stedelijk Museum in Amsterdam sowie dem Centre national de la photographie in Paris, dokumentiert seit drei Jahrzehnten unappetitliche Narben und Auswüchse des politischen Systems: früher die Verlogenheit der sowjetischen Propaganda, heute die Verlierer der neuen Gesellschaft. Die **Provokateure Ilja Čičkan und Oleksandr Hnylyc'kyj** sind typische Vertreter der jungen ukrainischen Gegenwartskunst, die unmenschliche Bedingungen, moderne Perversitäten des Lebens und Missachtung gegenüber der Natur aufs Korn nehmen.

Auf dem keramischen Pferd in die Welt

Ein ukrainischer Kunstexperte prophezeite vor vielen Jahren, dass die Ukraine mal auf einem keramischen Pferd nach Europa einziehen wird. Die **Welt der ukrainischen Keramik ist faszinierend und grenzenlos.** Im

Das Land, wo Elefanten blühen

1997 ist *Maria Prymačenko* gestorben, eine 80-jährige Künstlerin, deren primitive Malerei in der Ukraine seit langem geliebt und verehrt wird, für das westliche Publikum aber eher eine Entdeckung sein dürfte. Vielleicht auch im wörtlichen Sinne: zufällig unter der Lupe ...

Wieder einmal in Kiew, auf der Jagd nach ausgefallenen Briefmarken, wird man auf sonderbare, magische, indianisch anmutende Bilder von wildbunten Tieren stoßen. Ein völliges Wunder wird das einem, wenn man erfährt, dass diese von einer alten, ungebildeten Bäuerin aus Bolotnja, einem Nest nahe Kiew, stammen. Die Bilder sind aus Wirklichkeit und Träumen gesponnen. Und wer sich als Betrachter in dieses Netz fallen lassen will, kann den freundlichen Urwuchs des Menschlichen erahnen ...

Im Alter von 7 Jahren lähmte eine schwere Krankheit ein Bein des Mädchens *Maria*. Laufen konnte sie nicht, und so musste sie ihre Fantasie auf alle Wege schicken. Erst mit dem Stöckchen im Sand, dann gekratzt in die Lehmwände ihrer Hütte und später gemalt mit Wasserfarbe auf billigem Papier, hat Maria alles gezeichnet, was sie gesehen, geträumt und geliebt hat: Blumen, Himmel, Sonne, Bäume, Vögel, Tiere.

Wie manche Mädchen ihre Lieblingspuppe unter jeglichen Umständen durch das ganze Leben zerren, hat Maria die kindlich-bunten Farben in allen düsteren Momenten behalten. Chaos und Hunger nach der Revolution, in den Hitler-Jahren, als ihr Mann, der nie seinen Sohn sah, gefallen war ... Je grauer die Zeiten, desto wütender die Farben auf ihren Gemälden.

Entdeckt wurde *Maria Prymačenko* bereits vor dem Krieg. 1936 nimmt sie mit großem Erfolg an den Experimentellen Ateliers der Volkskunst in Kiew teil. Seit den 1960er Jahren kommt keine größere Ausstellung der Malerei in der Ukraine ohne ihre Arbeiten aus. 1966 wurde ihr der Staatspreis der Sowjetrepublik Ukraine namens *Taras Ševčenko* verliehen. 1970 ernennt man sie zur Verdienten Malerin und 1988 zur Volkskünstlerin der Ukraine. Titel, die ihre Fantasie verstaatlichen wollten. Das hat sie gefreut, aber nicht eingefangen für den Hammer-und-Sichel-Pomp der Sowjetunion.

Die Kunst von *Prymačenko* gedeiht aus Mythen, Märchen und Volksliedern. Ihre Arbeiten, die mit chararakteristischen, gestickten Hemdmustern, Ostereiermalereien und typischen Alltagsgegenständen gespickt sind, werden als „Holzschnitt-Enzyklopädie des ukrainischen Dorflebens" bezeichnet. *Maria Prymačenko* ist aber mehr als

Briefmarken mit Motiven von Maria Prymačenko

Nationalen Staatlichen Museum und Schongebiet für Töpferhandwerk in Opošnja bei Poltava kann man alte Meister bei der Arbeit erleben, die die 400-jährige Tradition der hiesigen Töpferwerkstätten weiter pflegen. *„Ukrainische Keramiker unterscheiden sich von ihren europäischen Kollegen durch eine kolossale Tradition"* – findet der Künstler *Borys Danylov*. *„Unsere Vorfahren haben wohl eine tiefgehende existenzielle Notwendigkeit der Töpferei im Leben am ehesten und intensivsten erkannt."* Tetjana

eine folkloristische Ansichtskarte der Ukraine. Ihre Ukraine ist der naive, lichte Traum vom schönen Leben, das an Wunder glaubt und das Schlaue nicht verachtet. Ihre Kunst ist zutiefst menschlich und deswegen universell.

Eine Welt für sich sind die Chimären von *Maria Prymačenko.* „Der grüne Elefant", „Der einsame Löwe", „Das Krokodil im Baum", „Der uralte Affe", „Der lachende Tiger", „Die dicke Giraffe", „Die ukrainische Kobra" oder „Ein Tier, das es seit Milliarden Jahren nicht mehr gibt" - wenn man all die hinreißenden, ekligen, komischen, schrecklichen, lustigen, dramatisch vermenschlichten Tierfratzen zusammentut, kommt eine gigantische „menschliche Komödie" zum Vorschein. Ihre wilden Tiere, reale und erdachte, ausstaffiert mit Blümchen und grellen Mustern, gleichen zarten Schmetterlingen inmitten eines paradiesischen Herbariums. Auf der Rückseite der Zeichnungen - obligatorische Erklärungen der Autorin: mal einfältig, mal neunmalklug. *„Der wilde Dachs. Aus der Nase speiht das Feuer, im Maul stecken Hauer. Er ist aber kein Bösling, er ist gut."* Oder: *„Der rosafarbene Bär, der durch den Wald läuft und den Menschen nichts Böses tut."* Eine seltene Gabe besaß die Malerin - das Böse im Guten zu spiegeln, im Schrecklichen das Schöne und im Schönen das Schreckliche zu deuten.

Leute aufzumuntern war ihr erstes Bedürfnis. „Der Blumenstrauß - den Menschen zur Freude", „Die Morgenröte schenke ich all den Frauen, die allein geblieben sind", „Die Blumen für die Kosmonauten" oder auch „Die Rosen meines Herzens - dem Kiewer Dynamo".

„Ich zeichne sonnige Blumen, weil ich die Menschen liebhabe. Ich schaffe sie zur Freude der Menschen, dass meine Blumen so sind, wie das Leben des Volkes selbst, dass alle Völker einander liebten und die Leute lebten, wie Blumen auf Erde blühen." Zu viel des Guten?

Die naive Wucht ihrer Bilder gibt einem für Momente die Ahnung, dass es unter Menschen anders zugehen könnte. Der Augenblick zappelt in wunderlichen Gespinsten aus Wunsch und Traum und würde gerne länger bleiben.

Savčenko, die Direktorin des „Triptychon", einer der angesagtesten Kiewer Galerien, fügt Folgendes hinzu: *„Ukrainische Kunstkeramik weist große Unterschiede zu der Keramik aus Moskau oder Petersburg auf. Wir sind gewissermaßen ein Mittelmeervolk und das sieht man dem Töpferzeug an. Die satten und grellen Farben unterscheiden sich deutlich von denen aus den nördlichen Breiten."* Dabei sind die Preise für Töpferware in Moskau doppelt so hoch wie in Kiew. Das Problem liegt an dem **nicht ausrei-**

chend entwickelten ukrainischen Markt für Kunstkeramik. Es mangelt an professionellen Vermittlern sowie speziellen kommerziellen Galerien. Als die Vereinigung „Töpfermeister" sich an den Auftrag machte, 17 Kamine und Kachelöfen im legendären Kiewer Chimären-Haus zu restaurieren, hat sich herausgestellt, das ihre deutschen Kollegen für dieselbe Arbeit ein Honorar beanspruchten, welches locker für 17 neue Jeeps ausgereicht hätte. Eine sagenhaft utopische Summe für Ukrainer!

Die ukrainische Rockmusik

„Ich habe jetzt auch einen Staat und lebe frei und glücklich.
Ich arbeite eine Woche für einen Kaffee und zwei Wochen für ein Bier."
(Schwesterchen Vika)

„Ich will kein Held der Ukraine sein,
meine Heimat schätzt ihre Helden nicht."
(„Tartak")

Geburtsstunde

Die ersten ukrainischen Rockgruppen tauchten in der **Perestrojka-Zeit** auf. Sie hießen „Sestryčka Vika" (Schwesterchen Vika), „Braty Hadjukiny" (Brüder Scheusal) und „Komu vnyz" (Wer will runter) und stellten in der UdSSR eine revolutionäre Erscheinung dar. Bis dahin war Ukrainisch ausschließlich für Folklore reserviert. 1989 wurde in Černivci ein **ukrainisches Festival des „modernen Liedes"** ins Leben gerufen. (54 Rockbands zählten zu den Teilnehmern, dies durfte aber nicht hervorgehoben werden, denn bereits der Begriff „Rock" galt in der sowjetischen Ideologie als Schimpfwort.) Der Name des Festivals, **„Červona Ruta"** (Rote Minze), war ein Tribut an das gleichnamige Lied, welches zum Super-Hit in der Sowjetunion wurde, geschrieben vom legendären Komponisten *Volodymyr Ivasjuk,* der 1979 mit 30 Jahren erhängt im Wald aufgefunden wurde. Die Umstände seines Todes wurden nie aufgeklärt. Es gilt als unumstritten, dass der unbequeme und vielseitig begabte „Nationalist" mit Charisma von der Macht liquidiert worden ist.

Dank der Liberalisierung unter *Gorbačev* musste die Kommunistische Partei einsehen, dass sie nicht mehr imstande war, die nationale Bewegung und das Entstehen einer neuen Musikkultur in der Ukraine aufzuhalten. So erklärt sich die Tatsache, dass die Organisatoren überhaupt eine Genehmigung für die Durchführung des Festivals bekommen haben. Die

Miliz hat zwar nach bewährter Methode versucht, die Dreizack-Embleme sowie die gelb-blauen Papierfahnen den anreisenden Jugendlichen auf dem Černovicer Hauptbahnhof zu entreißen und diese in die Waggons zurück zu pferchen, der Stein war aber bereits ins Rollen gebracht. Bessere Bedingungen für die Geburtsstunde des ukrainischen Rocks hätte man sich nicht erträumen können. Die **erste „Červona Ruta" hat Geschichte** geschrieben – allein aus dem Grunde, dass dort zum ersten Mal offiziell die Hymne „Noch ist die Ukraine nicht gestorben ..." aufgeführt wurde. Seitdem wird das Festival alle zwei Jahre in verschiedenen ukrainischen Städten veranstaltet. Überall, wo es stattfand, erlebte man anschließend ein explosionartiges Interesse für ukrainische Sprache und ukrainische Kultur. „Červona Ruta" ist für die Ukrainer nicht nur zum Symbol der ukrainischen Musikkultur, sondern auch zum Symbol der nationalen Wiedergeburt schlechthin geworden.

Ukrainische Led Zeppelins

In den folgenden 15 Jahren hat der **ukrainische Rock eine umwerfende Karriere hingelegt.** Heute sind führende Rockbands aus der Ukraine wie „Okean El'zy" (Ozean von Elsa), „Vopli Vidopljasova" (Gezeter von Vidopljasov) und „Green Gray" in Moskau so unglaublich populär, dass sie schon mal die kompletten Soundtracks zu den russischen Kino-Hits bestreiten. Das ist eine enorme Leistung, wenn man bedenkt, dass zu Sowjetzeiten ein snobistischer Träger der russischen Hochsprache bereits die Nase rümpfte, wenn ein leichter ukrainischer Akzent in der Nähe zu vernehmen war.

Trotz der Staatsgrenze ist der Äther in der Ukraine und in Russland ungeteilt. Ein großes Problem für anspruchsvolle ukrainische Zuhörer, denn den Löwenanteil aller Radiosender nimmt ein unzumutbarer Brei so genannter „Popsa", russischer Pop-Lieder schlechtester Qualität, ein. Es gibt zwar ein **Gesetz, welches einen 50%igen Anteil ukrainischsprachiger Produktionen beim Rundfunk vorschreibt,** es fehlen aber staatliche Kontrollmechanismen zu dessen Realisierung. Andersherum kennt und schätzt man hüben automatisch alle Erfolge von drüben und umgekehrt. Früher ist man aus der Ukraine nach Moskau gegangen, um ein großer Musikstar zu werden, selbst wenn es auf Kosten der eigenen Identität war. Heute bleibt man in Kiew und ist trotzdem ein Star in Moskau.

Obwohl die **technischen Bedingungen in der Ukraine teilweise miserabel** sind: Die Rockclubs mit halbwegs annehmbarer Tonqualität kann man an den Fingern abzählen, die Aufnahmestudios verdienen eigentlich diesen Namen nicht. Die Musikkritiker sind der Meinung, dass die Situati-

Der Soundtrack zur Orangenen Revolution

„Ukraina – Songs Of The Orange Revolution" – so lautet der Titel des ersten in Deutschland erschienenen Sammelalbums mit den Songs ukrainischer Bands. Die unter dem Label der Berliner Plattenfirma „Eastblock Music" erschienene CD enthält eine Zusammenstellung von Songs, die viele ukrainische Bands spontan während der Orangenen Revolution spielten oder sogar eigens für dieses Ereignis komponierten. Das musikalische Spektrum reicht von Pop und Rock über Hiphop und Ska bis Folk und Ballade. Vertreten ist unter anderem die Grand-Prix-Gewinnerin 2004 *Ruslana*. Kontakt über: info@eastblockmusic.com

on sich erst dann ändern wird, wenn in der Ukraine eine solide Mittelklasse auf die Beine kommt, denn Live-Musik, die anspruchsvollere Musik, ist doch wohl eher eine Kaprize wohlhabender Menschen. Aufgepasst: Die nächsten „Led Zeppelins" könnten durchaus „Hucul Kalipso" oder „Orkester Janka Kozyr" heißen (so die Namen der vielversprechendsten ukrainischen Nachwuchsbands).

Fluch und Sühne – das ukrainische Drama

„In Tarkovskijs ‚Stalker' wird lange nach jenem Zimmer gesucht, in dem sich die geheimsten Wünsche erfüllen. Das Theater ist genau so ein Ort. Es schafft die Verbindungen zwischen der diesseitigen und der jenseitigen Welt. Hier wird um jede einzelne Seele gekämpft."
(*Andrij Žoldak,* Regisseur)

Dies ist eine Geschichte, wie sie ukrainischer nicht hätte sein können: Sie spielt in der halbverfallenen 1,5-Millionen großen Industriestadt Char'kiv im Osten der Ukraine. Das **Ševčenko-Theater** ist nicht einfach eine von sechs Schauspielstätten der Stadt oder nur irgendein winziges Glied in der Kette der 350 ukrainischen Stadttheater. In den Jahren zwischen 1926 und 1933 wurde an diesem Haus Theatergeschichte geschrieben. Der **legendäre Regisseur Les' Kurbas,** den man auch den „ukrainischen Meyerhold" nennt, hatte hier seine kurze Glanzzeit, als er mit der Truppe aus Kiew in das Theater einzog. Das NKWD (der Vorläufer des sowjetischen Geheimdienstes KGB) setzte der zarten Blüte der Kultur ein jähes Ende. In einer öffentlichen Debatte über den künstlerischen Weg des Intendanten wurden die Schauspieler unter Druck gesetzt, gegen ihren Regisseur auszusagen. Daraufhin wurde *Les' Kurbas* verhaftet und ins Arbeitslager verschleppt. Nach seiner Erschießung im Jahre 1934 verfluchte seine Witwe das Theater und seine Schauspieler. Seitdem wechselten die Regisseure ständig, die ehemals glanzvolle Truppe schlug sich mit leichter Unterhaltung durch.

Das Theater schlummerte – der Fluch schien immer noch an ihm zu hängen – bis 70 Jahre später ein weiteres Theatergenie aus Kiew einen künstlerischen Wirbelsturm über Char'kiv brachte. *„Gebt mir ein Theater in der Provinz"*, sagte der 42-jährige **Andrij Žoldak** 2003 in einem Interview. Eine Woche später bot der Bürgermeister von Char'kiv dem Gastregisseur, der beim Moskauer Theaterguru *Anatolij Vassiljev*, beim polnischen Filmemacher *Zanussi* und beim Kinorebellen *Sergej Paradžanov* in die Lehre gegangen war, die Leitung des Ševčenko-Theaters an. *„Für mich"*, sagt *Žoldak*, *„ist das Territorium der Träume, der verborgenen Wünsche, Visionen und Gedanken interessanter als die Wirklichkeit. Also unser zweites Leben, das vielleicht auch unser erstes ist. Theater – das sind Illusionen, das ist Künstlichkeit, das ist die Droge einer anderen Welt."* Knapp 50 Akteure des Theaters, darunter einige der berühmtesten Schauspieler der

061uk Foto: es

Ukraine und zwei Schauspielprofessoren, schienen fortan dieser Droge des Bühnenmagiers hoffnungslos verfallen zu sein. Sie probten besessen Tag und Nacht an zwei Inszenierungen gleichzeitig, als ob sie das so lange Verpasste einholen wollten. Jede neue Aufführung bringt eine Explosion an Emotionen. Die Reaktion des Publikums variiert zwischen euphorischer Glückseligkeit und absoluter Ablehnung. Jedenfalls ist die Langeweile in der Stadt hinüber. Die lange von den Verwirrungen des modernen Theaters verschonten Charkover rauben neuerdings mit Vorliebe die Theaterplakate aus den Schaukästen. *„Alle seine Inszenierungen ähneln Träumen"*, schreibt der Kritiker *Roman Dolžanskij, „nur manchmal weiß man nicht, was man sich mehr wünscht – dass sie schnell zu Ende sind oder niemals aufhören."*

Der Nobelpreisträger und Gulag-Autor *Alexander Solženicin* sah in der Žoldak-Inszenierung seiner berühmten Lagererzählung „Ein Tag im Leben des Ivan Denisovič" nur *„Wildheit und Unverschämtheit"*. Und gerade damit macht die Truppe des Enfant terrible des ukrainischen Theaters mittlerweile bei Theaterfestivals zwischen Wien, Barcelona, Luzern und Berlin Furore. Aber zurück zum Fluch. Vom **finalen Befreiungsschlag** berichtet der leitende Dramaturg bei den Wiener Festwochen *Stefan Schmidtke: „Auf einer Gastspielreise an einem grauen Sonntagmorgen im Mai 2004 im noch schläfrigen Wien ... Der kräftige Intendant mit wildem Haarschopf, gefolgt von einem wunderlichen Tross aus beleibten Damen mit kahlgeschorenen Köpfen, zierlichen Blondinen in hautengen Kleidern, Kindern, zittrigen älteren Herren in Turnschuhen, einem zottigen Hund und allerlei Jungvolk, stapfte zielsicher durch die engen Gassen des achten Gemeindebezirks. Auch der unablässig niederprasselnde Regen konnte die Schar der Char'kiver Schauspieler nicht davon abhalten, genau dort, wo Les' Kurbas als Student gewohnt hatte – neben der Schankwirtschaft „Zur närrischen Kastanie", wo heute eine Gedenktafel angebracht ist –, auf der Straße auf die Knie zu fallen. Der Intendant sprach eindringlich zu seinen Leuten. Von Schuld und Sühne, von Zukunft und Verantwortung, von der Liebe zum Theater und der Kunst, bis sich aus aller Munde ein „Vergib uns, Les'!" in den grauen Himmel erhob. Das Weitere kann man sich am besten als Intermezzo in einer Žoldak-Inszenierung vorstellen: Die Wolkendecke stiebt auseinander und der Himmel beginnt in magischen Farben zu schimmern. Auf einer watteweichen Wolke schmiegt sich die Seele der leidgeprüften Witwe Kurbas' an ihren geliebten Les', welcher auf das versammelte Schauspielervolk hinabblickt – und wahrscheinlich sprachlos ist ... Als die Schauspieler diese Ruhe in sich aufgenommen haben, springen sie auf und fallen sich, weinend vor Glück, in die Arme. So haben sie den Fluch von ihrem Theater genommen."*

Kino – „die anziehendste Form der Kunst“

„Die ukrainische Geschichte kann man ohne Herztropfen nicht lesen.“
(*Jerzy Hoffman* bei der Premiere seines Films „Ukraine. Die Geburt einer Nation“ beim Molodist'-Filmfestival 2005)

„Tarantino hätte hier seine besten Filme gedreht.“
(*Jurij Andruchovyč*, „Das letzte Territorium“)

Ruhmreiche Anfänge

Man schrieb das Jahr 1893. Der Mechaniker **Josif Timčenko** produzierte auf der Odessaer Rennbahn mit einer **selbstgebauten Kamera** ein paar „bewegliche Bilder“, die er im Jahr darauf samt Apparat bei einer Versammlung der Naturforscher und Mediziner demonstrierte, welche ihre große Bewunderung im Protokoll bekundeten. Wohlbemerkt: Dies ereignete sich ein Jahr bevor die Brüder *Lumiére* und die Brüder *Skladanowsky* mit ihren ersten Filmaufnahmen eine neue Ära der menschlichen Unterhaltung einläuteten. Ans Patentieren hatte der Mechaniker nicht gedacht, und so ist die Ukraine leider nicht als Geburtsstätte des Films in die Geschichte eingegangen. Dafür genießt **Odessa** zweifellos den Ruhm eines der berühmtesten, wenn nicht des berühmtesten Drehortes der Filmgeschichte. Dank des legendären Films **„Panzerkreuzer Potjomkin“** von *Sergej Eisenstein* weiß jeder Filmlaie, wie die Odessaer Hafentreppe aussieht. **Odessa** wurde **als Filmort** so beliebt, dass nach einer Bemerkung des Satirikers *Ilja Ilf „dort anschließend alle Filme gedreht wurden, sei es aus dem Leben der Römer oder Petljuras Hajdamaky“.*

Im Odessaer Filmstudio begann auch die beispiellose Karriere von **Oleksandr Dovženko,** des bedeutendsten Repräsentanten des ukrainischen Kinos, der sich gleichrangig neben *Eisenstein* und *Vertov* als Exponent einer neuen Schule des revolutionären Kinos platzierte. *Dovženko* war der erste, der in den 1920er Jahren zentrale Urthemen der ukrainischen Identität wie Mythen, Acker und Fruchtbarkeit auf die Leinwand brachte. Seine lyrisch-epische Erzählweise, tiefe Liebe zu nationalen Wurzeln sowie expressive Bildkomposition und Filmsprache wurden von den talentierten jungen Kiewer Regisseuren der 1960er Jahre, *Sergej Paradžanov* und *Leonid Osyka* aufgegriffen. *Paradžanovs* „Die Schatten der vergessenen Ahnen“ (1965), der sich voll widerspenstigen Eigensinns an dem anarchischen Geist ruthenischer Folklore berauscht, zählt zu den Meisterwerken des ukrainischen Kinos. Die so genannte **Periode des „ukrainischen poetischen Films“** dauerte leider nur ein paar Jahre, weil sie weder den sowjetischen ideologischen Dogmen der Moskauer noch denen der Kiewer Filmbürokratie passte. Und trotzdem kamen aus den Filmstudios der Ukraine, allen voran das renommierte Kiewer Dovženko-Studio, weiterhin Filme von international überdurchschnittlicher Bedeutung.

Regisseurin *Kira Muratova* – ein Qualitätszeichen aus Odessa

(Aus dem Interview der Autorinnen in Berlin im Februar 2000, anlässlich der Verleihung des *Andrzej Wajda* Awards)

Herzlichen Glückwunsch, *Kira!* Die Ehrung, die Ihnen anlässlich des Andrzej-Wajda-Friedenspreises im Roten Rathaus zu Teil wurde, war ja bombastisch. Was empfanden Sie im Rampenlicht?

Ich fühlte mich wie jemand, der direkt aus der Pfütze ins Schloss geladen wurde. Kennen Sie das Märchen von einem Frosch, der in einen riesigen Milchkrug gerät und so lange strampelt, bis daraus Butter wird? Er springt wieder raus. Das Märchen handelt von mir.

Der ukrainische Botschafter *Anatolij Ponomarenko* versicherte Ihnen feierlich die staatliche Unterstützung für das neue Filmprojekt, um die Sie lange gerungen haben, und zollte Ihrem Werk „zu Hause" hohe Anerkennung. Ich wusste gar nicht, dass Sie Ukrainerin sind.

Ich bin keine Ukrainerin! Ich bin eine ukrainische Staatsbürgerin und ein getriebenes Wesen: geboren in Rumänien, studiert in Russland, seit 1961 sesshaft in Odessa.

Was hat Ihnen die Perestrojka gebracht (oder weggenommen)?

Verloren habe ich – bis auf Almosen, die man mir für die Filme gab – nichts. Ich habe endlich die Freiheit erlangt, zu sagen und zu tun, was ich will, ohne Prügel einzufangen. Es entstand eine neue, kapitalistische Abhängigkeit vom Geld, statt Ideologie. Aber ich finde solche Art Abhängigkeit natürlicher.

Sie haben glühende Verehrer unter Filmkennern im Westen ...

Ja, es gibt welche, ein enger Kreis. **(lacht)**

Tun Sie nicht so bescheiden: lobende Erwähnungen und Preise größter Filmforen der Welt ...

Ich bin nicht bescheiden! Wenn diejenigen mich lieben würden, von denen ich will, dass sie mich lieben ... Mein Traum ist – von den Reichen geliebt zu werden, die mir Geld fürs Kino geben würden. Geliebt werde ich bloß von den Armen.

Warum provozieren Sie so lustvoll?

Mit diesem Vorwurf, den ich übrigens oft höre, konnte ich nie was anfangen. Vielleicht empfinde und benenne ich es anders – Schrei, Bedürfnis, etwas auszuschütten. Die exzessiven Bilder im „Asthenischen Syndrom" **(Silberner Bär der Berlinale 1990)** sind nichts anderes als die Suche nach wuchtigen Ausdrucksmitteln für meine Gedanken. Punkt.

In Locarno hat man Sie, in einer Reihe mit *Godard,* zu den „schwierigen" Regisseuren gezählt. Ist es ein Kompliment?

Keineswegs! Wenn man mir gesagt hätte: „Wir lieben Sie wie *Charlie Chaplin."* Er ist so einfach und klassisch, demokratisch und zugleich genial. Alle lieben ihn. Das wäre ein Kompliment!

Gibt es ihn noch, den ukrainischen Film?

Nach dem Zerfall der Sowjetunion stellte sich die berechtigte Frage: Was darf man nun zum ukrainischen Filmerbe rechnen? Alle Filme, die auf dem heutigen Territorium der Ukraine produziert wurden? Die von ethnischen Ukrainern gedreht wurden? Oder vielleicht welche, die auf Ukrainisch gemacht wurden und von der Ukraine handeln? Während von den führenden Filmzeitschriften und Filmkritikern diesbezüglich jahrelang hitzige Debatten geführt und an detaillierten umfassenden Datenbanken gefeilt wurde, hatte man eine schlichte Tatsache außer Acht gelassen, und zwar, dass die Ukraine inzwischen den beispiellosen Niedergang der nationalen Filmkunst erlebt hatte. Während die UdSSR pro Jahr in 23 Studios durchschnittlich 150 Filme produzierte, kam die unabhängige Ukraine (die zu Sowjetzeiten am Löwenanteil dieser Menge beteiligt war) nach mehreren Kinoreformen (die letzte 2003) mit Ach und Krach auf gerade mal fünf staatlich finanzierte Filme im Jahr. (Im ganzen folgenden Jahr nach der Orangenen Revolution waren es nur zwei!)

Sehnsucht nach Volkshelden

Ende der 1990er Jahre schlug man endlich Alarm. Aber weder die endlosen Symposien, Gremien und Pressekonferenzen zum Thema „Warum gibt es in der Ukraine kein Kino?" noch die Kinoreform waren imstande, eine Wende einzuleiten. Sie kam erst (zumindest in den Köpfen) mit der echten Wende 2004–2005. Man war sich schließlich mehr oder weniger einig, dass die Epoche der ukrainischen Kinematographie der Unabhängigkeitszeit eine **Kinematographie der Komplexe** war. Die Freiheit auf dem Papier würde noch lange nicht bedeuten, dass man auch im Kopf frei ist. Man habe sich zu sehr in die permanente Opferrolle der Ukraine in der Vergangenheit hineingesteigert, statt kritisch den heutigen Tag zu betrachten und in die Zukunft zu schauen. Es gab in den letzten zehn Jahren immer wieder Versuche, einerseits an die ehemalige Größe des ukrainischen epischen Films anzuknüpfen und andererseits **Zeugnisse der triumphalen nationalen Wiedergeburt** abzuliefern. So entstanden die Filme „Das Gebet für den Hetman Mazepa" von *Jurji Iljenko* und „Bohdan Chmel'nyc'kyj" von *Mykola Maščenko.* Diese Mammutprojekte, die als teuerste Filmproduktionen (2,3 und 2,5 Millionen US-Dollar) in die Geschichte des ukrainischen Kinos eingingen, zeugten aber eher vom staatlichen Größenwahn, als von der nationalen Wiedergeburt. Trotz der horrenden Mittel, der Starbesetzung und des „nationalen" Stoffes (beiden Filmen liegen die Biografien großer Staatsmänner, die im 17. und 18. Jahr-

Reanimation der Animation

Tom, Jerry und *Micky Maus* haben für die weltweite Propaganda der amerikanischen Lebensweise sicherlich mehr getan als alle amerikanischen Schriftsteller zusammen genommen. Jeder Psychologe wird bestätigen, dass die Zeit bis zum 5./6. Lebensjahr, in welcher die Trickfilme mit besonderer Hingabe konsumiert werden, für die Formierung der menschlichen Psyche und des Bewusstseins entscheidend sind. Die erste Generation der ukrainischen Nach-Unabhängigkeits-Kinder ist bereits zu „Amis" geworden. Nicht nur die Kleinen, sondern auch manche ihrer Eltern waren nicht ungern einer Lawine von US-Animationen ausgesetzt, die in ihrer eigenen Kindheit tabu waren.

Die ukrainischen Kinder von heute wachsen zu 100%igen „Russen" heran, mit allen Besonderheiten der Mentalität, weil sämtliche ukrainischen Filmsender von der russischen Animation überschwemmt sind. Die Kinder von morgen haben gute Chancen zu „Chinesen" zu werden: 2005 hat China ein Gesetz verabschiedet, welches US-Trickfilme im Lande stark eingrenzt und nationale Produktionen fördert. Da es in der Ukraine bislang keine Gesetze zum Schutz der Kultur (und der Ideologie) gibt, werden womöglich bereits morgen relativ preiswerte Werke aus der Feder von 20.000 chinesischen Trickfilm-Zeichnern über die ukrainischen Bildschirme schwappen. Eigentlich ein Unding: Ukrainische Animationsmeister zählen zu den besten der Welt. Trickfilme „Made in Ukraine" sind ständige Teilnehmer und nicht selten Preisträger bei renommierten internationalen Festivals. Zu Sowjetzeiten gehörten die in Kiew produzierten *mul'tiki* („Trickfilme" in Kindersprache) zu den besten und beliebtesten. Die intelligente nationale Satire-Serie „Kasaki", wie viele andere Trickfilm-Klassiker aus der Sowjetzeit, erfreut sich sowohl in Russland als auch in der Ukraine nach wie vor einer reißenden Nachfrage. Und was ist los mit der ukrainischen Animation neueren Datums? Gibt es denn keine Aussicht in der nächsten Zukunft auf „ukrainische" Kinder in der Ukraine? Der Gründer eines der weltweit größten Animationsstudios, der französisch-ukrainischen Firma „Borisfen-Lutes", und Spezialist mit 40-jähriger Filmerfahrung, *Viktor Slepcov*, gibt sich optimistisch: *„Das Wichtigste in der Animation ist eine Idee. Die Amerikaner rennen wie Verrückte durch die ganze Welt auf der Suche nach Ideen. Unsere Leute haben genug davon in ihren Köpfen. Ich übertreibe nicht: ukrainische Autoren, Regisseure und Trickfilmzeichner sind ohnegleichen. Bis jetzt haben viele von ihnen entweder für die Werbebranche oder fürs Ausland (unter anderem Russland) produziert. Unser Problem ist finanzieller Art. Der Staat finanziert hartnäckig das uralte sowjetische Format des 10-minütigen Vorfilms, den es in der Welt seit langem nicht mehr gibt. Das reicht gerade mal für Wettbewerbsbeiträge und nicht für die weltweit üblichen abendfüllenden kommerziellen Projekte. Wenn fünf solcher richtigen ukrainischen Trickfilmproduktionen im Verleih auftauchen, können wir von der Konkurrenzfähigkeit der Ukraine sprechen. Und wenn dann ukrainische Eltern die Wahl haben, werden sie sich schon für das Beste entscheiden. Da bin ich mir sicher!"*

hundert um die Unabhängigkeit der Ukraine kämpften, zu Grunde) floppten diese **„Nationalepen auf Bestellung"**. *„Was ist dem talentierten ukrainischen Regisseur Jurij Iljenko in die Krone gefahren, dass er mit solchem ungesunden Interesse und einer nicht zu übertreffenden Hysterie in den* *historischen Mythen wühlen musste?"*, entsetzte sich der Korrespondent der „Kieler Nachrichten" nach der Premiere von „Mazepa" im Rahmen der ansonsten dem osteuropäischen Kino höchst gesonnenen Berlinale. Ein weiterer Film aus dieser Reihe, „Mamaj" vom 30-jährigen *Oles' Sanin,* dem Hoffnungsträger des ukrainischen Kinos, hatte es auf den Oscar abgesehen, noch bevor er überhaupt fertig wurde. Auch er wurde im Verleih zum Flop. Spitzzüngige ukrainische Filmkritiker sprechen mittlerweile von einer neuen Kunstrichtung im Kino, dem **„ukrainischen trash"** (*trash* aus dem Englischen: Filmproduktion mit geringen finanziellen Mitteln mit Akzent auf dem Primitiven, eine Antwort auf süßliche Hollywood-Storys). Im Dezember 2005 hat das Ministerium für Kultur und Tourismus der Ukraine ein nächstes groß angelegtes Filmprojekt ausgeschrieben, diesmal über den Hetman *Pylyp Orlyk,* den Autor der ersten ukrainischen Verfassung ...

„Molodist'" – ein ukrainisches Filmpanorama

Offensichtlich hat es Zeit und vor allem einen Blick von draußen gebraucht, um ukrainische Geschichte gebührend, packend und vor allem neutral auf der Leinwand zu präsentieren. Die **Premiere des Films** des polnischen Altmeisters **Jerzy Hoffman „Ukraine. Die Geburt einer Nation"** beim Filmfestival „Molodist'" im Oktober 2005 hat für richtige Furore gesorgt. Dem 73-Jährigen schien das Unmögliche gelungen zu sein, zugleich einen leidenschaftlich persönlichen und politisch korrekten, wie er selbst sagte, *„Crashkurs zur ukrainischen Geschichte"* zu schaffen. Anhand des umfangreichen Archivmaterials hat *Hoffman* gezeigt, wie im Laufe der Jahrhunderte eine Nation herangereift ist, die sich heute Ukraine nennt, und wie nach dem Zerfall der Kiewer Rus ihr Charakter sowie ihr Kulturcode im Kampf zwischen zwei Orientierungen, der europäischen und der moskowitisch-asiatischen, geformt wurde. Der Film ist frei von jeglicher historischer Hysterie, aufgeblasenen Mythen und ideologischen Slogans. *„Ich hätte es gern, wenn die Menschen mit ukrainischen Wurzeln verstanden hätten, wo sie herkommen, und die Menschen anderer Herkunft, die in der Ukraine leben, sich als loyale Bürger dieses Landes empfinden würden, so wie Vertreter aller Ethnien in den USA sich vor allem als Amerikaner definieren"*, so der Regisseur über das Ziel seiner Arbeit. *Jerzy Hoffman* ist ein begeisterter Fan des Kiewer Filmfestivals „Molodist'", welches 2005 sein 35-jähriges Jubiläum feierte. Aus diesem Anlass wurde seinem berühmten Landsmann, *Roman Polanski,* vom Präsidenten *Juščenko* persönlich der Ehrenpreis für sein Lebenswerk überreicht. Mittlerweile ist **„Molodist'" das einzige Filmfest in der Ukraine,** das vom Internationalen Verband der Filmkritik (FIPRESCI) anerkannt ist. Trotz seines Namens (*Molodist'* heißt

Exportschlager Ukrainer

Was verbindet *Sigmund Freud, Milla Jovovich* und *Dustin Hoffman?* Richtig – ihre ukrainischen Wurzeln! Es ist ein Paradox: Kaum lässt ein talentierter Ukrainer die Grenzen seiner geliebten *„Nen'ka Ukraina"* (Mütterchen Ukraine) hinter sich, eröffnen sich ihm auf der Stelle nicht nur zahlreiche Chancen zur Selbstverwirklichung, sondern es besteht auch eine ziemlich hohe Wahrscheinlichkeit, weltberühmt zu werden. Bliebe er zu Hause, würde ihm bestenfalls (mit seltenen Ausnahmen, die ja bekanntlich die Regel bestätigen) das Los eines Genies innerhalb des engsten Fachkreises zuteil werden. In dem Film „Das Gebet für den Hetman Mazepa" von *Jurij Iljenko* gibt es eine erschütternde Metapher. Auf einer mittelalterlichen Europakarte, die in Form einer nackten Frau ausgeführt ist, nimmt die Ukraine den Platz des Gebärorgans ein. Besser kann man es nicht zum Ausdruck bringen: fruchtbarer Boden, der Talente gebiert, welche in alle Himmelsrichtungen zerstreut werden. Denn wenn sie nicht weggehen, dann bleiben sie ihr ganzes Leben lang im ... Sagen wir mal so, sie bleiben ungeboren. Man stelle sich etwa *Michael Douglas* vor, der durch die schäbigen Korridore des Dovženko-Studios auf der Suche nach Arbeit herumirrt. Zum Glück hatte sein schlauer jüdischer Fuhrmann-Opa zusammen mit der ukrainischen Bäuerin-Oma in weiser Voraussicht mit Beginn des 20. Jahrhunderts Odessa den Rücken gekehrt ... Die Liste der Filmschaffenden mit ukrainischen Wurzeln, die es im Ausland zur Weltberühmtheit gebracht haben, gerät besonders lang. Das Kino ist aber bei weitem nicht das einzige Metier, wo die Weltstars mit ukrainischer Herkunft Geschichte schrieben. Ob berühmte Schriftsteller *(Paul Celan, Stanislaw Lem, Michail Bulgakov, Joseph Roth, Joseph Conrad),* Tänzer *(Vaclav Nijinskij, Sergej Lafar, Vladimir Malachov),* Komponisten *(Petr Iljič Čajkovskij, Sergej Prokofjev, George Geršvin, Igor Stravinskij, Leonard Bernštein),* Musiker *(David Oistrach, Isaac Stern, Sviatoslav Richter, Vladimir Horovic),* Wissenschaftler und Unternehmer *(Robert Maxwell, Zino Davidoff, Noam Chomsky)* – das sind alles Namen, deren Stammbaum in der heutigen Ukraine wurzelt. Die einen, wie die schlagkräftigen modernen Nationalhelden, die Boxer *Vitalij* und *Vladymyr Kličko,* sind auf ihre Heimat stolz und lassen keine Gelegenheit ungenutzt, dies öffentlich zu bekunden. Die anderen, zu welchen vor allem ein paar Hollywood-Größen zählen, wissen gar nicht mehr, dass ihre Vorfahren aus dem zweitgrößten Land Europas stammen. Allerdings ist nach der Öffnung der Ukraine, insbesondere im Zuge der Orangenen Revolution, ein neuer Trend zu beobachten, den man als „Back to the Roots!" bezeichnen könnte. Und siehe da: Während *Dustin Hoffman* im April 2004 bei der Verleihung des Publikumspreises bei den „Russian Nights" in West-Hollywood noch offenbarte, dass seine Großeltern aus „Kiew, Russia" stammen, machte sich sein nicht weniger berühmter Kollege *Harvey Keitel* im Sommer desselben Jahres auf den Weg nach Černivci, wo der Regisseur *Volker Koepp* „Dieses Jahr in Czernowitz", einen Dokumentarfilm über den Heimatort weltberühmter „Ukrainer" drehte. Der Vollständigkeit halber sollte man zu der Liste mindestens einen Frauennamen hinzufügen, der es zu Weltruhm gebracht hatte, *Golda Meir,* die ehemalige Ministerpräsidentin Israels und den Mann, der dem Masochismus seinen Namen gab. Der gebürtige Lemberger *Leopold Sacher-Masoch* war übrigens ein flammender Anhänger der ukrainischen Sprache und Kultur. Dass der größte Spion aller Zeiten, *Sidney Reilly,* der später als Vorbild für die Figur des *James Bond* diente, ebenfalls aus der Ukraine kommt, fällt bei all der Wucht kaum noch ins Gewicht.

auf Ukrainisch „die Jugend") ist es zu einem soliden und bedeutenden internationalen Forum für Filmkunst geworden. 2005 kam zu seinen vielfältigen Sektionen auch der internationale Filmmarkt dazu. Der Festivalleiter *Andrij Chalpachči* hofft, dass sich hiermit die Situation auf dem ukrainischen Filmmarkt, wo die Vermittlerschaft Russlands immer noch vorherrschend ist, radikal ändern wird. *„Wir wollen und können es allein"*, so *Chalpachči.*

Cannes 2005: Der große Augenblick des Triumphes für das ukrainische Kino. Der Kurzfilm „Weggefährten" des jungen Regisseurs *Ihor Strembyc'kyj* erhielt als erster ukrainischer Beitrag in der Geschichte der Festspiele die Goldene Palme. Die eigentliche Sensation blieb aber der breiten Öffentlichkeit verborgen. Es ist die Geschichte, wie der Film überhaupt ins Festival gelangte. Als er nämlich fertig war, machte sich die Frau von *Strembyc'kyj* schnurstracks auf den Weg zum Kiewer Hauptpostamt und schickte die Videokassette eigenhändig an das Festivalbüro in Cannes. Kurz darauf kam die Antwort, dass der Beitrag in das offizielle Programm aufgenommen worden ist. Man wird nie erfahren, was passiert wäre, wenn der Film erst die üblichen bürokratischen Hürden hätte nehmen müssen ...

005 uk Foto: ad

ZWISCHEN OST UND WEST

„Man muss sehr aufmerksam die Entwicklung der Ukraine verfolgen. Von dieser Entwicklung wird das Gleichgewicht in Europa abhängen.“
(*Algirdas Brasauskas,* Ex-Präsident Litauens)

Die Ukraine ist *„euer europäisches Unbewusstes“*, sagt der polnische Schriftsteller *Andrzej Stasiuk* jenen Westlern, die das Land nicht einzuordnen wissen.

Nach Europa!

„Es gibt eine Seele Europas - sie singt in den Straßen von Kiew.“
(Timothy Garton Ash)

„Westwärts, der Weg ist offen!“
(FAZ, 28.12.2004)

Begeisterung

Trotz der Euphorie, die die Orangene Revolution 2004–2005 weltweit hervorgerufen hat, beherrschen noch immer die alten Stereotypen die Wahrnehmung der Ukraine im Westen. Allein die Tatsache, dass die größten westlichen Medien und Nachrichtenagenturen nach wie vor keine

Auf dem Abstellgleis

eigenen Korrespondenten in Kiew besitzen, sondern sich damit begnügen, was die Kollegen aus Moskau über die Ereignisse in der Ukraine zu berichten haben, spricht Bände. Daher verwundert es nicht, dass das Abgrenzen vom Russischen, das Auflehnen gegen den wohl immer noch von den Ukrainern empfundenen Druck Russlands einer der wichtigsten Impulse bei der **Herausbildung der ukrainischen Identität** bleibt. In diesem Zusammenhang wird verständlich, wie wichtig einerseits das Streben nach Europa als einem neuen großen Zentrum und neuer Orientierung und wie schmerzhaft und unverständlich für die Ukrainer die gegenwärtige kühle Distanz Europas andererseits ist.

Ernüchterung

In der Europäischen Union gilt die Ukraine als „unverdaulich" und „nicht reif". Hinzu kommt, dass das „alte" Europa genug mit den eigenen Problemen (wie z. B. dem Scheitern einer einheitlichen europäischen Verfassung im Jahre 2005) zu tun hat, um sich den Anliegen der neuen Anwärter widmen zu können. Nach Ansicht vieler Analytiker wäre die Ukraine bereits heute nach allen Kriterien ein geeigneterer Kandidat zur Vollmitgliedschaft als zum Beispiel Rumänien, trotz all der dortigen Bemühungen und Investitionen des Westens. Ohne die Perspektive einer Assoziierung in absehbarer Zeit und voller Mitgliedschaft auf längere Sicht kann die Ukraine gar nicht „reifen" – genauso wenig wie es die am 1. Mai 2004 aufgenommenen Länder gekonnt hätten.

Die **Taktik der kleinen Schritte,** die der Westen gegenüber der Ukraine gewählt hat, zeigt deutlich, dass eher er noch nicht „reif" ist, mit einem der größten europäischen Länder mit dem Status einer Marktwirtschaft und der Note „ausgezeichnet" in der Demokratieprüfung gleichberechtigte partnerschaftliche Beziehungen zu unterhalten. Wie es scheint, holt der besagte lange Arm Moskaus die Ukrainer auch auf dem Weg ins „europäische Haus" ein: Die **Ukraine-Politik der EU** legt den Verdacht nahe, dass sie den Anspruch des Kremls auf Zugehörigkeit der Ukraine zur Interessensphäre Russlands stillschweigend anerkennt.

Was die Stimmung bezüglich des EU-Beitrittes in der Ukraine selbst anbetrifft, so ist sie alles andere als homogen. Trotz des offiziellen Kurses der Regierung gibt es viele, die Bedenken haben. Die Gegner der Europäischen Union könnte man in zwei Lager unterteilen: diejenigen, die eine

enge Verbindung mit Moskau befürworten (zu diesen zählen vor allem die Bewohner der russischsprachigen Regionen sowie die Gläubigen der ukrainischen orthodoxen Kirche des Moskauer Patriarchats), und diejenigen (davon gibt es allerdings nicht sehr viele), die nach einem unabhängigen, einem „dritten" Weg für die Ukraine suchen. Und trotz alledem bewegt sich die Ukraine Richtung Europa, wenn auch viel langsamer, als sie es sich vorgestellt hatte. Wie der Russe *Alexej Makarkin,* stellvertretender Generaldirektor des Zentrums für politische Technologien, spitzzüngig bemerkte: *„Wenn Polen und Tschechien mit einer modernen Diesellokomotive nach Europa gefahren sind, so tuckert die Ukraine mit einer Dampflokomotive aus der ersten Hälfte des 20. Jahrhunderts dorthin."* Aber sie fährt immerhin.

Der große Bruder Russland

Bei einer jüngsten Umfrage in Russland: „Halten Sie die Ukraine für Ausland?" antworteten 68 % der Respondenten mit Nein.

Empfindlichkeiten

Die Beziehungen zwischen Russland und der Ukraine waren in den **1990er Jahren** von **wiederkehrenden Spannungen** gekennzeichnet. Das Klima bestimmte ein Knoten aus gegenseitigen Vorwürfen, Unzufriedenheiten und Beschuldigungen, die statt gelöst zu werden einfach unter den Tisch gekehrt wurden, was zum Beilegen der Konflikte keineswegs beitrug. Die Halbinsel Krim, die Schwarzmeerflotte, die Rechte der russischen Bevölkerung in der Ukraine und die Grenzfragen sind nur ein paar solcher **Streitpunkte.** Russland konnte schwerlich den Verlust der „großen kleinen Schwester" verschmerzen, aber noch weniger die Tatsache, dass dieser Verlust praktisch den entscheidenden Stoß für den Zerfall des ganzen Imperiums gegeben hatte. Außerdem kamen die Russen nicht damit zurecht, ab jetzt nur noch eine Minderheit in der Ukraine zu sein. Sowohl in Russland als auch auf der ukrainischen Seite, die genug mit sich selbst zu tun hatte, fehlten jegliche erkennbare Zeichen einer bilateralen Strategie.

Dies änderte sich mit dem Amtsantritt *Putins* im Jahre 2000. Spätestens mit der Ernennung von *Viktor Černomyrdin* zum Botschafter Russlands in der Ukraine wurde klar, dass der **Beziehung zur Ukraine in der russischen Führung eine enorme Wichtigkeit** beigemessen wird. Das Handelsvolumen zwischen beiden Ländern wuchs, es stiegen die **Investitionen russischer Unternehmen** in die ukrainische Wirtschaft (vor allem im Energiesektor), die politischen Bemühungen beiderseits trugen zu einiger Stabilisierung bei. Die Verschlechterung des internationalen Images der Ukraine unter *Kučma,* etwa nach der Gongadze-Affäre, hatte sogar eine gewisse Annäherung zwischen der Ukraine und Russland zur Folge.

Wende

Die Orangene Revolution markierte eine Wende nicht nur in der Ukraine, sondern auch in Russland. Nach Ansicht des ukrainischen Publizisten *Mykola Rjabčuk* wird sie eine **kolossale Rolle für die weitere Entwicklung Russlands** spielen, selbst wenn es ein äußerst langwieriger Prozess sein wird. Die ukrainische Revolution legte das größte Problem der Russen bloß, das Vorhandensein einer imperialen - und nicht nur nationalen - russischen Identität. Es stellte sich heraus, dass die Ukrainer immer noch in gewisser Weise als Teile dieser Identität betrachtet wurden. *Putin* mühte sich bis zuletzt, ähnlich wie die Protagonisten in *Wolfgang Beckers* Streifen „Good Bye, Lenin!", diese virtuelle Realität für seine Mitbürger aufrechtzuerhalten. Mehr noch: Er schien selbst fest daran zu glauben - nur so lässt sich der peinliche Reinfall mit der vorlauten Gratulation *Janukovyčs* zum Wahlsieg erklären. Der Verlust der Ukraine (nun der tatsächliche und endgültige) ist für Russland schmerzhaft. Er hat gezeigt, dass alle Versuche, das Imperium zu erhalten, z.B. mit der Gemeinschaft unabhängiger Staaten (GUS), ergebnislos waren. Im Vergleich mit den anderen ehemaligen Sowjetrepubliken ist die Ukraine mit den wenigsten Schäden und hocherhobenen Hauptes daraus hervorgegangen. Ihre Rolle als die eines postsowjetischen Staates, der imstande war, den Weg der Demokratie einzuschlagen, ist enorm.

Hassliebe

Dieses Wort, das es übrigens weder im Russischen noch im Ukrainischen gibt, charakterisiert gut den momentanen Stand beidseitiger Empfindlichkeiten und Abhängigkeiten. Von russischer Seite aus könnte man diese Hassliebe als postimperial, von ukrainischer als postkolonial bezeichnen. Es verbindet Ukrainer und Russen sehr viel. Außer der freundschaftlichen, verwandtschaftlichen, wirtschaftlichen und wissenschaftlichen Bande ist es vor allem das **gemeinsame sozio-kulturelle Feld,** welches in den letzten 15 Jahren zwar korrodiert, aber nicht ganz verschwunden ist.

Laut Umfragen waren im Dezember 2004, also zur Revolutionszeit, 80% der Russen der Ukraine und den Ukrainern gegenüber positiv eingestellt. Nur ein Jahr später bezeichneten 51% ihr Verhältnis zur Ukraine als kühl bis feindlich, 30% als neutral und nur 10% als gut bis freundschaftlich. Die Schuld daran liegt an den russischen Medien mit ihrer tendenziösen und verfälschten Berichterstattung. Die Machtinhaber im Kreml sind nervös, die **Angst vor dem Export der „farbigen Revolutionen"** lässt sie zu solch radikalen Schritten greifen, wie etwa der Versuch Ende 2005, die

Liebe deinen östlichen Nächsten

Im Jahre 2000 hatte es der Film „Mit Feuer und Schwert" des polnischen Regisseurs *Jerzy Hoffman* auf den Oscar abgesehen. Gedreht nach dem gleichnamigen Roman seines Landsmanns, dem Nobelpreisträger *Henryk Sienkiewicz,* handelt er von Kosakenaufständen im ukrainisch-polnischen Grenzgebiet Mitte des 17. Jahrhunderts. Mit einem - für polnische Verhältnisse - enormen Budget von 8 Mio. Dollar produziert, hat der Historienfilm über 20 Millionen Polen in die Kinosäle gelockt. In der Ukraine bot er Stoff für heftige Debatten. Selbst in Deutschland ist der Film auf reges Interesse gestoßen.

Die literarische Vorlage und somit der Film schlagen die schmerzhafteste Seite der ukrainisch-polnischen Geschichte auf - die Zeit, aus der die teilweise bis heute akuten gegenseitigen Empfindlichkeiten herrühren. Es ist daher kein Wunder, dass der Regisseur fast 20 Jahre auf die Realisierung seines Jugendtraumes warten musste und der Staatspräsident *Alexander Kwasniewski* auf einer Vorabversion des Filmes zur Ansicht bestand. Im kommunistischen Polen durfte der Film nicht gedreht werden, weil er von der Niederlage des legendären Kosakenführers *Bohdan Chmel'nyc'kyj* gegen die polnische Krone erzählen wollte und hiermit die polnisch-ukrainische, sprich -sowjetische, brüderliche Freundschaft hätte gefährden können.

Es wäre utopisch zu versuchen, den komplizierten historischen Kontext des 650 Seiten starken Romans von *Sienkiewicz* in ein paar Sätzen zu erleuchten. Zur Handlung nur so viel, dass die ganzen historischen Geschehnisse, atemberaubende Kostümenpracht sowie grauenvoll realistische Schlachtendarstellung „nur" eine Kulisse für die herzergreifendste Liebesgeschichte aller Zeiten - in bester Tradition von „Vom Winde verweht" - bilden. Für den westeuropäischen Zuschauer würde sich lohnen, den Film auf Video zu sehen, denn nirgendwo sonst würde er in nur drei Stunden auf so beeindruckende Weise die Geschichte überschauen können. Den Polen und Ukrainern ist diese Geschichte viel zu gut bekannt. Und genau da liegt das Problem: eine Geschichte und zweierlei Verständnis.

Der Regisseur *Jerzy Hoffman* hat, wie es scheint, alles Menschenmögliche und -unmögliche getan, um den streitsüchtigen Kritikern seines Explosivstoffes den Wind aus den Segeln zu nehmen. Er hat weitgehend auf den nationalistischen Unterton der Literaturvorlage verzichtet (man darf nicht vergessen, dass „Mit Feuer und Schwert" Mitte des 19. Jahrhunderts „zur Erquickung der zerrütteten polnischen Herzen" entstand). Er hat kein Geld und keine Mühe gescheut, ukrainische Kosaken und Bauern einwandfreies Ukrainisch sprechen zu lassen (was damals nicht einmal bei ukrainischen Filmproduktionen eine Selbstverständlichkeit war). Und er hat sich eine polnisch-ukrainische Starbesetzung geleistet, allen voran einen der populärsten ukrainischen Schauspieler, zu jener Zeit Kulturminister der Ukraine, *Bohdan Stupka* in der Rolle des Kosakenführers *Bohdan Chmel'nyc'kyj.*

Und doch hagelte es Kritik. Die Polen warfen ihrem Altmeister die „Verukrainisierung" des Nationalepos vor, die Ukrainer geißelten ihn für den ungebührenden Umgang mit dem Symbol der Größe und der Tragik der ukrainischen Geschichte - *Bohdan Chmel'nyc'kyj* - und für das Bedienen des alten Stereotyps: Das Gute ist der polnische Adel und das Böse die schwarze, wilde, bäuerische Naturgewalt der Kosaken. Der große Erfolg, den der Film „Mit Feuer und Schwert" trotz der vielen Kritik auch außerhalb Polens hatte, zeigt deutlich, dass es keine Verständigung ohne Bereitschaft zum Dialog gibt.

Tätigkeit US-amerikanischer Stiftungen in Russland per Gesetz zu verbieten. Das Bild der gegenüber Russland feindlich und aggressiv gestimmten ukrainischen Regierung, das von den Putin-hörigen Medien gezeichnet wird, kommt der russischen politischen Elite äußerst entgegen.

Perspektiven

Die Bedeutung der Beziehungen zum östlichen Nachbar hat *Juščenko* mit seiner ersten Auslandsreise nach Moskau und der dort erstmals verwendeten Formel einer **„ewigen strategischen Partnerschaft mit Russland"** unterstrichen. Auch Russland ist im Bereich des Möglichen um *political correctness* in Bezug auf die Ukraine bemüht. Und trotz alledem: Nach Meinung vieler Politikwissenschaftler und Soziologen sind weder Russland noch die Ukraine momentan imstande, moderne Perspektiven für die russisch-ukrainischen Beziehungen, die man je nach Blickwinkel immer noch als Politik der Schwäche oder der Stärke bezeichnen kann, vorzuschlagen. Laut Prognosen werden sich bis etwa zum Jahr 2010 die bereits seit der Kučma-Zeit anschwellenden Konflikte und Probleme eher zuspitzen - vor allem in Betracht der währenden **„Gas-Kriege"**. In Moskau fängt man an, langsam, aber sehr deutlich zu verstehen, dass die Ukraine ihren Weg unumkehrbar in Richtung Europa eingeschlagen hat. Übrigens zeugt gerade die Tatsache, dass Russland die Gaspreise für die Ukraine auf einmal vervierfacht oder sogar verfünffacht, davon, dass die letzte Illusion der Wiedervereinigung gestorben ist. Dies wird letztendlich eine Schocktherapie für die Ukraine sein, der nichts anderes übrig bleibt, als ihre Energiewirtschaft neu zu konzipieren. Erst dann wird ein pragmatischer Dialog zweier gleichberechtigter Partner möglich sein. So sehr es vielen Menschen in Russland und vor allem in der Ukraine wehtun wird, gibt es wohl für beide Länder keine Alternative, als getrennte Wege zu gehen.

Der schwierige „Klein-Wessi"-Nachbar Polen

„Sieh nur, er sitzt und scheint uns nicht zu sehen
und gleicht doch selbst einem Denkmal, das trauert,
Ein Pole wohl, und sehr betagt ...
In dieser Erde
scheinen die zu liegen, die er einst geliebt ...
Allreinigender Schmerz!
Nun ist sie jetzt auch seine Heimat."
(*Lina Kostenko,* „Marusja Čuraj")

Eine **tatkräftige Unterstützung bei der Bewerbung um die EU-Mitgliedschaft** erhält die Ukraine von Polen. Besonders in dem polnischen Ex-Präsidenten *Kwasniewski* fand sie einen Fürsprecher in der EU. *Kwasniewski,* der bei dem Revolutionsausbruch 2004 sofort zum Platz der Unabhängigkeit in Kiew eilte, spielte als Vermittler bei den Verhandlungen zwischen der alten und neuen Macht um das unblutige Regulieren des Konflikts eine wichtige Rolle. Mehrere Male forderte er die Westeuropäer, die immer noch der Meinung seien, dass die Ukraine im russischen Einflussbereich liege, auf, über die Ukraine neu nachzudenken. Durch solch eine rührende Wärme und Fürsorge zeichneten sich die ukrainisch-polnischen Beziehungen nicht immer aus.

Querelen

„...Polen, einem Land, das man beneidet, aus dem man ständig etwas importiert, wohin man gern zum Arbeiten gehen würde, zum Klauen, zum Studieren, fürs ganze Leben, ein Land mit einem im Vergleich zu uns höheren Grad an wildem Kapitalismus, aber vermutlich auch einer höheren Kultur, obwohl - auch das wird aus irgendeinem Grund angenommen - das Niveau der Geistigkeit dort niedriger ist."
(*Jurij Andruchovyč,* „Das letzte Territorium")

Die tragischen Ereignisse aus der gemeinsamen - älteren - Geschichte sind nicht die einzigen Steine des Anstoßes in den ukrainisch-polnischen nachbarschaftlichen Beziehungen. Zu Sowjetzeiten wurden bei den Polen die „Bösen" merkwürdigerweise nicht mit den Moskauer Okkupanten, sondern mit ihren unmittelbaren Nachbarn, den Ukrainern, assoziiert. Die Jahre nach der ukrainischen Unabhängigkeit haben erneut Zündstoff geliefert und die tief sitzenden Stereotypen und Vorurteile mit frischer Kraft aufleben lassen.

064uk Foto: if

Die wirtschaftliche Misere trieb nach der **Liberalisierung der Grenzbestimmungen** Tausende Ukrainer in das nächstliegende „westliche" Ausland, um ihr Glück dort zu versuchen. Bald waren nicht nur die Grenzorte, sondern praktisch alle Städte Polens, die einen Markt besaßen, von ukrainischen **mišečnyky** (verächtlich für: „mit Säcken Bepackte") regelrecht überschwemmt. Die Not zwang viele Ukrainer, sich **bei polnischen Auftraggebern** (bei entsprechender Behandlung!) für ein paar Groschen schwarz zu verdingen. Die polnischen Herren (selbst das ukrainische Wort für „Herr" – *Pan* stammt aus dem Polnischen!) galten in der Ukraine seit je als hochnäsig und arrogant. **Ukrainische Banditen,** die bald darauf das Land „okkupierten", trugen zum positiven Image der Ukraine ebenfalls herzlich wenig bei. Meistens waren sie zwar in das Geplänkel mit ihren eigenen Landsleuten involviert, sodass die polnische Polizei die Einmischung meist für überflüssig hielt. Die gute ukrainisch-polnische Nachbarschaft jedoch wurde dadurch nicht gerade gefördert.

Brücken

„Reich dem Kosaken doch die Hand
Reich ihm ein reines Herz!
Auf dass in Christi Namen wir
Das stille Paradies erneuern."
(*Taras Ševčenko,* „Den Polen")

Selbstverständlich gab es zu allen Zeiten auch ganz andere Beispiele des Zusammenlebens. Im Grunde genommen ist es nicht anders als sonstwo in der Welt. Je gebildeter die Menschen, desto mehr Verständnis und Sympathie für einen Fremden empfinden sie. Die größten Brücken zwischen den Nachbarvölkern hat die Literatur geschlagen. Bereits zu Sowjetzeiten wurde, hauptsächlich in die Westukraine, die legendäre **polnische Exilzeitschrift „Kultura"** (1946 in Paris gegründet) eingeschmuggelt. Ihr Anliegen war ausschließlich die Verständigung mit Polens östlichen Nachbarn.

Heutzutage ist das literarische Miteinander so gut und produktiv wie nie zuvor. Die 1990er Jahre waren für die Ukraine nicht nur die Zeit der wirtschaftlichen Spannungen, sondern vor allem die Zeit der Öffnung gegenüber der ganzen Welt. Da keine Visapflicht bestand, nutzten viele Polen und Ukrainer die Möglichkeit, auf eine **Entdeckungsreise ins Nachbarland** zu gehen. Die Intellektuellen stellten sehr bald fest, dass es sehr viele gemeinsame Interessen gab, was beide Seiten verband. 1996 gründeten

Auf dem Markt ein bisschen dazuverdienen

die Ethnologin *Monika Sznajderman* und der Schriftsteller *Andrzej Stasjuk* einen **polnischen Verlag namens Czarne,** der zum wichtigen **Mittler ukrainischer Literatur in den Westen** wurde. So ist zum Beispiel der heutige Starautor *Jurij Andruchovyč* zuerst gar nicht in Deutschland, sondern in Polen entdeckt worden.

Es gibt eine Fülle von Zeitschriften, die von polnischen und ukrainischen Autoren gemeinsam herausgegeben werden. In Ljublin existiert sogar eine **ukrainisch-polnische Universität.** In L'viv wimmelt es zu jeder Jahreszeit von polnischen Touristen. Hier kann man viele polnische Bücher und Zeitungen kaufen. Eine Zeitschrift mit Sitz in L'viv heißt „Ji" (Ї), nach einem Buchstaben im ukrainischen Alphabet, den es im Russischen nicht gibt. Es gab sie bereits zwischen 1989 und 1991 als Dissidentenzeitschrift. Seit der Unabhängigkeit der Ukraine hat sie sich den polnisch-ukrainischen Beziehungen sowie der Grenzproblematik im Allgemeinen verschrieben. Das **Schließen von Ostgrenzen im Zusammenhang mit der EU-Osterweiterung** wurde von den Menschen auf beiden Seiten der polnisch-ukrainischen Grenze als Tragödie empfunden. Auf diese Weise sehen sich viele der Möglichkeit des alltäglichen Umgangs mit ihren Nachbarn beraubt.

Vorsicht, Klischee!

Die US-Forscher *Antonio Terracciano* und *Robert McCrae* haben sich zum Ziel gesetzt, wissenschaftlich zu unterlegen, was an nationalen Vorurteilen dran ist. Sie baten insgesamt fast viertausend Probanden aus 49 Ländern, einen typischen Landsmann zu beschreiben. Ob dessen Profil der Wahrheit entspricht, überprüften sie mit 85 Kollegen zusammen anhand der durchschnittlichen Ergebnisse von Persönlichkeitstests. Ihr Fazit, das sie im Fachmagazin „Science" veröffentlicht haben, ist verblüffend: Klischees werden nicht aus Erfahrungen gebildet, sondern gehen auf Werte und Mythen zurück. Mit anderen Worten sind sich die Menschen über Landesgrenzen hinweg viel ähnlicher, als es die Klischees vermuten lassen. Der detaillierte Vergleich des gefühlten und des echten Durchschnittsvertreters eines Landes ergab oft ein völlig uneinheitliches Bild. So landen zum Beispiel die Deutschen in Sachen Verlässlichkeit, derer sie sich rühmen, nur im Mittelfeld – gleichauf mit den Chilenen, die das wiederum gar nicht von sich erwartet hatten. Nur den Polen, die sich selbst als ängstlich und deprimiert beschreiben, geben die Psychologen Recht. In keinem anderen Fall gab es einen nennenswerten Zusammenhang von Klischee und Wirklichkeit.

063uk Foto: es

Der wichtige Handelspartner Deutschland

„Wenn ihr nachempfinden wollt, wie es ist, in Deutschland zu leben, bettet euch in einer Apotheke!"
(Satiriker *Michail Žvaneckij*)

Die Kraft der Vorurteile

Jurij Andruchovyč berichtete in einer Vorlesung von seinen Eindrücken nach dem Ausstrahlen eines Dokumentarfilms bei ARTE über das „noch unbekannte Europa", die westukrainische Stadt L'viv. Der Film sei äußerst sympathisch und genau das geworden, was der von Mallorcas und Kanaren übersättigte Tourist aus dem „Europa Nr. 1" braucht: viel Architektur, malerische Ruinen und Friedhöfe, Straßenbahn-Raritäten, belebte Märkte und Cafés, die grüne Farbe der Hoffnung. Und doch gab es in diesem Film etwas, was ihn immer wieder zusammenzucken ließ: die alten Frauen

Werbung en masse – im Westen angekommen?

mit den Kopftüchern! Wieder diese zahn- und formlosen Alten, ärmlich angezogen, mit verblichenen Augen, um Almosen bettelnd, sterbend – sie überfüllten förmlich die Stadt. Die Sturheit, mit welcher die Kamera sie immer wieder auffing, grenzte an Besessenheit. *„Alles in mir begehrte dagegen auf"*, so *Andruchovyč*, *„ich assoziiere mit dieser Stadt vor allem das Leben, die Jugend. L'viv ist die erotischste Stadt, die ich kenne, sie ist durch Tänze, Flirt, Blicke elektrisiert. Wie könnte man das nur übersehen!"* *Andruchovyč* liefert folgende Erklärung: Jeder, der in ein fremdes Land geht, sieht dort vor allem das, was er sehen will. Die deutschen Filmemacher hätten es nicht böse gemeint. Sie wussten, dass sie ein armes Land besuchen, wo die Bevölkerung ausstirbt und die alten Frauen, die allesamt Kopftücher tragen, für 15 Euro Rente im Monat dahinvegetieren. Deswegen hätten sich auch die Kameras wie hypnotisiert in Richtung des Erwarteten gewendet.

Kein Fürsprecher bei der EU

Deutschland tut sich mit der Ukraine immer noch unheimlich schwer. Einerseits hat die Ukraine eine scheinbar besondere Rolle in der deutschen Außenpolitik inne. Seit 1998 werden jährlich **Regierungskonsultationen** veranstaltet, die Deutschland auf einer solchen Ebene ansonsten nur mit Frankreich, Russland und Polen zu führen pflegt. Zwischen 1993 und 2005 hat die Bundesregierung mit über 100 Millionen Euro über 200 Projekte im Rahmen des **„Transform-Programms" zur Unterstützung der Reformen in der Ukraine** finanziert. Andererseits blieb *Schröders* Zusicherung von 2001, sich bei der EU-Kommission für die Assoziierung der Ukraine einzusetzen, nur ein leeres Versprechen. Der Grund ist die Berücksichtigung der Interessen Russlands, die in Berlin den absoluten Vorrang haben.

Und trotzdem bleibt Deutschland für die Ukraine **einer der wichtigsten und verlässlichsten Partner auf dem Weg nach Europa.** Die Bundesrepublik ist nach den USA größter Geber bilateraler Hilfe und nach Russland der wichtigste Handelspartner der Ukraine. Die Ukraine ist für Deutschland ein Eckpfeiler der europäischen Sicherheitsarchitektur und ein Land, mit dem es Verbindungen schon in den Zeiten der Kiewer Rus hatte. Die bilateralen Beziehungen finden auf vielen Ebenen statt. Basis für diese engen Beziehungen ist auch die aktive Aussöhnungspolitik der Bundesrepublik Deutschland. Sie erkennt an, dass im Zweiten Weltkrieg Deutsche Leid und Zerstörung über die Ukraine und ihre Bürger, insbesondere auch über die ukrainischen Juden gebracht haben. Beispiele der Politik sind das jährliche Gedenken an die Opfer des Massakers von Babij Jar sowie die

„Hände hoch!“ heißt „Herzlich willkommen!“

Deutsche Touristen laufen durch ein ukrainisches Dorf. Es ist ein heißer Sommertag. Sie bitten eine alte Frau, die gerade in ihrem Garten arbeitet, um etwas Milch. Die Oma verschwindet im Haus und kommt bald darauf mit einem Krug Milch und ein paar duftenden Piroggen heraus. Als die Deutschen fragen, was sie ihr denn schulden, protestiert die Alte empört: *„Was für Geld, Nemtschikis (in etwa: „Deutschlein“), wir haben doch zusammen gekämpft!“*
(Witz)

In diesem Witz kommt die allgemeine Einstellung der einfachen Ukrainer zu den Deutschen sehr deutlich zum Ausdruck. Der letzte Krieg mit all seinem Greuel hat sich in das kollektive Bewusstsein der Ukrainer tief eingegraben. Er ist keineswegs vergessen und lebt in zahlreichen Kriegsfilmen, auch neueren Datums, Liedern, Erinnerungen, Büchern, Witzen weiter. Andererseits scheint gerade der Krieg paradoxerweise eine besondere Nähe zum ehemaligen Feind geschaffen zu haben, wenn auch nur aus der heutigen, etwas romantisierenden (möglich: verklären wollenden) Sicht. Von manchen Alten, die sich noch ziemlich genau erinnern können, wie sie unter „Fritzen“ saßen, kann man durchaus menschliche Geschichten über die Eroberer hören: Einer hat mal dem Kind Schokolade geschenkt, ein anderer das Fahrradfahren beigebracht. Aber natürlich ist man in der Ukraine ansonsten mit ganz anderen Geschichten über die Deutschen groß geworden. Es findet sich keiner (bis auf die Allerjüngsten vielleicht), der nicht weiß, was „Hände hoch“ oder „Hitler kaputt!“ heißt. Oft werden diese Sätze in Ermangelung sonstiger Kenntnisse der deutschen Sprache als aufrichtig lieb gemeinte, spontane Begrüßungsformeln beim Anblick der deutschen Touristen gebraucht. Der Deutsche ist in der gastfreundschaftlichen Ukraine wie jeder andere Gast herzlich willkommen. Mehr noch: Ihm wird höchstwahrscheinlich als einem Ausländer (*nimez',* „Deutscher“, stammt von „stumm“, das heißt jemand, der sich nicht verständigen kann) besondere Fürsorge der Gastgeber zuteil. Der kommunikative Ukrainer wird garantiert die Gelegenheit ergreifen, sich nach dessen Lebensumständen, Überzeugungen, Glauben und Weltansichten erschöpfend zu erkundigen. Er differenziert sein Gegenüber nicht nach dessen nationaler Zugehörigkeit, sondern einzig und allein nach seinen persönlichen Eigenschaften. Was er definitiv nicht dulden würde, ist Arroganz. Und ganz speziell die Arroganz desjenigen, der gestern noch zu den Verlierern und heute zu den „besser Gestellten“ zählt. Mit anderen Worten, wie es ein Satiriker bildhaft pointierte: *„Wehe, man tritt dem stolzen Ukrainer auf die Hühneraugen, dann wird er dem Deutschen manches ins Gedächtnis rufen, von Stalingrad bis zum Kursker Bogen ...“*

Entschädigungszahlungen an ehemalige, nach Deutschland verschleppte Zwangsarbeiter (im Rahmen der Arbeit der Stiftung „Erinnerung, Verantwortung und Zukunft“).

Deutschland verfügt über **eine große Bevölkerungsgruppe in der Ukraine,** es handelt sich dabei um ethnische Deutsche, von denen zwar viele nach Deutschland ausgereist sind, ein Teil aber noch in der Ukraine lebt und dort auch dauerhaft bleiben wird. Nicht zuletzt aus diesem Grunde existiert ein dichtes Netz politischer, wirtschaftlicher, kultureller und privater Beziehungen zwischen beiden Ländern, an denen in Deutschland auch die Bundesländer und Gemeinden einen großen Anteil haben.

Viele Berührungspunkte

Das allgemeine Interesse an Deutschland wächst in der Ukraine kontinuierlich. Begünstigt wird es durch eine Vielzahl von Faktoren – darunter die Medien, die **deutsch-ukrainische Zusammenarbeit** in Form gemeinsamer Projekte sowie **Austausch- und Besuchsprogramme** in den Bereichen Bildung, Wissenschaft und Kultur und nicht zuletzt die facettenreiche Tätigkeit einer Reihe von Mittlerorganisationen. Zu den letzteren zählen vor allem das **Goethe-Institut** (seit 1993 in Kiew tätig) und der **Deutsche Akademische Austauschdienst** (DAAD, seit 1998 ebenfalls ein Büro in Kiew). Die Nachfrage nach schulischem und außerschulischem Deutschunterricht steigt weiter, ebenso wie die Anzahl der Bewerbungen um Stipendien des DAAD. Derzeit studieren etwa 4000 Ukrainerinnen und Ukrainer an deutschen Universitäten. Darüber hinaus gibt es zahlreiche regionale Einrichtungen, wie etwa das **„Bayerische Haus" in Odessa** oder das unter Einheimischen sehr beliebte **„Nürnberger Haus" in Char'kiv**, das im Jahre 2005 sein 10-jähriges Bestehen feierte. Mit ihrer Tätigkeit zielen die oben genannten Organisationen unter anderem darauf ab, ein realitätsbezogenes Deutschlandbild in der Ukraine zu vermitteln. Denn das ist oft weit von der Wirklichkeit entfernt.

Die **Intellektuellen** freilich haben einen sehr speziellen Bezug zu Deutschland. Wie bei den so genannten „weichen" Revolutionen in anderen Ländern haben sie sich auch **bei den Umbrüchen in Deutschland 1989–1990 viel abgeschaut.** Nach der Einschätzung der Analytiker wäre die Orangene Revolution 2004–2005 in der Ukraine ohne den Beitrag der Intellektuellen wahrscheinlich viel brutaler und grausamer ausgegangen. Die mit Deutschland als einer führenden Kraft in Europa verbundenen Erwartungen ukrainischer Intellektueller sind auch ziemlich konkreter Form.

Jurij Andruchovyč spricht in einem Interview („Kulturaustausch", Heft 3 und 4, 2005) von seiner Vision für Mittel- und Osteuropa, als einem festen Bestandteil Europas, in welchem sich gerade die Realitäten ändern: *„Ich habe die Idee eines Kontinents, der sich ostwärts bewegt. Rein geographisch liegt Deutschland natürlich mitten in Europa. Aber dank der DDR ist Deutschland auch am tiefsten in die osteuropäische Realität involviert. Das* *ist eine große Chance für die Gesellschaft hier. Die wirkliche europäische Vereinigung ist möglich durch Deutschland. Ich nehme als Beispiel, fern von den politischen Prozessen, die Literatur. Die heutigen Autoren aus osteuropäischen Ländern werden vor allem in Deutschland übersetzt und herausgegeben. Das ist etwas wie ein deutscher Beitrag zu einem anderen Verständnis, was Europa ist und was Europa sein kann."*

006uk Foto: as

FAMILIEN IN DER UKRAINE

Das kinderlose Land der Kinder

„Jede Stadt, jedes Städtchen im Land der Kosaken ist reich bevölkert. Vor allem gibt es hier eine Unzahl von Kindern, die alle lesen können, sogar die Waisen. Es gibt hier sehr viele Witwen und Waisen, weil die Männer in ununterbrochenen Kriegen gefallen sind. Doch sie haben einen sehr schönen Brauch: Sie lassen ihre Kinder sehr früh heiraten, und deshalb sind sie zahlreicher als die Sterne am Himmel und der Sand am Meer.“
(aus den Reiseaufzeichnungen des syrischen Diakons *Paul von Aleppo*, der im 17. Jahrhundert durch die Ukraine reiste)

Die Kunde von der Revolution erreichte viele Ukrainer weit weg von zu Hause: Truckfahrer in Kanada, Bauarbeiter in Portugal, Putzkräfte in Spanien, Markthändler in Polen, Computerfachleute oder eben auch „rassige

Familienfeier

Masseurinnen" in Deutschland – 5 bis 7 Millionen Ukrainer im besten gebär- und erwerbsfähigen Alter haben kurz- oder langfristig ihr **Land Richtung Westen auf der Suche nach Arbeit verlassen.** Der Grund ist die andauernde wirtschaftliche Krise und das Fehlen jeglicher Lebensperspektive daheim. *„Hier in Deutschland"*, sagt *Roman*, der zwei Hochschulabschlüsse besitzt und seit 2000 als Informatiker an der Leipziger Universität arbeitet, *„habe ich zum ersten Mal erlebt, dass mein Wissen und Können geschätzt und entsprechend belohnt wurden."* Als die Revolution in der Ukraine ausbrach, rief *Roman* kurzerhand seine Kinder in der Leipziger Altbauwohnung an und teilte ihnen mit, sie sollten ein paar Tage allein zurechtkommen. Dann setzte er sich ins Auto, holte seine Frau von der Arbeit ab und fuhr 1300 Kilometer nach Osten – zum orangefarbenen „Platz der Unabhängigkeit" in Kiew, um im entscheidenden Moment der Revolution dabei zu sein. Die Anfangseuphorie ist mittlerweile verflogen, die Bilder vom Majdan schmücken das Bücherregal in Leipzig, die mitgebrachte CD „Lieder in Orange" wird nicht mehr täglich, sondern nur noch an Feiertagen aufgelegt. *Romans* Familie hat es nicht eilig, in die Ukraine zurückzukehren.

„Demographische Katastrophe", so lautet der Titel einer Skulptur der Keramikerin *Ljudmyla Šylimova*, die bei einem alljährlichen Wettbewerb im ukrainischen Poltava im Jahre 2004 den ersten Preis gewann. Die Skulptur zeigt ein „verwaistes" Rad auf einem Schornstein, das typische Domizil für Störche – für Ukrainer ein Sinnbild der Fruchtbarkeit und des Glücks schlechthin. *„Der ukrainische Storch bringt keine Babys mehr"*, meint die Künstlerin. Tatsächlich ist die Geburtenrate im letzten Jahrzehnt um die Hälfte zurückgegangen. Der Grund ist bekannt: die allgegenwärtige finanzielle Not. Bereits das erste Kind bringt eine durchschnittliche Familie an die Grenze der Armut. Mehrere Kinder zu haben, gilt mittlerweile als Luxus. Als Folge des permanenten ökonomischen Überlebenskampfes seit der Unabhängigkeit 1991 ist die Zahl der ukrainischen Bevölkerung von 52 Millionen auf 48 Millionen geschrumpft – sterben die Ukrainer daher bald aus?

Die neue Regierung scheint sich der alarmierenden Lage bewusst zu sein: **„Europäische Lebensqualität für jede ukrainische Familie"** – dieses Ziel proklamierte Staatspräsident *Juščenko* bereits kurz nach seinem Wahlsieg. Für den fünffachen Vater ist Familienpolitik ganz offensichtlich zur Chefsache geworden: Das Ministerium für Familie, Jugend und Sport wurde gründlich reorganisiert und der Obhut eines engagierten 30-jährigen Politikers anvertraut, den man just zum „Minister der Hoffnung" gekürt hat. *„Zwei Kinder pro Familie sollen keine Heldentat sein, sondern zur Norm werden"*, so lautet die neue Devise von *Jurij Pavlenko*. Als erste **radikale Maßnahme gegen den bedrohlichen Geburtenrückgang** wurde eine Prämie von 1200 Euro für jedes Neugeborene ausgelobt. Dies entspricht in etwa einem durchschnittlichen ukrainischen Jahreseinkommen. Vorgesehen sind zudem Kredite und subventionierte Wohnungen für junge Familien und finanzielle Hilfe für allein stehende Mütter, darüber hinaus soll ein breites Netz an Beratungszentren für Familien in Not geschaffen werden. Mehr noch als Gesetze und Vergünstigungen beeindrucken die Menschen jedoch *Juščenkos* Taten: Als eins seiner Kinder krank wurde, sagte *Juščenko* einen Staatsbesuch kurzfristig ab.

065uk Foto: ad

Unglaublich – und doch ganz normal! Soziologische Befragungen belegen, dass auf der Werteskala der Ukrainer aller Altersstufen die **Familie unangefochten den ersten Platz** einnimmt. Für die absolute Mehrheit (80 % der Frauen und 73 % der Männer) ist sie wichtiger als die eigene Gesundheit.

Ukrainisches Familienleben

In Kiew macht *Roman* bei seiner Schwester *Natalka* Station. Zusammen mit ihrem Mann *Oleksa*, dem Sohn *Saško* und den Schwiegereltern teilen sie sich eine 3-Raum-Wohnung. *Natalka* und *Oleksa* wünschen sich sehnlich ein weiteres Kind. Allerdings müsste bis dahin noch einiges erledigt werden. Die Wohnung bekam der Opa als Militärangehöriger zu Beginn der 1980er Jahre zugewiesen. Im Zuge der Privatisierungen nach der Unabhängigkeitserklärung ging sie in das Eigentum der Familie über. Dies bedeutete ein großes Glück, denn gerade in der Hauptstadt sind Mietwohnungen sehr teuer – für 40 Quadratmeter Wohnfläche muss man ca. 250 US-Dollar im Monat bezahlen. Eine eigene Wohnung zu kaufen – daran

Wie sich ein Durchschnittsukrainer eine ideale Familie vorstellt:

- zwei Kinder
- die Ehe ist offiziell registriert
- es wird mit 21–25 Jahren geheiratet
- das erste Kind wird 1,5 Jahre nach der Hochzeit geboren
- die Kinder werden körperlich nicht gestraft
- die größte Aufmerksamkeit der Eltern gilt der Gesundheit der Kinder

ist gar nicht zu denken. Den Luxus, 1000 bis 3500 US-Dollar pro Quadratmeter zu zahlen (Durchschnittspreise für Kiew, Tendenz steigend), können sich nur die so genannten „neuen Ukrainer" leisten, deren Anteil in der Bevölkerung weit unter der 10 %-Marke liegt.

Aber eigentlich geht es *Natalkas* Familie gar nicht so schlecht: *Oleksa* arbeitet in einem Sonnenforschungsinstitut und bringt von den zahlreichen Dienstreisen ins Gebirge mehr Sonnenschein als Geld nach Hause. Dafür versorgt *Natalka* die Familie finanziell, denn nach ihrem Auslandsstudium konnte sie als Verkaufsmanagerin bei einer angesehenen Firma einsteigen. Diese Rollenverteilung birgt allerdings einigen Zündstoff in sich: *Oleksa* wäre lieber der Ernährer und würde seine Frau das Zubrot verdienen lassen. Er liebt aber seinen Beruf und mag ihn nicht gern aufgeben, nur weil er wenig Geld einbringt. Beide zusammen unterstützen finanziell auch noch *Oleksas* Bruder, der bei Kiew ein Haus baut. Dorthin werden die Großeltern bald ziehen, denn das Haus ist fast fertig. So wird *Natalkas* Traum von den eigenen vier Wänden in Erfüllung gehen. Nicht, dass sie sich durch die Schwiegereltern etwa eingeengt fühlte. Ganz im Gegenteil, sie könnte sich gar nicht vorstellen, wie sie ohne deren Beistand den Kleinen, die Arbeit und den Haushalt unter einen Hut bringen sollte. Aber von ein wenig mehr Unabhängigkeit träumt sie trotzdem. Dann könnte *Saško* endlich sein eigenes Zimmer bekommen ...

Als Erstes will *Natalka* in der Wohnung einen **„Jevroremont"** veranstalten. Dafür hat sie sogar heimlich ein Extra-Konto eingerichtet, auf das die Honorare für Übersetzungen fließen, um ihren Mann irgendwann überraschen zu können. „Jevroremont" gilt als sehr schick und bedeutet nichts anderes als eine Wohnungsrenovierung nach westeuropäischem Standard: Die monströsen Heizungsrohre aus Gusseisen und die ewig tropfenden Wasserhähne sollen modernen Heizkörpern und praktischen Mischbatterien weichen, schwere Wandteppiche durch luftige Tapeten und die uralten, kaputten Dielen durch Laminat ersetzt werden. Die etwas finstere Küche wird nach amerikanischem Vorbild zu einer hellen modernen Kochnische mit Essecke umgebaut. *Natalka* hat auch schon viel von der Möbelkette „IKEA“ gehört, die im Herbst ihre erste Filiale in Kiew eröffnen wird. In einem Katalog hat sie bereits passende Küchenmöbel gesehen ...

Nachdem sich die ganze Familie um den Küchentisch versammelt hat, der zu Ehren der Gäste aus Deutschland festlich gedeckt ist, kommt man schnell auf das momentane politische Geschehen in der Stadt zu sprechen. Im Zentrum der Aufmerksamkeit ist der revolutionäre Geist der Menschen auf der Straße, die unnachahmliche Atmosphäre des Umbruchs. Nach dem dritten Trinkspruch, der traditionell den Frauen und der Liebe gilt, sind nun *Roman* und *Lena* dran, über ihr Leben in Leipzig zu berichten. Dies führt unweigerlich zum ewigen „Streit der Patrioten“: *Roman* kann einfach nicht verstehen, wie ein Mann mit *Oleksas* Qualifikation „am Hals der Frau“ sitzen kann, er könnte doch im Westen viel mehr Geld verdienen, sich noch weiterbilden und damit auch zur neuen Blüte der Heimat beitragen. Für *Oleksa* kommt es dagegen unter keinen Umständen in Frage, der Ukraine den Rücken zu kehren – die Zukunft liegt hier und jetzt in ihren Händen. Die Gemüter erhitzen sich mit steigendem Alkoholgenuss. Kurz bevor es zum Streit kommt, reicht *Lena* ihrem Schwager *Oleksa* eine Gitarre hin: *„Lass uns mal etwas zusammen singen!“ Oleksa* zögert einen Augenblick, dann lacht er auf und fängt an zu spielen. Verstohlen zwinkern die Frauen einander zu.

Hochachtung: Ukrainerin!

Das heimliche Oberhaupt der Familie

„Sie hatte die Liebe nur eine kleine Weile genossen,
nur in der ersten Hitze der Leidenschaft,
nur in der ersten Hitze der Jugend –
dann ließ ihr rauer Erwählter sie oft allein,
um des Säbels, um der Gefährten, um der Zechgelage willen.“
(*Nikolaj Gogol'*, „Taras Bulba“)

Die **dominante Rolle der ukrainischen Frau** in der Familie wird herkömmlich mit dem ehemaligen Matriarchat und den **Traditionen des Kosakentums** begründet. Sie findet in zahlreichen Volksliedern, Anekdoten („Wie eine Frau ihren Mann auf dem Markt verkaufen wollte“) und historischen Texten ihren beredten Ausdruck.

066uk Foto: ai

Glaubt man dem Volksmund, so hatte auch die **orangene Revolutionsregierung ein heimliches Oberhaupt.** Die „politische Ehe" (so die gängige Bezeichnung in der ukrainischen Presse) zwischen dem Präsidenten und der Regierungschefin dominierte **Julija Timošenko,** die sich bewusst national gibt und ihre Haare in einem geflochtenen Kranz trägt. Sie sei ein in Frauengestalt wieder auferstandener *Rasputin,* sagen die einen. Doch die anderen winken ab und erzählen sich lieber einen Witz: Treffen sich zwei Bekannte auf der Straße. Fragt der eine: „Weißt du eigentlich, was die *Timošenko* auf dem Kopf hat?" Erwidert der andere: „Wusstest du das nicht? Das ist das Steuerrad, mit dem sie die Regierung lenkt."

In seiner Erzählung „Taras Bulba" beschreibt *Nikolaj Gogol'* eindrücklich das Leben der Kosaken: Die Männer ziehen so wie jedes Jahr in die *Sič,* das Kosakenlager am Unterlauf des Dnjepr, und von dort in den Krieg. Nach einem Jahr kehren sie zwei oder drei Tage auf ihre Höfe zurück, zeugen ein Kind und reiten wieder in das *dyke pole* – das „wilde Feld" hinaus. Die Frauen bleiben zurück und führen ihr eigenes, selbstbestimmtes Leben. Sie bewirtschaften die Höfe und erziehen die Kinder.

Starke, selbstständige Frauen sind jedoch nicht nur für die Gemeinschaft der Kosaken typisch, sondern **prägen die Geschichte der Südukraine seit Urzeiten:** Der Sage nach siedelten bereits die Amazonen in der ukrainischen Steppe. Noch heute finden Archäologen an antiken Siedlungsplätzen Grabbeigaben, die auf die dominante Rolle von Frauen in den frühzeitlichen Gesellschaften verweisen. Die Verehrung der Frau in der Gestalt der Fruchtbarkeitsgöttin ist seit der Jungsteinzeit nachgewiesen und findet seine Fortsetzung bis heute in der Volkskunst und in der Verehrung der „Mutter Gottes“ in der orthodoxen Liturgie. „Starke Frauen“ erscheinen auch in der modernen Kunst: Das bekannteste Beispiel ist wohl die amazonengleiche Erscheinung der **„Mutter Heimat“**, einer monumentalen Statue, die zum Gedenken an den Großen Vaterländischen Krieg im Jahr 1980 in Kiew errichtet wurde (s. Kapitel „Mutter Heimat“).

Ausdruck für das den Männern zumindest ebenbürtige Leben der Ukrainerinnen ist bis heute das ukrainische Wort für die Brautleute. Beide werden mit demselben Wort – *družyna* – benannt: Mann und Frau gehen als Kameraden eine Ehe ein. *„Ja z neju odružyvsja“* („Ich habe sie mir zum Kameraden gewählt“) – lautet die Redewendung für eine vollzogene Trauung, im Gegensatz zum Russischen – *„ja na nej ženilsja“* („Ich habe sie mir zur Frau genommen“).

Zwischen allen Stühlen

Oberhaupt oder nicht – die **Hauptlasten des Alltags tragen in der heutigen Ukraine die Frauen:** Sie sorgen sich um den Haushalt, erziehen die Kinder und sind berufstätig. Für ukrainische Frauen ist es selbstverständlich, nicht nur ein Hausfrauendasein zu führen, sondern auch am Erwerbsleben teilzuhaben. Dabei erhalten sie im Durchschnitt nur 2/3 des Einkommens ihrer männlichen Kollegen und führen oft körperlich schwere und gesundheitsschädigende Arbeiten aus. Sie stehen auf hohen Gerüsten und streichen Hauswände, sie asphaltieren teergetränkte Straßen und schleppen wodkascheppernde Kisten über den Markt. **Wirtschaftliche Not und die allgegenwärtige Arbeitslosigkeit** (inoffizielle Frauenarbeitslosigkeit: ca. 60%) zwingen viele Frauen dazu, derartige Arbeiten auszuführen. Schwere körperliche Frauenarbeit hat in der Ukraine Tradition. Seit der Industrialisierung der 1920er Jahre wurden immer mehr Frauen als Arbeitskräfte benötigt, die bisher den Männern vorbehaltene, körperlich schwere Arbeiten verrichteten.

Für ukrainische Frauen ist es ebenso selbstverständlich, die tagtäglich anfallenden **Hausarbeiten** allein zu erledigen. Dabei können sie im seltensten Fall auf Unterstützung von Seiten des Mannes hoffen. Auch im Westen alltägliche Haushaltsgeräte sind keine Selbstverständlichkeit. Laut einer im Jahre 2005 durchgeführten Befragung im ländlich geprägten

Gebiet Chmel'nyc'kyj (Westukraine) besaßen von 100 Familien nur 79 einen Kühlschrank, 64 eine Waschmaschine und 45 einen Staubsauger. Die wirtschaftliche Not, die vor allem die Familien belastet, erschwert das alltägliche Leben. Früher mussten die Frauen stundenlang in der Schlange stehen, um Lebensmittel zu ergattern. Heute hetzen sie von Laden zu Bude und von dort zum Markt und wieder zum Laden, um möglichst erschwingliche Produkte zu erstehen. Jede Hryvnja ist dreimal umgedreht, ehe sie ausgegeben wird. Denn die finanzielle Not vieler Familien ist heute äußerst heikel. Immerhin lebt etwa ein Drittel der Bevölkerung unter der Armutsgrenze. Sind die Einkäufe erledigt, die Wäsche gewaschen und die Kinder versorgt, hat eine berufstätige ukrainische Frau im Durchschnitt rund 15 Stunden gearbeitet.

Die **extreme Doppelbelastung der Frauen** durch den Beruf und die schwierigen Anforderungen an die Organisation des Alltagslebens haben auf lange Sicht schwerwiegende Folgen: Bei einer Langzeitstudie zu Anämie (Blutarmut) bei Schwangeren, die vornehmlich durch schlechte Ernährung verursacht wird, verzeichnete man zwischen 1990 und 2000 einen Anstieg von 8,7 auf 39,1 Krankheitsfälle auf 100 Frauen. Ukrainische Frauen leben mit einer durchschnittlichen Lebenserwartung von 72,4 Jahren fünf bis zehn Jahre weniger als ihre Schwestern in den westlichen Industrienationen.

Moderne Amazonen?

„Man riet ihr, sich einen Mann zu suchen, zu heiraten. Doch wie sollte sie einen Mann finden? Sie war zwar gut gebaut und konnte sich sehen lassen, doch besaß sie nicht jene Schönheit, von der es heißt, dass man aus diesem Mädchengesicht trinken könne wie aus einer Quelle. Sie war sommersprossig, hatte einen direkten, festen Blick, grüne Augen, einen männlichen, entschlossenen Gang und eine schneidend tiefe Stimme ... Außerdem war sie nicht nachgiebig wie die anderen Mädchen, sondern versuchte immer ihren Willen durchzusetzen ...“
(Jevhen Hucalo „Heiratsfähige Mädchen")

Für ukrainische Frauen ist es schwierig, ja fast unmöglich, neben der Familienarbeit noch eine eigene Karriere zu verfolgen. Frauen, die sich für eine Karriere entscheiden, werden unausweichlich mit dem herrschenden Geschlechtsrollenstereotyp, nach dem Karriere und Weiblichkeit nicht mitei-

nander vereinbar sind, konfrontiert. In der Ukraine existiert ein **hohes Weiblichkeitsideal,** nach dem Mutterschaft unabdingbar zur Normalbiografie jeder Frau gehört und Teil des weiblichen Selbstverständnisses ist. „Weiblichkeit" ohne Mutterschaft ist für die meisten Frauen schlichtweg nicht denkbar. Ebenso undenkbar sind allein lebende, unverheiratete Frauen, denn eine Frau erwirbt erst dann Sozialprestige, wenn sie einen Mann gefunden hat. So sind „ungeküsste" Frauen in der Ukraine selten und gehören eher zu den Randfiguren der ukrainischen Gesellschaft.

Doch dieses gesellschaftliche Bild von der ukrainischen Frau wird – vor allem in Intellektuellenkreisen und in den großen Städten – zunehmend in Frage gestellt: Manche Frauen sind nicht länger bereit, der weiblichen Zwangsrolle als Kameradin, fleißige Arbeiterin, fürsorgliche Mutter und liebende Gattin fraglos zu entsprechen, sondern betrachten es durchaus als eine akzeptable Alternative, ein Kind ohne Vater großzuziehen. Einen Ehemann sehen sie nur als zusätzliche Belastung an.

In dieser Auffassung sehen sie sich von ihren Leidensgenossinnen bestärkt. Frauenspezifische Themen werden von populären Zeitungen und Zeitschriften und in der **neu entstandenen ukrainischen Frauenliteratur** aufgenommen und in Kiew gründeten 1996 Wissenschaftlerinnen und Akademikerinnen die **Organisation „Frauen in der Wissenschaft".** Diese engagierten Frauen versuchen, die in der ukrainischen Gesellschaft vorherrschende Meinung über die Rolle wissenschaftlich tätiger Frauen zu ändern, Frauen in ihrer beruflichen Entwicklung zu unterstützen und vor allem jungen Müttern eine Rückkehr in die Wissenschaft zu ermöglichen. Einer Studie der Organisation zufolge betrug 2003 der Frauenanteil unter den Studenten an allen ukrainischen Universitäten 51 %, doch nur 15 % der Promovierenden waren Frauen und nur 4 % aller Lehrstühle waren von Frauen besetzt.

Doch in letzter Zeit zeichnen sich durchaus einschneidende Veränderungen ab. Immer mehr **Frauen streben eine wissenschaftliche Karriere an.** Zudem sind die Frauen selbstbewusster geworden. Sie organisieren sich in Vereinen und Parteien und brechen dadurch mit dem gängigen Frauenbild. Die Flucht vieler männlicher Kollegen aus den schlecht bezahlten Wissenschaftsbereichen, die nach Möglichkeit ins Ausland gehen oder ein lukratives „Business" betreiben, begünstigt darüber hinaus den Aufstieg junger Wissenschaftlerinnen.

Vorsicht – zerbrechlich: Mann!

Bei einer internationalen wissenschaftlichen Konferenz antwortet ein ukrainischer Teilnehmer auf die Frage, wie hoch in der Ukraine die Sterblichkeit sei: „Genauso hoch wie überall - ein Tod auf einen Menschen".

Aussterbende Spezies

Guillaume Le Vasseur de Beauplan, ein Ingenieur aus der Normandie, schrieb nach einem längeren Aufenthalt in der Ukraine in den Jahren 1630–1647 in seinem berühmten Buch „Description d'Ukrainie": *„Die Kosaken zeichnen sich durch einen exzellenten Körperbau aus, sie sind außerordentlich kräftig, mit gleicher Leichtigkeit ertragen sie sowohl Kälte und Hunger als auch Hitze und Durst, im Kampf unermüdlich, geborene Sieger, immer bereit ins Feld zu ziehen. Es ist kaum zu glauben, mit welch Mut und Geschick sie das Meer überqueren ..."*

Guillaume hätte sicher nicht schlecht gestaunt, wenn er erfahren hätte, dass von den heutigen Nachfahren der legendären Krieger jeder zweite junge Mann aufgrund gesundheitlicher Probleme von der Armee abgelehnt wird. Die Ukraine hat die **höchste Sterblichkeitsrate unter Männern in Europa.** Jährlich sterben bis zu 10.000 Männer durch Verkehrsunfälle, noch mal so viele durch Alkoholvergiftungen. Hinzu kommen Aids, Tuberkulose-Erkrankungen und Herzinfarkte. Nicht zu vergessen ist die ansteigende Zahl der Suizide, die zu 80 % von Männern verübt werden. Die durchschnittliche Lebenserwartung eines ukrainischen Mannes von 62 Jahren ist um 10–12 Jahre kürzer als die eines Westeuropäers. Obwohl in der Ukraine nach wie vor mehr Jungen als Mädchen geboren werden, kommen auf 1000 Ukrainerinnen im Alter von 60 Jahren nur 560 Männer. *„Wenn wir den Mann nicht in das Rote Buch der aussterbenden Spezies eintragen, müssen wir ihn bald importieren"*, scherzen die Frauen bitter.

Fremdwort „Gesundheit"

Eine mögliche Ursache für diesen traurigen Befund benennt bereits *de Beauplan: „Der Kosake ist tapfer, um nicht zu sagen waghalsig. Er schätzt das eigene Leben wenig."* Trotz aller zivilisatorischen Fortschritte der letzten Jahrhunderte hat sich daran offenbar wenig geändert: Der Ukrainer kämpft weiterhin mutig (unter anderem als Freiwilliger in verschiedenen Armeen der Welt). Sein Leben scheint ihm immer noch nicht viel wert zu sein. Eine gesunde Lebensweise steht unter ukrainischen Männern nicht hoch im Kurs. „Mann" geht zum Arzt, wenn es fast zu spät ist, denn kränkeln gehört nicht ins Bild eines „echten Kerls".

Die bunte Reihe der Männermagazine, die sich – in bester Druckqualität – der Anliegen des starken Geschlechts annehmen, frönen vor allem den **typisch männlichen Interessen: Autos, Jagd, Militär** – die Gesundheit zählt nicht dazu! Die Zeitschrift Kamufljaž („Camouflage") bietet dem Leser vielfältige Informationen – von den neuesten Nachrichten auf dem Waffenmarkt bis zu den Lieblingsrezepten der Militärattachés, die in der Ukraine akkreditiert sind. Eine der Ausgaben ist ganz der Umwandlung der staatlichen Armee zu einer Berufsarmee gewidmet. Im Vorwort des Herausgebers ist zu lesen: *„Dieses Thema interessiert jeden ukrainischen Mann, denn viele von ihnen trugen eine Militäruniform oder tragen sie immer noch oder würden sie gern tragen. Unser Volk ist von den Traditionen und dem Geist des legendären Kosakentums durchdrungen."*

Das **martialische Selbstbild der Männer** illustriert nicht zuletzt der folgende Witz: Ein Ukrainer schaut bei seinem Verwandten vorbei und findet ihn mit hoch gestreckten Beinen am Fenster sitzen. Da fragt er den erstaunt: „Wieso sitzt du hier die ganze Zeit rum, während deine Frau wie eine Wahnsinnige putzt, kocht und wäscht?" „Um Gottes Willen, Gevatter", erwidert dieser, „ich sitze doch nicht einfach so rum. Stell dir vor: Morgen kommt der Krieg und ich bin nicht ausgeruht!"

Krieg ist Männersache

Eine beinahe rührend liebevolle Einstellung des Ukrainers zum Krieg kommt zum Beispiel in den Liedern wie *„Jihav Kozak na vijnon'ku"* (Zog ein Kosak in das Kriegelein hinaus) zum Ausdruck. Selbst im Russischen,

068uk Foto: ai

wo Verniedlichungsformen ganz groß geschrieben werden, wäre ein solches Gebilde unzulässig. In der Ukraine gibt es eine sehr genaue Unterscheidung zwischen „typisch weiblich" und „typisch männlich". Alles Militärische ist typisch männlich. So wurde zum Beispiel in der Sowjetunion am 23. Februar der Tag der Sowjetarmee gefeiert. Er ist in der Ukraine immer noch sehr populär und wird heute als „Tag der echten Männer" begangen. „Küche" ist typisch weiblich. Alle Jahre mal wieder, wenn *Natalka* alles über den Kopf wächst und sie türenknallend die Wohnung für immer verlässt, weiß sie, dass der stolze *Oleksa* es genau so lange ohne sie aushält, bis der letzte saubere Teller aus der Schrankwand gezogen ist. Dann kommt er mit Blumen und bittet sie, wieder nach Hause zu kommen. Auch der „Handschlag" bei der Begrüßung gilt als typisch männlich ... Die Liste ließe sich endlos weiterführen.

Tückische Rollen

Die **klassische Rollenverteilung** zwischen Mann und Frau fängt mit den obligatorischen rosa- und blaufarbigen Schleifchen für Babys im Entbindungshaus an und wird somit bereits von Kindesbeinen an fleißig geübt. Kleine Mädchen träumen von einer Hochzeit in strahlendem Weiß. Die Jungen benehmen sich wie Krieger oder Kosaken. Selbst bei jungen und supermodernen Paaren dominieren traditionelle Beziehungsmuster. Der Mann – das Haupt der Familie – ist der Ernährer. Er ist für den „Hof" zuständig – Beschaffen, Bauen, Beschützen ist seine Domäne. Zudem ist er ein Improvisationsgenie: Von ihm wird erwartet, dass er alles reparieren kann, notfalls auch ohne Werkzeug und Baumaterialien. Der Platz der Frau ist im „Haus“: Sie ist Hausfrau, Köchin, Kinderbetreuerin und Organisatorin des Familienalltags. So ist das ideale Bild.

Da aber gerade das Beschaffen, das Bauen und das Beschützen momentan besonders schwierig geworden sind, scheint der moderne Kosak maßlos überfordert zu sein. Soziologische Forschungen benennen die **zehn häufigsten Stressfaktoren bei ukrainischen Männern:**

- Angst, die Arbeit zu verlieren
- Angst, keinen Erfolg zu haben
- Übermüdung
- Familienprobleme
- Angst, alt zu werden
- Angst vor Impotenz
- Angst, dass die Eltern alt werden
- Probleme mit den Kindern
- Angst vor der Zukunft
- Alle Freunde sind weggezogen.

Trotz allem: *„Mein Oleksa ist der Beste“*, beteuert *Natalka*. *„Ich könnte mir nie vorstellen, einen anderen Mann, als einen Ukrainer zu haben. Nur diese sind wahre Männer!“*

Brüchiges Glück

Auf die Frage „Welche negative Eigenschaften sollte ihr Partner nicht besitzen“ antworten ukrainische Frauen einstimmig spontan: „Er darf kein Alkoholiker sein!“ Und als Scheidungsgründe nennen sie oft die wirtschaftlichen Schwierigkeiten der Familie und die **Alkoholprobleme der Männer.**

Der Alkohol ist sicherlich eines der schwerwiegendsten Probleme in der ukrainischen Gesellschaft. Im Rausch werden die meisten brutalen Verbrechen verübt. Insbesondere bei der Gewalt gegen Frauen im Familienkreis spielt er eine besondere Rolle – auch wenn dies von den Frauen selbst oft verschwiegen wird. Eingeweiht sind dann nur die engsten Freunde oder Verwandte, bei denen die Frau samt Kindern Zuflucht finden kann. Frauenhäuser, wie es sie in Deutschland gibt, fehlen bislang.

Nach einer Scheidung verbleiben die **Kinder bei der Mutter.** Allein erziehende Väter gibt es eigentlich nicht. Die allein erziehenden Mütter sind selten sich selbst überlassen. Sie wohnen mit den Eltern zusammen, versuchen möglichst schnell wieder zu heiraten oder haben Freunde und Verwandte, die sie in der Notsituation unterstützen.

Die **Scheidungsrate in der Ukraine ist sehr hoch,** in den Städten erreicht sie 60–70 %. Dort ist eine Scheidung fast normal und keine Katastrophe mehr in der individuellen Biografie einer Frau. In vielen Dörfern sieht das allerdings noch anders aus. Geschiedene Frauen können theoretisch zwar wieder heiraten, „aber bitte nicht meinen Mann", so heißt es dann. Denn besonders auf dem Lande sind Männer Mangelware. Allerorts bekannt sind folgende Weisheiten: „Derjenige tötet seine Familie, der ein fremdes Weib begehrt" oder „Die erste Ehefrau ist das Antlitz Gottes, die zweite das Antlitz des Menschen und die dritte das Antlitz des Satans".

Die orthodoxe Kirche sieht die Ehescheidung übrigens relativ liberal. Eine zweite kirchliche Trauung ist aus Rücksicht auf die objektiven menschlichen Schwächen kein Problem.

Abtreibung

Noch immer gelten Themen wie Verhütung oder Abtreibung als anrüchig und werden allenfalls hinter vorgehaltener Hand diskutiert. Auch dann bleibt die Auseinandersetzung mit ihnen reine **Frauensache.**

Abtreibungen sind **oftmals die einzige Möglichkeit der Familienplanung,** denn Verhütungsmittel sind für eine Familie mit einem durchschnittlichen Einkommen nicht bezahlbar. In der Ukraine kommen auf 100 Geburten etwa 92 Schwangerschaftsabbrüche. Jede dritte Abtreibung erfolgt bei jungen Mädchen im Alter von 15 bis 17 Jahren. Obwohl eine Abtreibung bis zur 12. Woche legal und mithin ein beinahe „alltägliches" Ereignis ist, lassen viele Frauen aus Angst vor Verleumdung den Eingriff heimlich von angeblichen „Wunderheilerinnen", Nachbarinnen oder Freundinnen durchführen. Bei ihrer Entscheidung erhalten die Frauen dabei keine Unterstützung von Seiten der Gesellschaft. Besonders repressiv wirkt der große Einfluss der Kirchen, die ein kategorisches Verbot von Abtreibungen fordern.

Die Eingriffe werden oft unter menschenunwürdigen Bedingungen vorgenommen, sodass viele Frauen noch lange an **körperlichen und seelischen Verletzungen** leiden. Schätzungen befürchten, dass etwa 80 Prozent der Frauen mit einer künstlichen Schwangerschaftsunterbrechung unfruchtbar wurden. Dieser katastrophale Befund ist nach Ansicht von

Gynäkologen vor allem auf die unzureichende Qualifikation des medizinischen Personals und den akuten Mangel an modernen medizinischen Geräten und Medikamenten zurückzuführen.

Nicht zuletzt helfen die jährlich ca. 280.000 Schwangerschaftsabbrüche in keinster Weise, den **rapiden Bevölkerungsrückgang** zu stoppen.

Mythos „Babusja"

Fast vergessen sind die Strapazen der langen Autofahrt und die endlos erscheinende Warteschlange an der Grenze: *Roman* ist zu Hause! Bei Babusja! *„Eine Kindheit ohne Babusja kann ich mir gar nicht vorstellen"*, sagt *Roman. „Sie war der Mittelpunkt meiner kleinen Welt. Sie hat uns ohne Ende verwöhnt mit Süßigkeiten und all den Leckereien, die sich ein kleiner Junge wünscht. Und Babusja hat das erlaubt, was bei Mama verboten war. Wir haben sie abgöttisch geliebt."*

Eigentlich ist *Babusja* eine Verniedlichungsform und müsste wörtlich mit **„Großmütterchen"** übersetzt werden. Doch mit Babusja spricht man in der Ukraine nicht nur die leibliche Großmutter an, sondern auch jede betagte Frau auf der Straße.

Noch immer spielt die Babusja **bei der Erziehung der Enkel eine wichtige Rolle,** denn einen längeren Mutterschaftsurlaub kann sich in der Ukraine kaum eine Frau leisten. Hinzu kommen die vielen allein erziehenden Mütter, die auf Babusjas Hilfe angewiesen sind. Es ist auch nicht unüblich, die Kinder ganz von der Babusja auf dem Land aufziehen zu lassen, während die Mütter in der Stadt arbeiten.

Im Gegenzug kann sich eine Babusja meist darauf verlassen, dass ihre Kinder sie im Notfall unterstützen. Zwar ist die medizinische Versorgung offiziell kostenlos, aber in der Realität muss man für eine Behandlung oder gar Operation alles selbst besorgen. Die Frage „Wohin mit Oma?", wie 2005 der „Spiegel" titelte, versetzt Ukrainer in ungläubiges Erstaunen. In der Ukraine wäre es peinlich, Babusja dem Staat zu überlassen!

Von einem ruhigen Lebensabend wie ihre Altersgenossinnen in Westeuropa kann eine Babusja aber nur träumen. Viele Frauen im betagten Alter arbeiten noch und am Wochenende schuften sie auf der Datscha vor den Toren der Stadt. Grund dafür sind vor allem die **niedrigen Renten.** Schätzungsweise 80 % der Rentner leben unterhalb der Armutsgrenze und können nur durch die Unterstützung der Familie ein menschenwürdiges Leben führen. Die Folgen der Armut sind unübersehbar. Alte Menschen leben in Wohnungen ohne Strom, Gas und Heizung. Sie suchen in Mülltonnen, Parks und auf den Straßen nach Leergut oder etwas Essbarem.

Doch auch die traditionelle Rolle der Babusja in der ukrainischen Gesellschaft ändert sich allmählich. Sie verbringt zum einen immer weniger Zeit mit den Enkeln, da sie zumeist noch berufstätig ist. Zum anderen sinkt die Zahl der Familien, in denen drei Generationen in einer Wohnung leben. Wenn junge Familien vom Land in die Städte, andere Regionen oder sogar ins Ausland abwandern, bleiben ihre Eltern häufig allein zurück.

Schatztruhe Kindchen

„Am Himmel gingen die Sternchen auf. Aus der Schlucht kam der dunkle Abend, ein freundlicher Großvater, alt und zottig, ganz strubblig. Mit einem Stöckchen. Er ging zum Dorf und trat in die Häuser. Er nimmt die Kinder in seine warmen, weichen Hände. Dann wollen die Kinder schlafen. Sie träumen süß", erzählt Babusja, löscht das Licht und beginnt mit liebkosender Stimme ein Wiegenlied zu singen (s. Exkurs).

„Eigentlich bin ich ja schon zu alt für Wiegenlieder", meint *Saško,* der bereits die vierte Klasse besucht. *„Aber soll ich Babusja den Gefallen abschlagen? Ich bin ihr Kleiner und werde es wohl immer bleiben. Nur meine Kumpels dürfen es nicht erfahren!" Saško* lebt mit seiner Familie in einem Betonblock am linken Dneprufer von Kiew. Seine Eltern haben Arbeit und können ihm in aller Bescheidenheit die meisten seiner Wünsche erfüllen: eine musikorientierte Spezialschule, das Fußballtraining und manchmal auch die fetzige Jeans aus der Werbung. Westliche Kleidung und westliche Musik stehen bei ukrainischen Jugendlichen hoch im Kurs! So wie *Saško* leben die meisten ukrainischen Kinder: Sie sind der Lichtblick für die Mutter und die ganze Familie, die Quelle, aus der sie im anstrengenden Alltag Hoffnung schöpfen, und so ist ihr ganzes Bestreben darauf gerichtet, dass diese Quelle nie versiegt, sondern munter weiterplätschert. Als *Saško* geboren wurde und nach Hause kam, sahen es alle: ein Junge! Er war in eine strahlend weiße Decke eingewickelt und mit einem hellblauen Band umschnürt. Eigentlich hatten es die Eltern nicht gewollt, aber Babusja bettelte und weinte: *Saško* wurde getauft. Dafür verwöhnte ihn seine Großmutter bis zum 6. Lebensjahr zu Hause. Die Eltern waren froh darüber. Der Kindergarten um die Ecke war gerade privatisiert worden und die Kosten für einen Tagesplatz hätten das Familienbudget unnötig belastet. Lieber sparten sie das Geld für den nächsten Sommerurlaub oder eine gute Ausbildung des Sohnes.

In Kiew und den anderen großen Städten gibt es mittlerweile eine **reiche Vielfalt an Bildungsangeboten,** aus denen Kinder und Jugendliche

Wiegenlied

Ой спи, дитя, колишу тя, Як не заснеш, залишу тя.	Schlaf Kindchen, ich schaukele dich, Wenn du nicht schläfst, verlasse ich dich.
Піду в поле на роботу, Та вернуся аж в суботу.	Ich gehe aufs Feld arbeiten, Und komme erst am Sonnabend wieder.
Буде вітрець повівати, Дитиночку колихати.	Ein Windchen wird wehen, Und das Kindchen schaukeln.
Будуть пташки прилітати, Дитиночку годувати.	Die Vögelchen werden kommen, Und das Kindchen füttern.

nach den eigenen Wünschen und Fähigkeiten auswählen können. Nach wie vor gibt es jedoch ein **großes Gefälle zwischen Stadt und Land.** Das Leben junger Menschen auf dem Lande gestaltet sich ganz anders: Schon früh müssen sich Kinder an der Verrichtung von alltäglichen Arbeiten auf dem Hof und im Haus beteiligen und sie verfügen kaum über Möglichkeiten, am Kulturleben teilzunehmen. Die wenigen Klubs aus sowjetischen Zeiten wurden aus Kostengründen geschlossen und in die benachbarte Stadt fährt auch kein Bus mehr. Auch die **Arbeitslosigkeit** betrifft auf dem Lande viel mehr Jugendliche als in den Städten: 24% der arbeitslosen Bevölkerung auf dem Lande sind Jugendliche im Alter von 15–24 Jahren. Viele Heranwachsende resignieren und ziehen in die Städte.

Eine Reihe von Beschlüssen und **Gesetzen zum Schutz und zur Förderung von Kindern und Jugendlichen** soll die Lage verändern. Doch nicht nur auf staatlicher Ebene klaffen Theorie und Praxis weit auseinander. Auch wenn Kinder in der Ukraine von ihrer Familie vergöttert werden, so ist deren Umgebung alles andere als kindgerecht. Weder Bus oder Bahn, noch Fahrstuhl oder öffentliche Gebäude sind für Kinderwagen eingerichtet und die wenigen Spielplätze laden mit verrosteten Klettergerüsten, verkotetem Sand und scharfkantigen Spielgeräten nicht gerade zum Verweilen ein.

Eigentlich geht es *Saško* blendend, auch wenn er mit seinen Eltern und Babusja nur in einem grauen Betonsilo am „armen" linken Dneprufer wohnt. Denn wer Geld oder Erfolg hat, lebt auf der anderen Seite des Flusses – dort, wo die goldenen Kuppeln des Höhlenklosters erstrahlen, die Glocken der Sophienkathedrale läuten und Scharen entzückter Touristen das Straßenbild prägen. Von ihnen wird sich kaum einer in *Saškos* Heimat vorwagen, höchstens im vollklimatisierten Bus bis zum Hotel „Turist“. Auch *Saško* fährt auf dem Schulweg jeden Tag über den Dnepr, dort, wo die Heizungstraßen verlaufen und die Obdachlosen hausen. In Kiew leben schätzungsweise 4500 Kinder (in der gesamten Ukraine sind es ca. 300.000) ständig oder zeitweise auf der Straße, weil ihre Eltern nicht mehr für sie sorgen. Das Leben auf der Straße birgt enorme Gefahren für die Kinder: Drogenkonsum, Gewalt und Aids! Schätzungsweise 0,5–1 % der ukrainischen Bevölkerung sind HIV-infiziert.

„Rodýna“ – die ukrainische Großfamilie

In der Ukraine läuft beinahe alles über familiäre Bindungen: Wenn nötig, findet man immer einen *Rodyč* (Verwandten): „Wir sind mit dir verwandt: Mein Vater und dein Vater haben sich am selben Ofen gewärmt“. Je schwieriger die Zeiten, desto enger rückt man zusammen. „Deutsche Verhältnisse“, in denen ein Bruder Kanzler und der andere Arbeitsloser ist, wären in der Ukraine unvorstellbar. Wenn einer Not leidet, weiß er, dass er aufgefangen wird. Wenn es jemandem glückt, das große Los zu ziehen, lässt er die Allernächsten am Gewinn teilhaben.

069uk Foto: ai

Zu einer ukrainischen Familie zählen nicht nur die Eltern, Kinder und Großeltern, sondern ein schier unüberschaubarer Kreis von Verwandten – die **Rodýna (Verwandtschaft).** Sie stellt ein **soziales Netzwerk von existenzieller Wichtigkeit** dar mit einer unglaublichen Gabe, sich quasi über Nacht zu verdoppeln oder zu verdreifachen. Nicht nur jede Hochzeit zieht einen enormen Zuwachs nach sich, auch jede Geburt bringt neben dem heiß ersehnten Nachwuchs die Familien der Taufpaten des Kindes als ehrenhafte Vollmitglieder in die Rodýna mit ein.

Die Rodýna kommt oft und gern zusammen – am liebsten an einer üppig gedeckten Tafel. Wenn man bedenkt, dass man nicht nur Geburtstage, Hochzeiten und Taufen, sondern auch Namenstage begeht, mit welchen der orthodoxe Kirchenkalender großzügig ausgestattet ist, so bietet sich **in einer großen Familie stets Anlass zum Feiern.** Es bedarf aber nicht unbedingt eines feierlichen Anlasses: Man kommt auf einen Sprung, um mal schnell zu teilen, was man gerade günstig erstanden hat, auf ein „Teechen" oder eben einfach so. Niemals aber kommt man mit leeren Händen, und sei es nur ein Brotlaib, den man mitbringt.

Mit leeren Händen ist ein Ukrainer übrigens überhaupt selten anzutreffen. Voll bepackt, in überfüllten Bussen und Autos, **pendelt er zwischen Stadt und Land:** Lebensmittel in die Stadt, Baustoffe aufs Land, Milch und Eier hin, Öl und Seife her. So sind zwei verschiedene Welten durch Familienbande eng miteinander verknüpft. Zur ukrainischen Familie gehören nämlich obligatorisch die **„Verwandten auf dem Land"** – meistens sind das die Großeltern. Das fruchtbare Stück Schwarzerde in Omas Garten ernährt mitunter ein halbes Dutzend Familien in der Stadt. Zur **Erntezeit** wird mit jedem, auch noch so kleinen, Helfer gerechnet. Daher drückt der Schullehrer schon mal ein Auge zu, wenn zur Hochsaison nur ein Drittel der Klasse zum Unterricht erscheint. Letztlich faulenzen die Kleinen ja nicht ...

Die wenigen, die keine Dorfverwandtschaft haben, besitzen eine **Datscha** oder zumindest einen Streifen Erde am Stadtrand, wo Kartoffeln, Mohrrüben und Gurken angepflanzt werden. Trotz moderner Technologien und Computerisierung erscheint die ukrainische Mentalität weiterhin von der Agrarwirtschaft geprägt. Die besondere Beziehung zur Erde ist bis heute geblieben. Kontinuität oder Revolution – auf eigene Kartoffeln ist immer Verlass.

Hochzeitsfeier mit der Großfamilie

009uk Foto: es

ALLTAGSLEBEN

Feiern, feiern und noch einmal feiern!

„Trinken wir, Freunde, spiele du, Musiker, es ist schon alles uns gleichgültig, denn wahrhaftig in der Welt sind nur Musik und Wein!"
(*„Pyjmo, druzi!"*, Text und Weise: *Roman Kupčyns'kyj*)

Keiner feiert so gern und so ausgiebig wie der Ukrainer. Eine ukrainische Hochzeit kann mitunter eine Woche dauern, aber auch nach zwei Wochen wird man verständnisvoll mit den Schultern zucken, wenn der Brautvater immer noch nicht an seinem Arbeitsplatz aufgetaucht ist. Die **Hochzeit** ist die absolute Krönung der familiären Bindungen und ist hiermit ein Höhepunkt nicht nur für das Brautpaar selbst. Auf dem Lande kann man

Brotladen in Odessa

immer noch Hochzeitsfeiern erleben, die von 500 und mehr Personen gefeiert werden. Manch solches Fest verschlingt ein Vermögen, es wird aber gern in Kauf genommen. Zwei riesige *Rodynas* (Verwandtschaft) bis zur fünften Generation hin kommen zusammen. An einer endlosen Tafel, die eher einem märchenhaften „Tischlein deck dich" gleicht, sitzen Schulter an Schulter Straßenfeger und Generäle. Die spezielle Atmosphäre einer ukrainischen Hochzeit, insbesondere in den westlichen Regionen (Karpaten, Galizien), ist unnachahmlich. Es gibt eine Fülle an entsprechenden Ritualen, Bräuchen, Reimen, Scherzworten, Spielen, Tänzen, Liedern und Aberglauben. Die alten Traditionen der kirchlichen Trauung haben in den 70 Jahren der Sowjetmacht an Bedeutung verloren, werden aber in der letzten Zeit wiederbelebt.

Eine frenetische Einstellung zu Feierlichkeiten vereint das Fußvolk mit den Vertretern der obersten Machtetage. Fällt etwa ein Feiertag auf einen Donnerstag, kann es schon mal passieren, dass er gesetzlich um einen Tag verschoben wird, sodass man drei zusammenhängende Tage zum Feiern hat. Eine ganz wilde Lust zum Feiern packt den Ukrainer über den **Jahreswechsel.** Westlich orientierte Jugendliche fangen schon mal am 24. Dezember, zum katholischen, „europäischen" Weihnachten an. Dann kommt Silvester, das Neujahrsfest, das infolge der religiösen Verdrängung zu Sowjetzeiten den Platz des Weihnachtsfestes mit seiner ganzen Symbolik eingenommen hat. Am 7. Januar (nach dem julianischen Kalender) wird das orthodoxe Weihnachten gefeiert, das nach 70 Jahren Verbot mit der Unabhängigkeit der Ukraine wieder zum offiziellen Feiertag erhoben wurde und erst langsam an Popularität und Verbreitung gewinnt. Der festliche Reigen schließt sich dann am 14. Januar, welcher zwar kein offizieller Feiertag ist, jedoch für die meisten Grund genug, das so genannte „Alte Neue Jahr" zu ehren. Seit ein paar Jahren kommt die Regierung der hart feiernden Bevölkerung entgegen und hängt an den 1. Januar eine Woche totalen Neujahrsurlaub an.

Am 7. Januar wird in der Ukraine *Rizdvo Hrystove,* das **Weihnachtsfest,** gefeiert, welches nach dem Pascha-Fest (Ostern) der zweitwichtigste Feiertag im orthodoxen Kalender ist. Die traditionellen Rituale werden vornehmlich von den gläubigen Christen gepflegt, die trotz des Verbotes zu Sowjetzeiten in die Kirche gegangen sind und so die alten Bräuche ihrer Ahnen aufrechterhalten konnten. Das ukrainische Weihnachten, das sich sowohl auf christliche als auch auf hundertjährige heidnische Traditionen

stützt, hatte für die Menschen seit je eine Aura des Magischen, des Wunderbaren und Märchenhaften. Mit ihm hat man im Volk stets die größten Hoffnungen und Vorhaben verbunden. Am 6. Januar ist **Svjatyj Večir,** der Heiligabend, der die lange Weihnachtsfastenzeit abschließt. An diesem Tag isst man traditionell kein Mittagessen. Nach dem Kirchgang setzt man sich mit dem Aufgehen des ersten Sterns am Himmel im Kreise der Familie an die feierliche Tafel, welche aus 12 Fastengerichten besteht. Man fängt mit der *Kutja* an, einer speziellen Speise aus Weizen, Honig, Nüssen und Rosinen, deren Zutaten Hoffnung auf Unsterblichkeit, Erfolg, Gesundheit und Glück symbolisieren sollen. Ein absoluter **Höhepunkt ist die nächtliche Weihnachtsliturgie,** die etwa von 23 bis 4 Uhr morgens andauert. Am nächsten Tag beginnt die Zeit der **Svjatky** (Weihnachtsfeiertage, ursprünglich: Heilige Zeit), die sich bis zum 19. Januar (Taufe Christi) erstreckt. In den feierlich mit Tannenbaumzweigen geschmückten Kirchen warten auf die Kleinen die *Vertepy* (das veraltete Wort für „Höhle"), Figuren mit der Weihnachtskrippe sowie inszenierte Krippenspiele mit kleinen Künstlern. *Svjatky* ist die traditionelle Zeit für Wahrsagungen. Manche junge Mädchen kennen Dutzende Methoden, wie man mithilfe von Omina und Prophezeiungen einen richtigen Bräutigam „berechnen" kann. Größter Beliebtheit erfreuen sich, besonders unter Kindern, *Koljadki* und *Ščedryki,* weihnachtliche Lieder, mit denen man von Haus zu Haus zieht und deren Einwohnern Glück, Gesundheit und Wohlstand wünscht:

„Ja malen'kyj hlopčyk,	*Ich bin ein kleiner Junge,*
Prynis Bogu snopčyk,	*Bringe dem Gott ein Strohbündelchen,*
Hrysta velyčaju,	*Ich rühme den Christus*
Vas pozdorovljaju!"	*Und gratuliere Euch zum Feiertag!*

Kein noch so kleiner Gast verlässt das Haus mit leeren Händen: Man hält speziell für diese Zwecke schüsselweise Pralinen, Kekse, Schokolade und Geldmünzen parat.

Offizielle Feiertage in der Ukraine

- 01. Januar: Neujahr
- 07. Januar: Weihnachten
- 08. März: Internationaler Frauentag
- 01. Mai: Tag der Arbeit
- ein Montag zw. dem 4. April und dem 8. Mai (nach neuer Zeitrechnung): Ostermontag
- 09. Mai: Tag des Sieges im Großen Vaterländischen Krieg
- der 8. Montag nach Ostern: Pfingstmontag
- 28. Juni: Tag der Verfassung
- 24. August: Tag der Unabhängigkeit
- letzter Samstag im November: Gedenktag an die Opfer des Holodomors sowie politischer Repressionen

Essen und Trinken

„Als es mit der Revolution losging, haben meine Frau und meine Mutter zu kochen aufgehört. Ein Albtraum!“
(ein ukrainischer Freund)

„Iss einfach, dann wirst du 100 Jahre alt werden.“
„Die Ananas ist schön, aber nicht für uns.“
(Volksweisheiten)

Ukrainische Küche

Der Lebensrhythmus der Ukrainer war seit eh und je vom Ackerbau bestimmt. Die dunkle und schwere Erde, die die Ukrainer *Černozem* (Schwarzerde) nennen, in Verbindung mit dem milden, ausgewogenen Klima mit zahlreichen Regenfällen machen die ukrainischen Felder zum außergewöhnlich **fruchtbaren Boden,** wie man ihn nur selten findet. Zuckerrüben, Mais, Kartoffeln, Kohl, Rote Bete, Sonnenblumen, Tomaten, Gurken, Kürbisse und Melonen gedeihen hier in Hülle und Fülle. Mastrinder und Milchkühe auf satten Wiesen, Schweine und Federvieh, Fische aus den Bächen und Flüssen sowie eine bunte Palette an Pilzen und Waldbeeren liefern die Grundsteine für eine **einfache, schmackhafte und gesunde Küche** mit langer Tradition. Am bekanntesten ist das ukrainische **Getreide,** das diesem Stück Erde einst den Ruf der Kornkammer Europas bescherte.

Zu den **Klassikern der ukrainischen Küche** zählen *Holubci* (Kohlrouladen), süße oder deftige *Mlynci* (gefüllte Pfannkuchen) und *Pyrohy* (Piroggen), hausgemachte Wurst und *Holodec'* (Sülze). Man sollte sich nicht wundern, wenn man all diese Gerichte bereits zum Frühstück serviert bekommt. Während sich in den Großstädten die europäische Sitte breitmacht, den Tag mit einem schnellen Käsebrot zu begrüßen, halten es die liebevollen Ernährerinnen - besonders in den ländlichen Regionen - nach wie vor für richtig und wichtig, die Sippe schön warm und satt für einen langen Tag zu kriegen.

Tee wird praktisch zu jeder Mahlzeit getrunken. „Trink das Teechen, dann vergisst du den Kummer“, „Ein Tee macht dich nicht besoffen“, so der Voksmund. Andere Lieblingsgetränke sind *Kompott* (im Wasser gekochte frische Früchte und Beeren), *Kysil'* (das Gleiche mit der Zugabe von Kartoffelstärke), *Uzvar* (Kompott aus getrocknetem Obst) und *Rjažanka* (eine Art Kefir, der aus der im Ofen gedampften Milch mithilfe von Smetana - echtem Schmand - hergestellt wird).

„Hlib vsjomu holova!“ – „Das Brot ist der Kopf von allem“

Das **Brot** nimmt einen zentralen Platz in der ukrainischen Küche ein. „Das Brot ist über dem ganzen Essen der Pan (Herr)“, „Ohne Brot kein Abendbrot“, „Solange es Brot und Wasser gibt, ist alles nur halb so schlimm“, „Das Brot ist der Kopf von allem“ – das sind nur ein paar Redensarten von vielen, die es zum Thema gibt. Ein Ukrainer setzt sich nicht an einen Tisch, egal wie üppig dieser gedeckt ist, wenn dort nicht wenigstens ein paar Scheiben Brot liegen. Ein Brotkörbchen ist das erste, was Sie mit der Speisekarte zusammen in einem Restaurant bekommen. Die Freundin *Kateryna* erzählt, dass ihre Oma die leckere „Kiewer Torte“, die die Enkelin extra für sie aus der Stadt mitbringt, mit dem Verzehr von einem Stückchen Schwarzbrot genüsslich abrundet. Als *Honoré de Balzac* im 19. Jahrhundert die Ukraine bereiste, berichtete er von 77 verschiedenen Sorten Brot. Einen besonderen Ruhm im ganzen russischen Imperium genoss zur damaligen Zeit ein Erzeugnis aus Kiew, das so genannte „Höhlenbrot“. Es zeichnete sich durch die einwandfreie Weiße des Teiges sowie den unnachahmlichen Geschmack aus. Dieses Brot wurde von den Mönchen des Höhlenklosters aus demselben Teig wie die Hostien gebacken, ursprünglich ausschließlich für den Metropoliten sowie die ranghohen Vertreter der Klostergemeinschaft bestimmt, welche bei den gemeinsamen Teesitzungen das Brot unter den Pilgern verteilten. Das Brot wurde so populär, dass man bald anfing, es zu verfälschen. Dies veranlasste das Kloster, die Brotproduktion zu steigern. Das Brot wird in der Ukraine bis heute wie ein Heiligtum verehrt. Man legt einen Brotlaib nicht auf den Rücken, man bricht ihn nicht auseinander, man gibt das Brot nicht den Kindern zum Spielen und man schmeißt es nicht weg, sondern verarbeitet es wieder oder gibt es wenigstens zum Füttern der Tiere weiter.

Nationalgericht

„Da bemerkte Vakula, dass weder die Klöße noch das kleine Fass mehr vor ihm standen; stattdessen befanden sich zwei Holzschüsseln auf dem Boden, von denen die eine mit Warenykis und die andere mit saurer Sahne gefüllt war. Ich will doch mal sehen, sagte er sich, wie Pazjuk die Warenykis isst. Sicherlich hat er keine Lust, sich hinunterzubeugen, um sie wie die Klöße zu verspeisen – ja, und das geht ja auch gar nicht; der Warenyk muss doch zuerst in die saure Sahne getaucht werden. Kaum hatte er das gedacht, da machte Pazjuk auch schon den Mund auf, sah die Warenykis an und riss den Mund noch weiter auf. In diesem Augenblick sprang ein Warenyk aus der Schüssel, landete in der sauren Sahne, drehte sich auf die andere Seite, hüpfte hoch und flog geradewegs in seinen Mund. Pazjuk aß ihn auf und öffnete den Mund von neuem und der nächste Warenyk tat genau das Gleiche. Er selbst machte sich nur die Mühe, zu kauen und zu schlucken. Das ist aber seltsam, dachte der Schmied, sperrte vor Verwunderung den Mund auf und fühlte im gleichen Augenblick, dass auch ihm ein Warenyk in den Mund wollte und seine Lippen schon mit saurer Sahne beschmiert hatte. Der Schmied stieß den Warenyk fort, wischte sich die

Warenyki mit Leber und Speck (das Rezept von Katerynas Mutter)

Aus 3 Gläsern (0,2 l) Weizenmehl, ¾ Glas Wasser, 1 Ei und 1 Prise Salz Teig kneten. Das Wasser muss kalt sein, so wird der Teig nicht so schnell austrocknen. Den Teig ausrollen und mithilfe einer kleinen Tasse runde Grundlagen ausstechen. Für die Füllung 700 g Leber sowie 100 g Schweinespeck kochen, durch den Fleischwolf ziehen, 2 fein geschnittene und in Butter goldbraun gebratene Zwiebeln dazugeben, salzen, pfeffern und sorgfältig durchmischen. Kleine Häufchen der Füllung in die Mitte der ausgestochenen runden Teigteilchen legen, eine Teighälfte über die andere klappen und die Ränder zusammendrücken. Die halbrunden Warenyki ins kochende Salzwasser legen. Wenn die Warenyki an die Oberfläche kommen (in 5–6 Minuten), sie rausnehmen und mit Butter verfeinern. Mit Smetana auftischen.

Lippen ab und dachte darüber nach, was für Wunder es doch auf der Welt gab und was für Kniffe der Böse den Menschen beibrachte ...“
(*Nikolaj Gogol’*, „Die Nacht vor Weihnachten“)

Böse Kräfte sind hier nicht im Spiel! Wem es wenigstens einmal im Leben geglückt ist, als Gast in einem ukrainischen Haus, zumal in einem dörflichen ukrainischen Haus, gewesen zu sein, wird sie nicht so schnell wieder vergessen können, diese duftende dampfende Schüssel voll irdischen Glückes. In Gestalt goldfarbener Halbmonde mit geflochtenen Rändern und mit einem schneeweißen Häubchen köstlichen Schmandes obendrauf schweben sie im wörtlichen Sinne von allein in den Mund. **Warenyki, eine Art Maultaschen,** ist das Nationalgericht der Ukrainer, welches in manchen Familien bis zu zweimal wöchentlich auf den Tisch kommt. Ähnlich wie bei italienischen Nudeln, wo das Geheimnis nicht im Teig, sondern in der Soße steckt, kommt es bei Warenyki auf die **Füllung** an, von der es unzählige Varianten gibt. Ob deftig (mit Gemüse, Fleisch, Pilzen) oder süß (Quark, Beeren) – das Tüpfelchen auf dem „i“ ist eine obligatorische gute Portion Schmand dazu. Echter Schmand, **Smetana,** in welchem bekanntlich ein Löffel stehen kann, ist aus der ukrainischen Küche überhaupt nicht wegzudenken. Es findet sich kaum eine Speise, die sich mit ihm nicht noch mehr verfeinern ließe. „Als ich noch jung war, aß ich locker 40 Warenyki auf einmal, jetzt schaffe ich mit Mühe und Not gerade mal 50“, so eine Volksweisheit. Man stelle sich nur vor, was dies für eine durchschnittliche ukrainische Köchin, die meistens wesentlich mehr als nur einen Esser zu bekochen hat, in der Praxis bedeutet! Eine neuere Entdeckung sind **linyvci** (abgekürzt für *Linyvi Warenyki*, „Faule Warenyki“): Der Quark wird direkt mit dem Teig geknetet, dann geschnitten, kurz aufgekocht und fertig! Für richtige Hausfrauen kommt jedoch dieser unwürdige Ersatz nicht in Frage.

072uk Foto: if

Borschtsch und Co.

„Landers trank den Rest aus, schob dem Wirt das Wodkaglas zurück und fragte nach der Karte ... Als der Wirt wiederkam, hatte er keine Karte, sondern eine dampfende Schale mit Borschtsch in der Hand. Roter, dicker Borschtsch, mit einem fettigen weißen Sahneauge in der Mitte ... Sein Kopf schwebte vom Wodka und sein Magen empfing die heiße, kräftige Suppe wie einen Sonnenstrahl. Er sah den Wirt dankbar an. Als er fertig war, nahm der Mann mit der Ledermütze die Schüssel, verschwand und kam mit einer vollen wieder, die er Landers hinstellte. Landers aß auch die leer."
(Alexander Osang, „die nachrichten")

Der berühmte ukrainische Borschtsch, **Rote-Bete-Suppe,** rangiert auf der Skala der Nationalheiligtümer ganz oben. Die Polen und die Russen hätten den Anspruch auf das Herkunftsland des köstlichen Eintopfes, der Leib und Seele erwärmt, ebenfalls gern strittig gemacht. Für die Ukrainer jedoch steht nicht zur Debatte, wo die Heimat von Borschtsch ist. Letztendlich stammt seine Bezeichnung vom ukrainischen Wort für Rote Bete, *Burjak,* ab. Borschtsch gibt es in einem ukrainischen Haushalt so gut wie immer. Es existieren so viele Rezepte, wie es Köchinnen gibt. Angeblich sieht man einem Borschtsch ganz genau an, in welcher Gemütsverfassung sich die Hausfrau gerade befand. Mittlerweile isst man zwar auch einen vege-

Wonach die Heimat schmeckt

Das Licht der Welt habe ich in der Ukraine erblickt. Dem folgten weitere tapfere Taten, nicht zuletzt der endgültige Umzug nach Deutschland vor fünfzehn Jahren. Die Herkunft jedoch scheint die bestimmende Tatsache meines Lebens geblieben zu sein. Etliche Zertifikate, Scheine, Urkunden, Ausweise, Kontoauszüge und Versicherungsnummern, die sich im Laufe der Jahre angehäuft hatten, vermochten genauso wenig meine slawische Seele zu beschwichtigen, wie die einigermaßen perfekten Deutschkenntnisse oder der breit gefächerte Kreis Berliner Freunde. So teilen sich das Ausländertum und die Heimat, wie zwei Gehirnhälften, ein Dach in meinem Schädel und wenn ich ganz sein will, muss ich gleichzeitig beides sein. Es gibt viele Fäden, die den Menschen an seine Heimat binden – große Kultur, ruhmreiche Geschichte, Muttersprache oder Menschen. Der stärkste von allen, eine Art unkaputtbare Nabelschnur, führt von der Heimat direkt in die Seele – das heißt: in den Magen.

Wenn Mama *Nina* an meinem Geburtstag aus der Ukraine anruft, so will sie, noch bevor sie sich nach meinem Empfinden erkundigt hat, wissen, was ich denn heute besonderes gekocht habe. Aus ihren Briefen, die alle halbe Jahre eintreffen, dafür aber mehrere Schulhefte füllen, kann ich mir unter anderem ein genaues Bild davon machen, was, wann, mit wem und vor allem aus welchen Anlässen sie verzehrt hat. Mama lässt auch keine Gelegenheit ungenutzt, um für stets frischen Nachschub an Omas Gartendill und getrockneten Steinpilzen, Tantes Mirabellenkonfitüre, süßem Krimsekt und gezuckerter Kondensmilch, deren blauem Design keine wirtschaftlich-politische Umwälzung letzter Jahrzehnte etwas anhaben konnte, in meiner Prenzelberger Küche zu sorgen.

Die Mutter braucht nicht zu wissen, dass ich seit ein paar Jahren im ukrainischen Laden um die Ecke, von welchen es in Berlin mittlerweile nur so wimmelt, nicht nur Krimsekt, sondern auch Pfeffer-Horilka und das ukrainische Heiligtum Salo kaufen kann. Der Laden um die Ecke hat mich auch endlich mit ersehntem Weihnachtsfrieden beschert, denn für die feierliche Tafel am 6. Januar, bestehend aus zwölf obligatorischen Fastengerichten, von der meine Freunde viel halten, muss ich nicht mehr die halbe Stadt auf der Suche nach frischer Roter Bete durchkämmen oder stundenlang an zahllosen winzigen Warenykis rumkneten. Das alles kann ich mir jetzt einfach holen. Um die Ecke.

Und für den schwärzesten Augenblick schlimmster Seelennot, wenn gar nichts mehr läuft, habe ich immer noch ein Wundermittel parat. Ich tische mir eine Pfanne Bratkartoffeln nach Omas altem Rezept auf. Das geht gut. Manchmal.

(*Irina Serdyuk,* die Autorin)

Salo ist nicht gleich Speck

Schreckensmeldung des Jahres 2004: Der Speckverbrauch in der Ukraine ist im Vergleich zum Vorjahr um 5% zurückgegangen. Das ist wie wenn 5% der Bundesbürger auf ihr Weihnachtsgeld freiwillig verzichten würden. Speck ist für Ukrainer viel mehr als ein einfaches Produkt. Es ist ihre nationale Droge, ein Teil ihrer Mentalität. Die Liebe der Ukrainer zum Speck ist sagenumwoben. Bereits im 18. Jahrhundert lieferte diese „nationale strategische Waffe" Zündstoff für ukrainisch-russische Auseinandersetzungen, als die Regierung von *Peter I.* dem Hetmanat eine Liste der Waren vorsetzte, die zur Ausfuhr in den Westen verboten waren. Besondere Empörung der Händler rief die Tatsache hervor, dass nicht nur große Partien des „weißen Goldes", sondern selbst kleinere Mengen Speck zum Eigenverzehr von den russischen Zöllnern beschlagnahmt wurden. Allein dem diplomatischen Geschick von Hetman *Ivan Skoropads'kyj* ist es zu verdanken, dass der Speckkrieg unblutig zu Ende ging. Zugunsten der Ukrainer, versteht sich. Denn ohne ihr Seelenpflaster in der Fremde auch nur ein paar Wochen im Jahr auszuharren – das ging den ansonsten genügsamen Burschen zu sehr an den Kragen. Vor nicht zu langer Zeit haben ein paar Scherzkekse voller Ernst vorgeschlagen, in L'viv ein Denkmal für *Škvarkas* (dünne, kurz gebratene Speckstreifen) zu errichten, welche für echte Galizier, so die Begründung, „eine ewige Lebensquelle und ein Symbol des Wohlergehens und inniger Freude" darstellt. Tee mit Marmelade, spottet man, wäre wirklich das Einzige, wozu ein Galizier keinen Bratspeck nimmt. Deswegen hat der Galizier bekanntlich ein langes, ausgeglichenes, gesundes und glückliches Leben. Denn wenn man einen Ukrainer fragt, gibt es nichts Gesünderes als Speck. In der Zeitschrift „Mein Baby" (Februarheft 2004) ist in dem Artikel mit dem poetischen Titel „Solo für Salo" zu lesen: *„Speck enthält doppelt so wenig Cholesterin wie die Butter und 200 mal mehr ungesättigte Fettsäuren, als alle anderen Fette. Das ist für den Zellenaufbau, die Stoffregulierung und Hormonsynthese unentbehrlich. Der hohe Anteil an Oleinsäure macht ihn genauso bekömmlich und gesund wie Olivenöl. Dabei übertrifft seine biologische Aktivität die der Butter um einiges. Für Ihren kleinen Schatz ist Speck also durch nichts zu ersetzen!"* Der Ukrainer ist auf seinen Speck unendlich stolz. Er ist sich sicher, völlig zu Recht übrigens, dass es solchen Speck in keinem anderen Land der Welt gibt. Daher ist es von enormer Wichtigkeit, das nationale Heiligtum einem Fremden gegenüber möglichst vorteilhaft und gebührend zu präsentieren. Richtig servierter Speck ist Glanzstück bei diplomatischen Empfängen in den ukrainischen Auslandsvertretungen, was ja keine Selbstverständlichkeit ist, denn die Kunst des Zubereitens fängt bereits beim Kaufen an. Und das heißt auf einem echten ukrainischen Markt. Die Speckwahl ist für den Kenner ein Ritual. Es gibt endlos viele Sorten, Formen, Farbabstufungen, Krustenbeschaffenheiten und Aromen, durch die man sich alle im wörtlichen Sinne durchbeißen muss, um an das Beste zu kommen. Das zahlt sich aus. Der richtige Speck ist so weich, dass man ihn leicht mit einem Finger durchbohren kann, er schmilzt im Mund und die Kruste strömt einen kaum wahrnehmbaren Duft von gebranntem Stroh aus ... Richtig servieren heißt, zusammen mit der Haut hauchdünn schneiden und mit Scheiben ukrainischen Schwarzbrots, ein paar Knoblauchzehen, eingelegten Gürkchen und Pilzchen dekoriert, auf einem Tischtuch mit traditionellem ukrainischen

07 luk Foto: vo

Muster sowie möglichst echtem oder zumindest à la ukrainisch stilisiertem Geschirr samt obligatorischem Pfeffer-Horilka, auftischen – so eine informierte Quelle aus dem Außenministerium. Dass das strenge Protokoll solche Gaumenfreuden für die Bewirtschaftung muslimischer Gäste nicht vorsieht, weiß wohl jedes Diplomatenkind ... Im Oktober 2004 ist in Simferopol' ein neues Festival unter dem Namen „Ukrainischer Speck" ins Leben gerufen worden. „Salo gab es, Salo gibt es, Salo wird es immer geben!", so die Devise der Veranstaltung. Die Krim wäre vielleicht nicht die typischste Speckregion der Ukraine, meinten die Organisatoren, aber ein zusätzliches Festival kann der Halbinsel nicht schaden. Das Festival sollte Traditionen eines Volksfestes und Potenzial einer Handelsmesse unter ein Dach bringen. Ein populärer Showman und Gourmet aus Odessa, *Boris Burda,* war berufen, um die besten Hersteller aus der ganzen Ukraine in vier Nominierungen zu ermitteln: „Gesalzener Speck", „Geräucherter Speck", „Produkte aus Speck" und „Speck in Schokolade". Ein absolutes Highlight des Festivals wurde das 9 Quadratmeter große belegte Brot mit Speck, welches von 20 Milizionären bewacht wurde, damit es vor der offiziellen Zeremonie nicht weggegessen wurde. Die witzigen Wettkämpfe für Kinder trugen den Titel „Totale Schweinerei". Die Krimtataren allerdings fanden das gar nicht so toll. Das internationale Festival „Intersalo 2005", das ein Jahr später in Jalta stattfinden sollte, ist erstmal ins Wasser gefallen.

tarischen Borschtsch, zum Beispiel während der Fastenzeit, der klassische Borschtsch enthält aber eine gehörige Portion Fleisch.

Das Pflanzenöl heißt im Ukrainischen übrigens fast verächtlich *pistne maslo* (Fastenöl), da man mit ihm zu Fastenzeiten statt der Butter *(maslo)* vorliebnimmt.

Fleisch- und Wurstgerichte nehmen in der ukrainischen Küche einen wichtigen Platz ein. Das Schlachten eines Schweins zu Weihnachten mit entsprechendem Arsenal an Bräuchen und Zeremonien, zu welchem traditionell die ganze Verwandtschaft aus der Stadt zusammenkommt, bleibt ein absoluter Höhepunkt im ländlichen Jahreskalender. „Fisch ist kein Brot, davon wird man nicht satt", „Schmeckt so gut, wie der gebackene Krebs" (nach nichts!), „Der beste Fisch ist die Wurst", so die allgemeine Einstellung zum „Fleischersatz".

„Fest faina Hazdynja" – eine exzellente Hausfrau

„Zu dem Großzügigen schickt Gott einen Gast, zu dem Geizigen einen Dieb."
„Nicht die Ecken machen ein Haus schön, sondern die Piroggen."
(Volksweisheiten)

„Fest faina Hazdynja", so der blumige Ausdruck im Westen der Ukraine für eine exzellente Hausfrau. Dank der *Gogol'schen* genialen Erzählung sind ukrainische *Warenyki* nicht nur weltberühmt, sondern auch zum Symbol der Faulenzerei und der Völlerei schlechthin geworden. Das bezieht sich allerdings nicht auf die Schöpferin im Hintergrund, die diesen Schmaus überhaupt erst möglich gemacht hat.

Hospodarka, die **ukrainische Hausfrau,** ist eine mythische Gestalt. Es ist unglaublich, mit welcher Geschwindigkeit sie einen unscheinbaren Schreibtisch in eine festlich gedeckte Tafel verwandeln und im Falle eines unerwarteten Besuches im Nu aus ein paar einfachsten Zutaten ein raffiniertes Mahl zusammenzaubern kann. Allerdings kann diese Zierde als Gegenteil empfunden werden. Das, was in der Ukraine zu „guten Manieren" gehört, kann unter Umständen als **Essenskult** interpretiert werden. Ausländische Gäste haben es manchmal nicht leicht, sich dem lieb gemeinten Druck zu widersetzen, doch noch eine winzig kleine Portion von dieser oder jener Köstlichkeit zu sich zu nehmen, die Hausfrau habe sich ja so eine Mühe gegeben! „Nein" zu sagen fällt einem da gar nicht leicht. Dies sollte man aber unbedingt tun: Die Hausfrau wird garantiert nicht beleidigt sein, denn das Wohl des Gastes geht über alles! Dasselbe gilt für die Aufforderung des Hausherren, *„šče raz"* und *„šče raz"* und noch viele viele Male auf die Freundschaft zu trinken ...

Spotykač und Mohoryč – hochprozentige Kommunikation

„Von Horilka kann es nicht zu viel geben,
es kann höchstens an dem Essbaren dazu mangeln."
„Es ist egal, einen wie großen Alkoholvorrat man sich beschafft,
man wird trotzdem noch einmal losziehen müssen."
„Nichts verkürzt das Leben so sehr wie das Warten auf das erste Glas."
(Volksweisheiten)

Derjenige, der in einem ukrainischen Restaurant mutterseelenallein vor einem Glas sitzt, ist garantiert Ausländer. Wer sich allein betrinkt, wird hierzulande nicht geachtet. In der Ukraine trinkt man, um – manchmal auch statt – zu kommunizieren (weiß man denn, wo die Grenze verläuft?). Daher unterscheidet sich das, was man trinkt und wie man trinkt, von den westlichen Gewohnheiten. Während ein Franzose den Prozess des Weinverzehrs an sich genießt und Dutzende Begriffe parat hat, um das sich gerade entfaltende Bouquet zu beschreiben, kippt ein Ukrainer den Inhalt des Gläschens in die weit geöffnete Kehle hinein und zieht dabei so eine leidende Grimasse, als ob er in diesem Augenblick dem geballten leibhaftigen Weltschmerz begegnet sei.

Das **Trinken** kann unter Umständen nicht nur für Ausländer, sondern auch für einen Einheimischen **zum harten Job werden.** *„Ich kann nicht so viel saufen, um dort arbeiten zu können"*, so hat uns ein Bekannter das Quittieren einer nach hiesigen Maßstäben traumhaften Stelle erklärt. Das unscheinbare Wörtchen **Mohoryč** stammt ursprünglich vom arabischen *maharydž* (Ausgaben) und bedeutet (lt. Wörterbüchern) „die Bewirtschaftung bei einem Geschäft mit dem Ziel, jemanden für sich zu gewinnen". Ein Ukrainer würde bei einer solchen Definition große Augen machen. Für ihn ist *Mohoryč* ganz selbstverständlich und hat nichts mit Eigennutz zu tun, sondern mit Gastfreundschaft und Volksetikette. *Mohoryč,* etwas „Richtiges" zum Trinken in Komposition mit obligatorischer **Zakuska** bzw. *Zakusočka* oder *Zakuson* (Snacks) begleitet einen Ukrainer, zumal einen vom Lande, wo der Zusammenhalt der Menschen stärker ist, auf Schritt und Tritt. Ob das Dach erneuert, die Kartoffeln gepflanzt, ein Kind geboren oder um jemandes Hand angehalten wird – die Betroffenen „stellen" den Beteiligten und öfters dem ganzen Dorf (je nach Anlass) ein *Mohoryč.*

Für **Horilka** (ukrainischer Wodka oder Selbstgebrannter, die Bezeichnung kommt von *hority* =„brennen"), um die es sich beim Trinken meistens dreht, hat man in der Ukraine ein Dutzend Kosenamen. *Okovyta* (ursprünglich von „Aqua vita"), *Zelenyj Zmij* (Der grüne Drache), *Syvucha* (von: „trüb"), *Spotykač* (der Stolperer) sind nur einige von ihnen.

Gut geschmiert ist halb gewonnen

„Ein trockener Löffel kratzt am Hals.“
„Ohne Anzünder brennt kein Holz.“
„Nimm meinetwegen zwei oder drei, Hauptsache es kommt ins Rollen!“
„Es bewegt sich nichts, weil wenig gegeben wurde.“
(Volksweisheiten)

„Einen Verkehrspolizisten ordert man zu einem nicht eingeplanten Einsatz am Wochenende. Es ist das mieseste Wetter, das man sich vorstellen kann. – Na wartet nur, ich werde den blöden Fahrern bei lebendigem Leibe die Haut abziehen – denkt er bei sich. Während des ganzen Dienstes kommt aber nicht ein einziges Auto vorbei. Völlig durchnässt, todmüde und kochend vor Wut kommt er nach Hause. Als Erstes fällt sein Blick auf den Sohn, der vor der Glotze hockt. – Bring mir dein Hausaufgabenheft, brüllt er ihn an. Die Mutter gibt dem Kleinen einen Zehn-Hryvnja-Schein, der legt schnell das Geld in das Buch hinein und gibt es dem Vater. Der Vater schlägt die Seite mit der Note „Unbefriedigend“ auf, steckt den Schein in gewohnter Manier in die Tasche und seufzt erleichtert auf: – Wenigstens zu Hause ist alles in Ordnung!“

„Es war schon immer so!“

Das ukrainische Wort für Schmiergeld, *habar*, kommt aus dem Osten und bedeutet: „Entlohnung für den Boten“. Auf kasachisch heißt eine Nachricht bis heute *habar.*

Wenn man in der Ukraine mit dem Auto unterwegs ist, hat man stets 50 oder besser 100 Hryvnja (ca. 8 bzw. 16 Euro) parat. Wird das Auto angehalten, wandert das Geld in die Hand eines Polizisten. Es ist eine Art **öffentliches Bußgeld,** obwohl man nichts verbrochen hat. Laut Transparency International gehört die **Ukraine zu den zehn korruptesten Ländern der Welt.** Die Ökonomen sehen in der Korruption den Hauptgrund für das wirtschaftliche Desaster. Die Bestechungsgelder, deren Volumen sich laut Schätzungen auf die Gesamtsumme von bis zu 9 Milliarden Hryvnja (ca. 1,5 Mrd. Euro) im Jahr beläuft, schrecken die Investoren ab, minimieren die Staatseinkünfte und bringen die ganze Gesellschaft an den Rand einer Katastrophe. Der spitze Volksmund weiß: Wenn sich die Meldungen über die Korruptionsfälle in den Medien häufen, ist es ein sicheres Zeichen, dass wieder mal Wahlen vor der Tür stehen. Dann sickern ein paar alarmierende Zahlen an die Öffentlichkeit, Anti-Korruptions-Komitees werden gebildet, es kommt gelegentlich zu ein paar Vorzeigegerichtsprozessen. Mehr nicht. Es scheint, die Ukrainer hätten sich damit abgefunden, dass die Bestechlichkeit ein unabdingbares Attribut der Macht ist. Bereits in der Bibel, so hört man hier oft, wäre die Rede von Schmiergeld gewesen. Fast mit Stolz wird in den Geschichtsbüchern der **Hetman Ivan Samojlovič (17. Jh.) als einer der Taufpaten der ukrainischen Korruption** gehandelt. Der Gelehrte *Kostomarov* berichtete, dass ohne Gaben *„keiner zum Hetman Zugang hatte. Wer nichts mitführte, der erreichte auch nichts“.*

Korruption mit menschlichem Antlitz

Das Schema hat sich seitdem wenig geändert. Immer, wenn ein Problem zu lösen ist (auf Ukrainisch heißt es *vyrišyty pytannja,* wörtlich übersetzt: „eine Frage klären“), sucht man nach einer Person mit der entsprechenden Befugnis und erkundigt sich nach festgelegten inoffiziellen Bestechungstarifen. Mittlerweile spricht man von der **Schmierkapazität eines Angestellten.** Dieser Begriff spiegelt das Gehaltsniveau eines Beamten sowie dessen Nähe zu bestimmten Ressourcen, Gütern etc. wider. Von den Ukrainern kann man oft hören, dass diese Art der Problembewältigung ihnen viel verlässlicher und wirksamer erscheint, als das unüberschaubare Meer von Paragraphen und Bestimmungen im Westen, über die man hinweg muss, um überhaupt zu irgendeinem Ergebnis zu kommen. Zudem bestünde der wesentliche Unterschied zum Westen darin, dass man dort einer kalten, gesichtslosen Maschinerie gegenüberstünde, während man es in der Ukraine immer mit den konkreten Menschen zu tun habe.

Die meisten Schmiergelder werden für die **Problembeseitigung im Business-Bereich** abkassiert. Hier fließen die höchsten Bestechungssummen – bis zu Hunderttausenden von Hryvnja. (Der diskrete weiße Briefumschlag ist Schnee von gestern: Laut einer inoffiziellen Befragung war 2005 eine einfache Schuhschachtel der absolute Renner, dort passen genau 707.000 US-Dollar rein ...) Oft wird ein Unternehmer direkt oder indirekt mit einer Schmiergeldforderung konfrontiert, um ein Landstück oder eine Pacht, eine Baugenehmigung, eine Lizenz, einen Kredit oder einen Verkaufsplatz auf dem Markt zu bekommen. In der Regel bauen die jeweiligen Behörden, die an der Konzeption eines entsprechenden Gesetzes mitwirken, Möglichkeiten für die Korruption in dieses bereits hinein.

Traditionelle Bestechungsbereiche sind Bildung und Medizin. Die in den Krankenhäusern früher üblichen Dankeschön-Gaben sind längst durch Bargeld ersetzt worden. Das Schild „Ich trinke keine Pralinen“, das man noch vor ein paar Jahren an der Tür einer Praxis sichten konnte, war erst der charmante Übergang in die neue Ära.

Keine Alternativen?

Laut dem ukrainischen Zentrum „Europäische Standards" für sozialpolitische Forschungen waren im Jahre 2004 32 % der Kiewer Studenten in die Schmiergeld-Affären an den Hochschulen persönlich involviert. Die von der Union der Jungen Sozialisten speziell für solche Fälle eingerichtete Hotline lautet: 8-800-50-172-50. Auf der Seite „Smol'nyj" unter der Adresse www.cmc.com.ua wird regelmäßig eine aktuelle Liste mit den Namen der korrumpierten Lehrer und Dozenten veröffentlicht.

Der ukrainische Fantast *Herasymenko* beschreibt in seinem Roman „Wenn der Unsterbliche stirbt" einen Planeten, auf welchem eines der Länder ein Gesetz verabschiedet, das Schmiergelder erlaubt, diese aber genau festgelegt und besteuert werden.

Die nahezu totale Bestechlichkeit der Verkehrspolizisten zwang den Präsidenten *Juščenko* zur radikalen Kur: Kurzerhand löste er die Verkehrspolizei im Herbst 2005 einfach auf. Das rief **heftige Debatten in der Öffentlichkeit** hervor. Die meisten Kritiker waren sich einig – wenn der ganze Organismus von der Krankheit gezeichnet ist, reicht es nicht aus, nur an einer Stelle zu heilen. *„Derjenige, der den rechten Arm verliert, wird mit dem linken nehmen, schneidet man ihm beide Arme ab, so nimmt er mit den Zähnen"*, so ein Journalist in der Wochenzeitung „Dzerkalo tyždnja". Keine Mittel zur Bekämpfung der Korruption werden greifen, solange die Staatsbeamten auf verschiedenen Ebenen keinen ausreichenden politischen Willen an den Tag legen und vor allem, solange keine Atmosphäre der Unduldsamkeit jeder Bestechung gegenüber in der Gesellschaft geschaffen wird. Aus den Halbgöttern in weichen Sesseln soll Bedienungspersonal für das Volk mit gebührendem Gehalt werden – so sieht es zumindest die von der Regierung *Juščenko* verabschiedete **Verwaltungsreform** vor.

Der Professor für Architektur *Vladymyr Nudel'man* sieht den einzigen Weg, die Korruption einzudämmen, darin, dass man sämtliche Ministerien aus Kiew wegschafft. Ein überzeugendes Beispiel hierfür wären die USA, ein Land mit dem niedrigsten Korruptionsindex weltweit. Der Grund dafür läge darin, dass die Macht- und Businesszentralen (New York und Washington) auseinander gelegt worden sind. All diese Aufgaben sind aber kaum schnell zu bewältigen, so wird es wohl etwas dauern, bis sich die Seilschaften in der Ukraine entwirren lassen.

In den Jahren 2002–2005 hat sich die **durchschnittliche Bestechungssumme** in der Ukraine verdoppelt und belief sich hiermit auf 4000 Hryvnja (ca. 620 Euro).

Aus den inoffiziellen Bestechungstarifen

- Befreiung vom Armeedienst: 600 US $ (ca. 490 Euro)
- Platz in der Spezialeinheit der Armee: 600 US $ (ca. 490 Euro)
- Positive Beurteilung beim Quittieren des Armeedienstes: 50 Hryvnja (ca. 8 Euro)
- Routineuntersuchung eines Babys durch einen Arzt: 20 Hryvnja (ca. 3 Euro)
- Routineuntersuchung eines Babys durch den Arzt einer Spezialklinik: 30 Hryvnja (ca. 5 Euro)
- Routineuntersuchung eines Babys durch den Chefarzt einer Spezialklinik: 50 Hryvnja (ca. 8 Euro)
- Vollständiger Eintrag eines zu langen Familiennamens in den Pass: 50 Hryvnja (ca. 8 Euro)
- illegale Abtreibung mit Narkose: 120 US $ (ca. 100 Euro)
- illegale Abtreibung ohne Narkose: 50 US $ (ca. 40 Euro)
- Genehmigung für den Erwerb eines Grundstückes in der Stadtzone: 50.000 US $ (ca. 41.000 Euro)

Bildung

Altlasten

„Statt eines Herzen ein Motor aus Flamme“
„Meine Adresse ist nicht ein Haus oder eine Straße, meine Adresse ist die Sowjetunion“
„Heute ist Privates ohne Bedeutung“
(Refrains aus populären Liedern der Sowjetzeit)

Nach dem Zerfall der Sowjetunion hat die Ukraine damit begonnen, ein **eigenes Bildungssystem zu entwickeln.** Strukturen, Methoden und vor allem Inhalte der sowjetischen Erziehung sollten möglichst schnell abgelöst werden. So entstand eine Art „ideologisches“ Vakuum, welches trotz einiger Maßnahmen und Bemühungen fast ein Jahrzehnt lang andauerte. Diese Zeit war offensichtlich notwendig, um die Köpfe - auch die der Lehrer - **von alten Werten zu befreien.** Es ist auch durchaus verständlich, wenn man bedenkt, dass das ganze Ausbildungssystem dazu berufen war, Generationen von Menschen heranzuzüchten, aus denen man „beste Nägel der Welt“ machen könnte, so ein berühmter sowjetischer Dichter.

Zu weiteren Defiziten, die dringend kompensiert werden mussten, zählten spezifische ukrainische Inhalte in den einzelnen Fächern an den Schulen und Hochschulen, die zu Sowjetzeiten tabu waren, vor allem im

073uk Foto: ai

Geschichts- und im Sprachunterricht. Russisch wurde in allen ukrainischen Schulen der kommunistischen Ära als „Heimatsprache" unterrichtet und war absolutes Pflichtfach, während man sich vom Erlernen des Ukrainischen auf Wunsch freistellen lassen konnte. Wozu sollte man sich auch Mühe geben mit einer zusätzlichen Sprache, die völlig überflüssig schien? Fernsehen und Radio, Theater, Bücher, Zeitungen und Zeitschriften und schließlich das Studium, das alles war eh auf Russisch, zumindest im überwiegenden Teil des Landes – die paar unverbesserlichen hinterwäldlerischen „Wessis" um L'viv herum, die von der sowjetischen Propaganda als böse ukrainische Nationalisten abgestempelt waren, ausgenommen. Wenn die Wissenschaftler diesen Stand der Dinge heute analysieren, so sprechen sie von einer existenziellen Bedrohung für die ukrainische Sprache als lebendige Sprache und von einem Prozess, der in 20 bis 30 Jahren unumkehrbar geworden wäre.

Die ohnehin **schwierige Situation der Resignation und Orientierungslosigkeit in den Bildungseinrichtungen** der ersten Jahre der Unabhängigkeit wurde noch dadurch verschlechtert, dass sich viele Lehrer und Dozenten aufgrund der wirtschaftlichen Lage gezwungen sahen, in anderen, gewinnbringenderen Gefilden ihr Glück zu versuchen.

Schülerinnen und Schüler in einem Vergnügungspark

Die Reform

Im Jahre **2001 wurde eine umfassende Bildungsreform verabschiedet.** Die Bildungsstrategie der Regierung unter dem Namen „Die Nationale Doktrin zur Entwicklung des Bildungssystems in der Ukraine im 21. Jahrhundert" enthält neu bestimmte Prioritäten und verbesserte Strategien für die Bereitstellung von Angeboten vom Vorschul- bis zum Hochschulsektor. Unter anderem wurde die **Dezentralisierung der beruflichen Bildung** angestrebt, die immer noch sehr stark auf die Bereiche Industrie und Landwirtschaft ausgerichtet war. Bei der Weiterbildung wurden Akzente auf die Abschaffung überholter Spezialberufe sowie die Einbeziehung der Privatwirtschaft gesetzt. Einerseits versuchte man sich bei der Reform an **europäischen Standards zu orientieren.** So wurden die Pflichtjahre für den Schulbesuch von zehn auf zwölf heraufgesetzt und das 5-Noten-Bewertungssystem in ein 12-Noten-System umgewandelt. Statt mit 7 wird man nun mit 6 Jahren eingeschult. Seit 2005 stellte man den Hochschulbetrieb an einigen Universitäten auf das so genannte **System von Bologna** (Prozess der Vereinheitlichung der Bildungsstandards in Europa) um: umfangreiche Tests statt Aufnahmeprüfungen, freie Wahl der Fächer, Diplomanerkennung im Ausland etc. Andererseits setzte man sich zum Ziel, zu den alten „positiven Traditionen" der **„ukrainischen Ethno-Pädagogik"** zurückzukehren. Letztere beinhalten nichts anderes, als die Vermittlung allgemein gültiger menschlicher Werte und Tugenden – allerdings den „wahren Patriotismus" samt „Verehrung von nationalen Heroen" inklusive.

Zum Glück hat man nach der Abspaltung von der Sowjetunion das Kind nicht mit dem Bade ausgeschüttet. Man **besinnt sich wieder auf das vergessene Alte:** sowohl **aus der früheren UdSSR,** deren Ausbildungsniveau eines der besten der Welt war, als auch **aus der vorrevolutionären Zeit.** Es gibt wieder Gymnasien und Lyzeen (ein besseres Gymnasium, ursprünglich: „privilegierte Lehranstalt für Jungen in Russland vor der Revolution"), man trägt wieder eine Schuluniform (allerdings keine brave braune Einheitskleidung aus der Pionier- und Komsomolzenzeit, sondern leger, individuell und in der Farbe der Hoffnung: blau).

In den westlichen Regionen führte man versuchsweise den speziellen **Kurs „Grundlagen der christlichen Moral"** ein, dessen Etablierung auch für die gesamte Ukraine im Großen und Ganzen befürwortet wird. Die endgültige Konzepterarbeitung dieses Faches dürfte allerdings nicht ganz unproblematisch werden. Zum einen wegen der regionalen Unterschiede: Während spezifisch ukrainische Inhalte im Westen quasi von alleine gefördert werden, hält der Osten mehrheitlich an alten russischen Traditionen fest. Zum anderen aufgrund der breiten Palette der Konfessionen im Land sowie teilweise explosiver Machtverhältnisse zwischen den einzelnen Kirchen und religiösen Gemeinschaften. Ein weiteres Hindernis bei der Realisierung bildungspolitischer Vorgaben ist das Stadt-Land-Gefälle. Trotz der zahlreichen Förderprogramme der Regierung für ländliche Regionen hält die Landflucht weiterhin an.

Der steinige Weg

Das allergrößte Problem bleibt nach wie vor die **wirtschaftliche Misere der meisten staatlichen Bildungseinrichtungen.** Die Schule galt lange Zeit als letzte Bastion des Anstands im durch und durch korrumpierten Land. Heute sind **habari (Schmiergelder)** nicht nur in den Schulen und Hochschulen, sondern selbst in den Kitas an der Tagesordnung. Denn dort jemandem Geld zuzuschieben ist oft die einzige Möglichkeit, einen Platz in den verschwindend wenigen „Budget-"Gruppen, d.h. staatlich geförderten Gruppen, zu ergattern. Im Zuge des Kampfes, den *Juščenko* der Korruption angesagt hatte, wurden **an den Hochschulen Vertrauenstelefone** geschaffen, wo jeder die „angeschmierten" Namen des Lehrpersonals anonym weiterleiten kann. Bis jetzt mit wenig Erfolg.

Große Fortschritte dagegen sind bei der **Unterstützung der ukrainischen Sprache** zu verzeichnen. Es besteht zwar weiterhin die Möglichkeit, die Kinder in Russisch oder aber auch in anderen Sprachen der Minderheiten wie Polnisch, Rumänisch, Ungarisch, Jiddisch und Tatarisch zu unterrichten, jedoch nimmt die Zahl der russischen Klassen und Schulen kontinuierlich ab. Das Leben selbst zwingt die Eltern, ihre Kinder in die ukrainischen Schulen und Klassen zu schicken, wenn sie diesen gute berufliche Chancen mit auf den Weg geben wollen. So ist die Zahl der Schüler an Vorschuleinrichtungen mit ukrainischer Unterrichtssprache von 66% (1995) auf 86% (2004) gestiegen. Nicht selten ist zu beobachten, dass die Eltern untereinander russisch sprechen, während die Kleinen in den Kitas mit bestem Ukrainisch brillieren.

Wissensdurst

Ob russisch oder ukrainisch: Bildung und Wissenschaften wurden in der Ukraine immer groß geschrieben. Dafür stehen Namen wie *Oleksandr Potebnja* (Sprachwissenschaftler, Folklorist), *Mychajlo Hruševs'kyj* (Historiker, Literaturwissenschaftler und Publizist), *Volodymyr Vernads'kyj* (Naturwissenschaftler und Mineraloge) u.v.a. Schon im 17. Jahrhundert entstand die **Kiewer Mohyla-Akademie,** die damals zu einem echten Wissenschaftszentrum für ganz Osteuropa wurde. Heute genießt sie den Ruf einer frei denkenden, europäischen, hoch angesehenen Hochschuleinrichtung, die die Orangene Revolution überhaupt erst ermöglicht hatte. Zusammen mit der **Nationalen Ševčenko-Universität,** die ebenfalls auf eine lange Tradition zurückblickt, sind das die besten und begehrtesten Studieneinrichtungen des Landes. Bei manchem Fach (etwa Internationales Recht) sind es 15 bis 20 Abiturienten pro Studienplatz, die jährlich ihr Glück versuchen. Dabei ist das Studium mit 15.000 Hryvnja (ca. 2300 Euro) **Jahresgebühren** alles andere als billig. Für besonders Begabte gibt es staatliche Unterstützung. Ansonsten kann sich den Hochschulabschluss an einer solchen Universität nur derjenige leisten, dessen Papa zu den „neuen Ukrainern" zählt. Aber auch das Studium an anderen Hochschulen, wo man im Jahr „nur" 3000 bis 5000 Hryvnja (ca. 470 bis 770 Euro) zu zahlen braucht, bleibt eine schwere finanzielle Last für die Familie des Otto Normalverbrauchers.

Medizinische Versorgung

„Wer nicht raucht und nicht trinkt, dem der Tod gesunde winkt."
„Einem Uhrenmeister, einem Arzt und einem Apotheker darf man sich niemals anvertrauen."
„Teure Arzneimittel helfen immer, wenn schon nicht dem Kranken, dann dem Apotheker."
(Volksweisheiten)

Garantiert kostenfrei

Es gibt folgende Anekdote über *Stalin:* Einmal unterbreitete man ihm den Vorschlag, die viel zu niedrigen Ärztelöhne doch etwas anzuheben. Worauf er eine Weile schwieg und dann antwortete: *„Nein, es ist nicht nötig. Einen guten Arzt wird das Volk schon ernähren können und schlechte Ärzte brauchen wir nicht."* *Stalin* war schlau und vorausschauend. Aber selbst er konnte nicht wissen, wie es kommen sollte. Im Nachfolgestaat der UdSSR, der Ukraine, werden heutzutage auch schlechte Ärzte vom Volk ernährt, weil sich dort nicht jeder einen guten leisten kann. **Laut ukrainischer Verfassung ist die medizinische Versorgung der Bevölkerung kostenfrei.** In Wirklichkeit sieht es folgendermaßen aus: Der Staat sieht für einen Kranken, der stationär behandelt werden muss, gerade mal 5 Hryvnja (ca. 0,80 Euro) pro Tag vor. Das ist das **gesetzlich festgelegte Minimum.** Jede Stadtverwaltung kann diese Summe etwas aufstocken: So sind es zum

Versorgung mit Medikamenten

Das **Apothekengewerbe** zählt zu den gewinnbringendsten Branchen in der Ukraine. Etwa 50 % aller angebotenen Medikamente werden in der Ukraine hergestellt. Sie werden in den alten sowjetischen Fabriken produziert und bekommen nach und nach international gültige Zertifikate verliehen. Der Rest wird aufgrund erhalten gebliebener Verbindungen und annehmbarer Preise vor allem aus dem ehemaligen sozialistischen Lager (40 %), sowie Deutschland, Österreich, Frankreich und den USA (insgesamt 10 %) eingeführt. Zu den Besonderheiten zählen die so genannten *Heneryki* (vom engl.: *generic*): nach Patenten bekannter westlicher Firmen hauptsächlich in Indien hergestellte Präparate. Sie sind wesentlich billiger als die Originale, werden aber von vielen Ärzten mit Misstrauen behandelt. Für Kinder gibt es sogar spezielle Apotheken – die Arzneimittel für Kinder (auch die mit Rezept) werden aber im Unterschied zu Deutschland ohne Vergünstigungen verkauft.

Beispiel in Kiew ganze 8 Hryvnja (ca. 1,30 Euro). Alles, was ein Arzt mit solch einem Budget machen kann, ist, wie es auf Ukrainisch so schön heißt, „den Kranken mit Jodtinktur zu bearbeiten". Wer mehr will, also wer es laut ärztlicher Anweisung „mit der Genesung ernst meint", bekommt vom Arzt ein Rezept mit Medikamenten, die vom Patienten selbst zu besorgen und zu bezahlen sind. Weit laufen muss man nicht. **Apotheken** gibt es in der modernen Ukraine wie Sand am Meer, die meisten sind privat, in größeren Krankenhäusern findet man auf jeder Station eine. Bei einer Operation werden auf dieselbe Weise Betäubungsmittel, Materialien, Medikamente etc. „verschrieben".

Hiermit sind die Ausgaben eines Genesenden bei weitem noch nicht erschöpft. Als Krönung kommt **die obligatorische „Dankbarkeit"** für den Chirurgen, den Anästhesisten, die Krankenschwester, die Sanitäterin ... Diese Gaben sind nicht nur längst zur Normalität geworden, bei einem offiziellen Monatslohn eines Chirurgen von umgerechnet 100 US $ stellen sie eine essenzielle Bedingung für dessen Wohlergehen und folglich seine Professionalität am Operationstisch dar.

Was in der Ukraine tatsächlich kostenlos ist, ist die **erste Hilfe.** Einen Kranken in Not oder einen Verunglückten wird man sofort behandeln und so lange durchbringen, bis er wieder voll bei Bewusstsein ist (für einen Blinddarm sind etwa 3 kostenlose Tage vorgesehen). Und dann, siehe oben! Es gibt eine Reihe von Gruppen, die mit **Vergünstigungen** behandelt werden. So erhalten die Invaliden und Teilnehmer des Großen Vaterländischen Krieges zahlreiche Ermäßigungen. Nach speziellen Programmen des Gesundheitsministeriums werden Tuberkulose-, Zucker- und AIDS-Kranke kostenlos versorgt.

Unsicher versichert

Es ist natürlich nicht so, dass sämtliche ukrainischen Ärzte geldgierige Banditen sind. Ganz im Gegenteil, mitunter, und ganz speziell in den provinziellen Krankenhäusern mit meist jämmerlichen Bedingungen, trifft man unter ihnen auf wahre Wunder der Selbstaufopferung und Selbstlosigkeit. Das Problem ist das System der medizinischen Versorgung bzw. das Nichtvorhandensein eines solchen funktionierenden Systems. Die Kritiker sind der Meinung, dass es schon reichen würde, dem Wirrwarr aus Gaben und „Dankbarkeiten" Gesetzeskraft zu verleihen, indem man diese kanalisiert und ordnet.

Was schnell an Popularität und Verbreitung gewinnt, ist die **Krankenversicherung,** die größere Betriebe ihren Arbeitnehmern anbieten. Das ist für beide Seiten von Vorteil, für die eine, weil sie im Fall der Arbeitsunfähigkeit geschützt ist und für die andere, weil es immer noch günstiger ist, als die Löhne anzuheben. In großen Städten verfügen mittlerweile bis zu 30–40% der Kranken über eine **medizinische Betriebsversicherung.** Die Gewerkschaften der großen Betriebe bieten den Arbeitnehmern einen weiteren Luxus an, der als Überbleibsel aus der Sowjetzeit geblieben ist: einen **Kuraufenthalt** in einem Sanatorium gegen 20% Selbstbeteiligung.

Ukrainischer Zahnersatz

Die Ukraine verspricht schon in der allernächsten Zukunft ein Eldorado für den so genannten **medizinischen Tourismus** zu werden. Noch folgen dem Lockruf russischsprachiger Zeitungen in Deutschland, „traumhafte Ferien auf der paradiesischen, von der Zivilisation kaum berührten Inselperle im Schwarzen Meer in Verbindung mit spottbilligem Zahnersatz" zu verbringen, hauptsächlich ehemalige Sowjetbürger, für die die Krim kein Fremdwort ist. Bald werden sich zu ihnen auch „echte" Wessis gesellen, nach demselben Schema, wie es bereits in Polen und in Tschechien der Fall ist.

Medizinische Versorgung für Ausländer

Die medizinische Versorgung **ausländischer Bürger** entspricht zwar häufig nicht den europäischen Standards, es gibt aber eine Reihe privater Einrichtungen mit ausländischer Beteiligung, die eine umfangreiche und hochwertige medizinische Versorgung leisten. Für die Einreise in die Ukraine ist der Abschluss einer Auslandskrankenversicherung obligatorisch. Eine Liste der anerkannten Versicherungsgesellschaften wird bei der Botschaft und den Konsulaten der Ukraine geführt.

Die **Versicherungsstrukturen** sind erst im Entstehen. Es gibt eine breite Palette an Privatversicherungen, die allerdings noch von ganz wenigen genutzt werden. Für die Armen ist es zu teuer und die Reichen haben so was nicht nötig. Außerdem spielt dabei das traditionelle Misstrauen eines Ukrainers gegenüber den Institutionen im Allgemeinen und Finanzinstituten im Besonderen eine große Rolle. Kennzeichnend ist die Tatsache, dass 45 % des privaten Sektors im **Versicherungsmarkt** Versicherungen der Finanzrisiken, 40 % Immobilienversicherungen und nur ungefähr 1 % Lebensversicherungen ausmachen. Im Vergleich dazu beziehen sich 90 % aller Versicherungsprämien in Deutschland auf Lebensversicherungen.

Im Schnitt verunglücken täglich bei Betriebsunfällen in der Ukraine sechs (!) Menschen tödlich. Ein Fonds für Betriebsunfälle nach deutschem Muster wurde erst 2001 gegründet. Seine Tätigkeit ist immer noch alles andere als vollkommen. Ein Rechtsmechanismus, welcher die Verantwortung des Staates vor dem einzelnen Bürger gesetzlich verankern würde, fehlt in der Ukraine bislang.

Einzig richtige Medizin ist Hausmedizin

„Ein kranker Magen ist klüger als der Kopf eines Arztes."
„Wir trinken ja nicht, wir kurieren uns!"
„Gegen jede Krankheit findet sich ein Kräutlein."
„Ein Dampfbad ist die Gesundheit der Familie."
(Volksweisheiten)

Aufgrund der **positiven Einstellung zur Hausmedizin** ist es nicht verwunderlich, dass ein Ukrainer seine eigene Gesundheit und die seiner Liebsten nach Möglichkeit keinem Fremden anvertraut. In jeder Buchhandlung türmen sich Bücher über Volksmedizin und Naturheilkunde bis an die Decke. In jedem Haushalt sind mindestens je eine Pflanze Aloe und Kalanchoe (wundheilend und biostimulierend), eine in Hochprozentiges eingelegte junge Walnuss (gegen Magenverstimmung), gläserweise gezuckerte Himbeeren und Schneeballbeeren (gegen Erkältung) sowie Berge von den meist selbst getrockneten heilenden Kräutern und Blättern wie Lindenblüten, Kamille, Brennesseln usw. stets vorrätig. Jedes Kind weiß, dass als erste Hilfe gegen eine frische Wunde ein abgewaschenes Blatt Wegerich Linderung verschafft. Gegen ernstere Wehwehchen hält man härtere Mittel parat. Als beste **Volksmedizin bei einer Erkältung** gilt ein

Glas Horilka mit anschließender intensiver körperlicher Betätigung. Dem Hochprozentigen werden Wunder bringende Kräfte zugeschrieben. Er wird universell eingesetzt, bei Überhitzung wie bei Unterkühlung, bei Vergiftung, Übermüdung, Depression sowieso. Die Bewohner der an das Atomkraftwerk grenzenden Regionen, die mit dem Alkohol auf besonders vertrautem Fuß standen, seien bei dem Tschernobyl-GAU mit den wenigsten Schäden davongekommen. Diese Wirkung würde der Alkohol seiner Fähigkeit, bei ionisierender Strahlung freie Radikale zu binden, verdanken. Angeblich gab es sogar bei darauffolgenden Gefährdungen (Regengüsse, starker Wind) inoffizielle Anweisungen „von oben", zur Flasche zu greifen.

Die allerbeste Medizin ist aber die Vorbeugung. Dieser Meinung sind auch die Ukrainer. Größter Beliebtheit erfreuen sich solche Extreme wie **medizinisches Fasten, Baden in einem Eisloch** sowie Übergießen mit kaltem Wasser draußen im Winter. Man trifft experimentierfreudige junge Leute, die mit 39° Fieber alle paar Stunden in eiskaltes Wasser tauchen und sich am nächsten Tag kerngesund und putzmunter fühlen. Die *Laznja,* das **Dampfbad,** ist in der Ukraine vielleicht nicht so ein Kult wie in Russland (allein aus dem Grunde, dass das Klima hier wesentlich milder ist), es bedeutet aber für viele nicht nur die beste Gesundheitsprophylaxe, sondern auch Kommunikation und Ritual. Trotz der steigenden Eintrittspreise

074uk Foto: if

Laznja

Der älteste schriftliche Beleg überhaupt in Bezug auf ein Bad stammt aus der Feder von *Herodot,* der 450 v. u. Z. folgende Gewohnheit der skythischen und sarmatischen Stämme beschrieb, die auf dem Territorium der heutigen Ukraine lebten: Man wusch sich in einem Zelt, in dessen Zentrum sich erhitzte Steine befanden, welche von Zeit zu Zeit mit Hanfsamen bestreut wurden. Das Dampfbad war bereits in der alten Rus sehr verbreitet. Die gebildeten Mönche waren die ersten, die die heilende Wirkung des Dampfes gezielt eingesetzt hatten und auf ihrer Grundlage die „Heime für Geschwächte" gründeten. Interessant ist, dass der Begriff *Laznja* (von: „Stufe", „Leiter") eine der ersten Bezeichnungen für das Bad im Altslawischen war. Im Ukrainischen, wie übrigens auch im Tschechischen oder Serbischen ist sie bis heute erhalten geblieben, während sich im Russischen das Wort *Banja* (vom griechischen: *balneum*) durchsetzte.

„Onkelchen, wo baden Sie? - Im Dorfteich. - Und im Winter? - Ach, der Winter, der ist ja nicht ewig!"

ist die *Laznja* zu jeder Tages- und Jahreszeit proppenvoll. Ungeübte bedürfen einer sachkundigen Einführung. Allein die Wahl des obligatorischen *vinyks* (Bündel aus Ruten, meist aus Birken- oder Eichenzweigen, manchmal spezielle aus Brennesseln o. Ä.), womit man sich selbst und den Nachbarn nach Herzenslust auspeitscht, ist eine Wissenschaft für sich.

Freizeit

„Kleiner, was willst du mal werden, wenn du groß wirst?"
- „Ein Urlauber!"

Selig sein

Es ist vielleicht das einzige Klischee, das wirklich stimmt. Aber nur auf den ersten Blick. *Harno vidpočyty* (sich schön erholen) bedeutet für einen Durchschnittsukrainer in einer guten Gesellschaft und einer netten Umgebung zu einem würdigen Anlass an einer reichlich gedeckten Tafel eins über den Durst zu trinken. Ob im Wald, am Strand, im Garten, im Zug, bei

075uk Foto: ad

der Feldarbeit, bei einem Ausflug oder bei der Totenehrung auf dem Friedhof, die obligatorische Flasche mit Hochprozentigem in Begleitung von *Zakuska* (Snacks) darf nicht fehlen. Um das zu verstehen, sollte man zwei plausible Beweggründe in Betracht ziehen. Zum einen die unstillbare Improvisationslust und den unnachahmlichen Einfallsreichtum eines Ukrainers in Bezug auf Rahmen und Anlass der Feier. Und zum anderen die Tatsache, dass das Auswärtsessen, wie es im Westen zu den alltäglichsten Dingen der Welt gehört, für die überwiegende Mehrheit der Ukrainer schlicht und einfach verpönt und obendrein nicht bezahlbar ist. Statistiken belegen zwar, dass in der jüngsten Zeit nicht mehr so viel Alkohol konsumiert wird wie früher. Besonders in den Großstädten bevorzugt die jüngere Generation gegenüber dem „Wässerchen" *(Horilka)* inzwischen schon oft Bier oder Wein – und das in Maßen. In der Provinz aber, und ganz besonders auf dem Lande, bleibt Alkoholkonsum, auch unter Frauen und Jugendlichen, mangels Kultur- und Sportaktivitäten oft die einzige Freizeitbeschäftigung.

Kinderhort und Co.

Dass es auch ohne Alkohol geht, hat die **Orangene Revolution** vortrefflich demonstriert. Trotz der klirrenden Kälte und dem Vorhandensein des grandiosesten aller Anlässe haben sich Tausende in der Zeltstadt auf dem

Majdan wochenlang an das **strikte Alkoholverbot** gehalten. Politik ist eben die stärkste Droge. Das hat jetzt auch die Schule (wieder-?)erkannt. Anstelle der abgelösten Oktober-, Pionier- und Komsomol-Organisationen traten neuerdings Vereinigungen von *Barvynčata* und *Kozačata* (1.–4. Klasse), *Bilosvit* (5.–7. Klasse) und *Himnazijnyj Parlament* (8.–11. Klasse) in die ukrainischen Bildungseinrichtungen ein. Je nach Alter bringt man den Kindern und Jugendlichen verschiedene Facetten des „erwachsenen" Lebens bei. Im Unterschied zu früher allerdings ist die Teilnahme an entsprechenden Rollenspielen, Exkursionen, Wettbewerben etc. freiwillig. Viele Eltern nutzen die Möglichkeit, die Kleinen nach der Schule im Hort betreuen zu lassen, denn oft ist es die einzige Möglichkeit, sie sinnvoll zu beschäftigen, ohne dafür zahlen zu müssen.

Von dem flächendeckenden Netz an Kulturhäusern und prachtvollen Pionierpalästen aus der Sowjetzeit ist nichts weiter als die bröckelnde Fassade geblieben. Es gibt zwar nach wie vor zahlreiche **Zirkel, Kunst-, Musik- und Sportschulen,** die allerwenigsten von ihnen kommen aber in den Genuss einer staatlichen Unterstützung, was die entsprechende Ausbildung für viele zum Luxus macht.

Dasselbe trifft auf die Pionierlager zu, gut ausgerüstete Kinderdörfer, wo die Schulkinder früher gegen eine symbolische Bezahlung mindestens einen der drei Monate in den langen Sommerferien verbracht haben. Die meisten von diesen **Erholungseinrichtungen,** vor allem so begehrte wie die auf der Krim, sind privatisiert, aufwendig saniert und für viele unzugänglich geworden. Die Ausnahmen sind etwa die bezuschussten Sportheime für junge Talente oder Vorzeigeeinrichtungen wie „Artek" am Schwarzen Meer.

Spielen und Fluchen

Junge ukrainische Hacker sind zu einem Markenzeichen geworden, das selbst dem Pentagon Respekt einflößt.

Zu den alten und allgemein üblichen Lieblingsbeschäftigungen der Jugendlichen wie etwa Disko, Party und Musik ist eine neue Leidenschaft hinzugekommen: **Computer und Computerspiele.** Manche der neuartigen mehrstöckigen Computerspieltempel sind Tag und Nacht offen. „Schimpfen verboten!", so die Aufkleber über jedem Tisch in einer solchen Lokalität, die in Vynnycja gesichtet wurde. Harte Ausdrücke (gemeint ist der russische *„Mat"*, der keine Entsprechung im Ukrainischen findet und selbst von ukrainischsprachigen Jugendlichen mit in die Rede – manchmal statt der Rede – aufgenommen wird) sind für viele Jugendlichen ein Attribut des Dazugehörens.

Fluchen auf Ukrainisch

2004 ist in L'viv das erste deutsch-ukrainische Schimpfwörterbuch erschienen. Die Autorin *Oksana Gavriliv,* die an dem Lexikon vier Jahre lang gearbeitet hat, ist der Meinung, dass die ukrainische Schimpfart sich kaum von der deutschen unterscheidet. Die Schimpflexik würde sich übrigens bestens dazu eignen, die Werteskala einer Gesellschaft bzw. deren schwache Stellen zu offenbaren. So gibt es im Ukrainischen im Gegensatz zum Deutschen eine ganze Palette an Schmähwörtern zur Bezeichnung eines armen oder auch eines korrumpierten Menschen. Andersrum finden sich im Deutschen etwa 500 Synonyme für eine Prostituierte, während das Ukrainische auf gerade mal 20 kommt. Die größte Gemeinsamkeit oder auch das, was das Ukrainische wie andere europäische Sprachen vom Russischen unterscheidet, ist die absolute Abwesenheit der Erniedrigung der allernächsten Verwandtschaft, um es mal milde auszudrücken. Im Zentrum des berühmt-berüchtigten „dreistöckigen" russischen Mat steht fast ausnahmslos der grobe sexuelle Akt mit dem entsprechenden Arsenal an vulgären Attributen. Die ursprüngliche ukrainische Schimpflexik dreht sich jedoch meistens um den Begriff „Arsch" in seiner breitesten Definition, bis hin zum weiblichen Gebärorgan. (Auf die Frage, wo komme ich her, haben ukrainische Mütter nicht um den heißen Brei geredet, sondern geantwortet: „Aus dem Arsch gekrochen!") Das Demonstrieren der nackten Sitzmuskeln bleibt bis zum heutigen Tag der letzte Trumpf im nachbarschaftlichen Konflikt um die Grenzfurche oder ein fremdes Huhn. Das Russische ist nicht die einzige Sprache, derer man sich beim Zoten reißen zum Ärger der Patrioten behilft. Im Westen des Landes gibt es eine Reihe von polnischen *(Kurva! – Hure!)* und deutschen (*Naj by tebe šljag trafyv*! – Ein Schlag soll dich treffen!) Einsprengseln. Und dabei ist die Welt des echten ukrainischen Schandmauls zuweilen so vielflächig und poetisch, so romantisch und humorvoll, dass man sich ihr wahrlich nur schwer entziehen kann. Die Kosaken kannten nur drei beleidigende Wörter: Teufel, Schwein und Hund. Das von ihnen so hoch geschätzte Talent der Redegewandtheit bestand also seit eh und je einzig und allein in der Kunst des Komponierens. „Es soll dich hopsen und überhopsen!", „Dass dich der Regen nass macht!", „Dass es dir gut geht!" (im Sinne: Was hast du denn angestellt?), „Dass dir im Munde ein Federchen wächst!", „Dass dir eine Blase aus der Nase springt!", „Dass deine Kinder ihr ganzes Leben lang die Füße in einer Flasche waschen werden!" Und wem das alles nicht derb genug ist ... Die Huzulen haben in die gesamtukrainische Schatztruhe der Unflätigkeiten Bezeichnungen für männliche und weibliche Genitalien beigesteuert: *Slaven'* (in etwa: ruhmreiches Ding) und *Rozkišnycja* (in etwa: prachtvolles Ding).

Sweet-Home-Kino

Da ja die *„wichtigste aller Künste" (Lenin),* das Kino, in der Ukraine so gut wie lahm liegt (in den heruntergekommenen oder teuer renovierten Kinosälen laufen meist drittklassige Hollywood-Schinken), konzentriert sich die visuelle Unterhaltung auf die Bildschirme zu Hause. Das **Videotheken-Metier** scheint eher eine Domäne von Freaks als Business zu sein. Für

Kinos

Laut dem staatlichen „Entwicklungsprogramm für die nationale Filmindustrie 2003–2007" sollte es in jedem Rajon-Zentrum mindestens ein **Filmtheater** geben. Territoriale Verwaltungen, in deren Obhut die Kinos gerieten, für welche früher der staatliche Filmverleih mit ministerialem Status zuständig war, fühlen sich mit der Auflage überfordert. Oft bleibt ihnen nichts anderes übrig, als ehemalige Kinopaläste den Unternehmern verschiedener Couleur zur Miete zu überlassen. Im Großen und Ganzen hat wohl die Ukraine noch nicht den nötigen wirtschaftlichen Stand erreicht, welcher große Gewinne in dieser Branche garantieren würde. Der Durchschnittsverdiener – geschweige denn ein Rentner – kann sich die Eintrittskarten zu 25 Hryvnja (ca. 4 Euro; in der Hauptstadt deutlich teuerer) kaum leisten. Allerdings gibt es auch hier kleine Tricks. Man einigt sich mit dem Einlasspersonal, dass man nur die Hälfte oder ein Drittel des Eintrittspreises zahlt. Der Film wird ja ohnehin gezeigt, ob da ein paar mehr oder weniger sitzen, ist egal. Auf diese Weise können die Kinobesitzer die Löhne ihrer Angestellten niedrig halten. Zur Hauptklientel zählt die Jugend, die sich für Fantasy und Thriller interessiert. Andere Genres wie Komödie und Melodram gelten als unrentabel. Allerdings ist in den letzten Jahren etwas Bewegung in die Filmtheaterlandschaft gekommen. In den mit neuester Technik ausgestatteten Kinosälen der populärsten Filmtheaterketten wie „Kinopalac" oder „Linija Kino" werden glamouröse Premieren veranstaltet, wo man Regierungsmitglieder, Oligarchen und Filmstars samt Anhang antreffen kann. Die Zuschauerzahlen steigen um 5–10 % pro Jahr. Mittlerweile buhlen 7 private Filmverleihfirmen um die Gunst des Publikums. Die Filmverleiher hoffen, dass Ins-Kino-Gehen wieder Mode wird und die Ära der „heimischen Leinwände" bald vorbei ist.

manchen Video-Betreiber ist es oft eine Sache der Ehre, einen bestellten Film zu besorgen, selbst wenn es diesen im ukrainischen Verleih noch nicht gibt. Enormer Beliebtheit erfreuen sich die früher nicht gekannten brasilianischen und mexikanischen **Seifenopern.** Der Besuch der Hauptdarstellerin der Serie „Einfach Maria" vor 10 Jahren wurde in der Ukraine ähnlich frenetisch gefeiert, wie einst die Rückkehr des Kosmonauten *Jurij Gagarins* auf die Erde. Böse Zungen behaupten, dass die Seifenopern von der Regierung ausgedacht wurden, um der Bevölkerung Ukrainisch beizubringen. (Seit der Unabhängigkeit werden sämtliche ausländische Fernsehfilme – zum Ärger der Russischsprachigen gehören auch die russischen Filme dazu – in ukrainischer Übersetzung ausgestrahlt.) Auf jeden Fall bleibt die Ukraine wie es scheint der dankbarste Abnehmer für „Seife" auf dem internationalen Markt. Immer wieder werden **sowjetische Kino-Klassiker** wiederholt. Die populärsten von ihnen kennt man bereits auswendig, was der Popularität keineswegs schadet. Den Rest der Zeit füllen die westlichen Formate wie „Wer wird Millionär?", Talk-Shows und Popsongs. Einigermaßen fundierte Diskussionen und Foren fehlen im Fernsehen bislang. Was ja bei weitem nicht heißt, dass es den Ukrainern an der

Lust zu Auseinandersetzungen mangelt. Ganz im Gegenteil: Kommunikation und Freude aneinander sind die wesentlichen Bestandteile des hiesigen Lebens. Etwas, wie hochtrabend es auch klingen mag, wofür es sich lohnt zu leben. Deswegen heißt *harno vidpočyty* (sich schön erholen) für einen Ukrainer vor allem eins: **nicht allein sein.**

Sport

Unschlagbar!

Sport ist ein Metier, in welchem die Ukraine unumstritten zu den Großmächten zählt. Als gute Ringer, Segler und Reiter haben die Ukrainer immer schon gegolten. Andere **europäische Sportarten,** darunter Gymnastik, Tennis, Fechten und vor allem so populäre wie Fußball, verbreiteten sich dagegen erst Ende des 19. Jahrhunderts im Land. In diese Zeit fällt auch die Gründung erster Sportvereine und Clubs und es werden Meisterschaften veranstaltet. Bald darauf erstrahlten die ersten großen internationalen **Sportstars.** Bis nach Amerika drang der Ruhm des Ringers *Ivan Piddubnyj,* der 1905 in Paris Weltmeister wurde und nach 40 Jahren seiner Laufbahn die Matte praktisch ungeschlagen verließ. Gern erzählen sich die Ukrainer folgende Geschichte über ihren „Champion der Champions", wie die Weltpresse *Piddubnyj* nannte. Als *Ivan* zwei Jahre lang durch die USA reiste, waren einige Sportclubs nicht abgeneigt, ihn an sich zu reißen. Er blieb standhaft, obwohl es mitunter um ziemlich große Summen ging. Schließlich sollten ihm die Vertreter des Immigrationsdienstes gedroht haben, dass man ihm sämtliche Honorare für die Turniere wegnehmen würde, falls er nicht im Land bleibt. *„Die Heimat lässt sich nicht für Geld verkaufen",* war die Antwort des ukrainischen Recken. Es folgten viele andere Sportler, die den heutigen Ruf der Ukraine als eine der führenden Sportnationen festigten. Selbst denjenigen, die bis vor kurzem von der Ukraine noch nie etwas gehört haben sollten, dürften *Serhij Bubka,* der den Weltrekord im Stabhochspringen bis zum heutigen Tag immer noch hält, der Fußballer *Oleg Blochin,* die boxenden Brüder *Kličko* und vor allem „Dynamo Kiew" ein Begriff sein. Weitere **ukrainische Spitzensportler** sind die Eiskunstläuferin *Oksana Bajul,* die 1994 das erste Gold für die unabhängige Ukraine errungen hat, das „goldene Fischlein" *Jana Kločkova,* die von den Wettkämpfen stets mit einem Bündel Goldmedaillen zurückkehrt, die Turnerin *Larissa Latynina,* die mit ihren 18 olympischen Medaillen als erfolgreichste Sportlerin der Olympischen Spiele in die Geschichte einging und der berühmte Kurzstreckenläufer *Valerij Borsov.*

Der stärkste Mensch auf Erden

... ist (wen wundert das?) der Ukrainer *Vasyl' Virastyuk*, der Gewinner der Weltmeisterschaften World's Strongest Man 2004. Dieser Titel hat in der Ukraine Tradition. Einer der berühmtesten Vorgänger von *Vasyl'* war der zweifache Olympia-Sieger in Schwerathletik (1964 und 1968), der Ukrainer *Leonid Žabotyns'kyj*. Zu seinen ältesten Verehrern zählt der Gouverneur Kaliforniens *Arnold Schwarzenegger*. In den 1970ern hatte sich der junge Österreicher bei einem Jugendsportfestival in Österreich zu seinem Idol durchgeschlagen und ein Autogramm erbeten. 2005 waren *Leonid Žabotyns'kyj* und sein Sohn *Roman* Ehrengäste des von *Schwarzenegger* organisierten Sportfestes für die Recken aus der ganzen Welt „*Arnold* Classic". *Leonid Žabotyns'kyj* arbeitet gerade an der Verwirklichung seines alten Traumes: in Saporižža, seiner Heimatregion (und der seiner berühmten kosakischen Vorfahren!), ein internationales Super-Turnier für Schwerathleten namens „Kraft der Sterne" ins Leben zu rufen. *Arnold Schwarzenegger* habe seine Teilnahme bereits zugesagt.

Nationalsport

Fußball ist so was wie ein Nationalsport für die Ukrainer. Der legendäre *Oleg Blochin* (Kosename *„Blocha"*, übersetzt „der Floh"), dessen Bild jahrzehntelang in jedem ukrainischen Jugendzimmer hing, wurde zweimal zum besten Fußballspieler des Jahres gewählt (1975 hat er um 80 Punkte niemand Geringeren als den großen *Franz Beckenbauer* geschlagen). Mit seiner Heimat-Mannschaft **„Dynamo Kiew"**, die zweimal den Europacup gewann, ist eine Episode, heroisch und tragisch zugleich, aus dem Zweiten Weltkrieg verbunden, um die sich ebenfalls viele Legenden ranken. Im okkupierten Kiew hatten Dynamospieler eine Mannschaft namens „Start" gegründet und eine Reihe von Spielen gegen die deutschen Militärs durchgeführt, die unter dem Namen „Todesmatche" in die Geschichte eingingen. Für den Sieg mussten einige Fußballspieler mit dem Leben bezahlen ... Für die Völkerverständigung sorgt heute ein anderer Fußball-Superstar. AC-Mailand-Spieler *Andrej „Ševa" Ševčenko* ist mit seinem programmatischen Namen (*Taras Ševčenko* ist der Nationaldichter der Ukraine), gerade zu den Revolutionszeiten, zu einem Symbol der Ukraine auf dem Fußballfeld geworden. Von den italienischen Fans wird der „Teufel aus dem Osten" (so das gleichnamige in Italien erschienene Buch über ihn) heftig kritisiert und angehimmelt zugleich.

Dynamo-Kiew-Fans

Die ukrainischen Jackie Chans

Mit der Unabhängigkeit kamen ein paar völlig neue Sportarten hinzu. „Heiland", „Kathedrale", „Kreuz", „Svarga", „Kosakenzweikampf" und „Kampfhopak" - so heißen die Schulen, die auf der Welle der Wiedergeburt der **nationalen Kampfkünste** wie Pilze aus dem Boden schossen. Die meisten von ihnen stellen eine Synthese dar. Einerseits aus den östlichen Kampfkunstsystemen, die zu den Sowjetzeiten erst verboten, dann unheimlich populär waren. Andererseits aus der „ruhmreichen Kampfkultur der Kosaken", reichlich in patriotische und religiöse Parolen verpackt. So sah sich zum Beispiel der Gründer der Schule „Kampfhopak", *Volodymyr Pylat,* nach jahrelanger Recherche in China und Japan imstande, Elemente nationaler Kampfkultur zu entziffern, die in ukrainischen Volkstänzen kodiert waren. Der berühmte, sehr schnelle ukrainische Tanz im 2/4-Takt - *Hopak* - sei nämlich nichts anderes, als ein raffiniertes System aus Kraftbewegungen, deren Komplexität sogar das Arsenal der östlichen Kampfkünste überträfe. Ein überzeugendes Beispiel dafür sei das bekannteste Element *Rozničžka:* Der Tänzer springt hoch aus der Hocke und macht einen Spagat in der Luft. Ursprünglich sei dies ein Kampfgriff gewesen, um zwei Gegner gleichzeitig zu treffen. Wie auch immer scheint den heutigen „Sport-Hetmanen" der wahre Luftspagat gelungen zu sein: Die jugendlichen Teilnehmer dieser Schulen sind erstens von der Straße weg und tun zweitens etwas für die eigene Gesundheit.

076uk Foto: ai

Moderne Kommunikation

Immer zusammen! – der günstigste Handytarif

Spätestens seit der Sohn des Präsidenten *Juščenko* im Sommer 2005 von den Journalisten mit einem sündhaft teueren Mobiltelefon (ein Nokia mit Titanhülle und kratzfestem Saphirglas, der Preis umgerechnet tausend Euro, um genau zu sein) aufgespürt wurde, weiß man, dass ein **Handy** auch in der Ukraine ein unverzichtbares Attribut für Image sowie ein Statussymbol des Besitzers ist. Die meisten Vertreter der jüngeren Generation leben zwar etwas bescheidener als Juščenko-Junior, ein Handy ist aber in der heutigen Ukraine unter Jugendlichen definitiv ein Muss. Telefongedudel im Unterricht ist auch in Kiew mittlerweile eine Plage. Zusammen mit Russland ist die Ukraine der am stärksten wachsende Handymarkt in ganz Europa. Handy-Pavillions schießen wie Pilze aus dem Boden. Billigware ist nicht gefragt, ganz im Gegenteil: Es darf schon mal ein Minicomputer mit drin sein. Wer es sich leisten kann, ist, was die Marke und das Model angeht, stets auf dem neuesten Stand der Dinge. Stil, Design, Eindruck schinden – darauf kommt es bei vielen Handynutzern an. Etwas darzustellen ist für viele wichtiger als zu telefonieren. Es gibt Leute, die haben kein Guthaben mehr auf ihrer Karte, tragen das Telefon aber trotzdem mit sich herum. Andere wiederum schaffen es, aus dem kleinen Schmuckstück Kapital zu schlagen. Es wird zum Beispiel eine spezielle Prepaidkarte für 100 US $ gekauft, die ein unbegrenztes Telefonieren erlaubt. Dann bleibt nur noch, ein Schild „3 Minuten für 1 Hryvnja" anzufertigen und sich an einen der zentralen Plätze der Stadt hinzustellen. Angeblich vervielfacht das minutenweise Ausleihen des Mobiltelefons an die Passanten innerhalb der kürzesten Zeit den Einsatz um einiges.

Wir sind auf dem Majdan, dem Unabhängigkeitsplatz in Kiew, und wollen uns für die Zeit, die wir im Land verbringen, für unsere Mobiltelefone **ukrainische Chipkarten** besorgen. UMC ist einer der Marktführer der Branche. Das wissen wir und deswegen betreten wir einen geräumigen Eckladen mit der entsprechenden Aufschrift. Ein hilfsbereiter junger Mann springt uns entgegen und in einer halben Stunde sind wir im Bilde, nicht nur über die vielfältigsten Service-Pakete von UMC, sondern auch darüber, dass es ganz bestimmt nichts Besseres und Preiswerteres auf der ganzen Welt gibt. Während wir bereits in den Taschen nach dem Bargeld kramen, fragen wir den Burschen beiläufig, was für ein Service-Paket er persönlich habe. „Eins von Kiew-Star", lautet die Antwort, die uns zu schaffen macht. Was denn bei dem größten UMC-Konkurrenten besser sei, wollen wir natürlich wissen. Darüber könne er hier nicht reden, sagt unser Berater und fügt verschwörerisch hinzu: Wenn wir es ernst meinten, sollten wir doch einfach um die Ecke gehen. Ungläubig treten wir aus dem Laden heraus und zur nächsten Tür wieder rein. Anderes Licht, andere Farben, anderes Design: „Kiew-Star heißt Sie herzlich willkommen!" Die kleine Tür hinter der Theke geht auf, und unser alter Bekannter strahlt uns an: *„Ich glaube, das Paket ‚Zavždy razom' (Immer zusammen) ist genau das, was Sie brauchen!"* Das nehmen wir ihm sofort ab, wie auch die anschließende Information, dass es garantiert nichts Besseres und Preiswerteres auf der ganzen Welt gebe. Beim Abschied nehmen wir die Visitenkarte des „Dieners zweier Herren" dankend entgegen, von welcher wir noch öfters Gebrauch machen werden. In der Ukraine ist jemand, der dir mit einem professionellen Rat stets zur Seite steht, Gold wert.

Ära neuer Technologien

Die Orangene Revolution hat einen enormen Antrieb für die Entwicklung neuer Technologien in der Ukraine gegeben. Unerwartet für viele ist das Land auf einmal in der qualitativ neuen Ära der Telekommunikations-Technologien angekommen. Viele Sachen, die für die meisten Ukrainer noch gestern unerreichbar schienen, wie schnelles Internet, IP-Fernsehen und eigene Telefonstationen, stehen bereits unmittelbar vor der Tür. Gerade in Anbetracht der Annäherung an die europäischen Standards wird immer klarer, dass es für die Ukraine keine Alternative gibt als sich schleunigst aus einer industriellen in eine **Informationsgesellschaft** zu verwandeln. Die Ukraine verfügt über beste Voraussetzungen dafür. Das intellektuelle Potenzial des Landes ist immens. Nach den bescheidensten Einschätzungen der Experten könnte der **Exportumfang der Computer-Software** aus der Ukraine, einer Branche, die wegen der drastischen Steuerpolitik ein Schattendasein fristet, bis zum Jahre 2010 fünf Milliarden Dollar ausmachen. Bei tatkräftiger Unterstützung des Staates würde diese Summe bis zum Jahre 2015 auf bis zu 30 Milliarden Dollar steigen, was ungefähr dem gesamten Exportvolumen sämtlicher ukrainischer Unternehmen im Jahre 2005 entspricht. Die meisten ukrainischen Programmierer arbeiten für ausländische Firmen, ohne ihre eigenen vier Wände zu verlassen. Schwarz, versteht sich. Mit der Legalisierung der Branche würde das ausländische Kapital in die Ukraine strömen, wo es einerseits viele innovative Projekte gibt, es andererseits an der Erfahrung bezüglich deren Kommerzialisierung mangelt. Erst dann wird man mit der Geburt ukrainischer Stars rechnen können. Die Firma Google, die mit ihrer Internet-Suchmaschine zu einem Star der Branche wurde, hat ein Umsatzvolumen, das mit dem gesamten Bruttoinlandsprodukt der Ukraine gleichzusetzen wäre.

077uk Foto: if

REISE-KNIGGE

Ukrainisch oder Russisch?

Svitlana Pyrkalo, die junge ukrainische Erfolgsautorin und Verfasserin des ersten ukrainischen Slang-Wörterbuches scherzt in einem ihrer Romane, dass die Ukrainer im Ausland deswegen einander meiden würden, weil sie nie wissen, ob sie einen Landsmann ukrainisch oder russisch ansprechen sollen.

Diese Frage stellt sich mancher Ukraine-Reisende. Dabei ist sie ganz einfach zu beantworten: **Es ist eigentlich gleichgültig.** Denn wer eine der beiden Sprachen beherrscht, ist für eine Reise in die Ukraine gut gerüstet. Zwar sind Straßenschilder, Fahrpläne und andere Einrichtungen des öffentlichen Lebens in Ukrainisch gehalten, doch auch mit russischen Sprachkenntnissen wird man diese Hürde nach kurzer Zeit nehmen. Wer

Ukrainische Stolpersteine

Die Maschine von Ukraine-International hatte zwei Stunden Verspätung, und so landeten wir erst gegen Mitternacht in Boryspil', dem Flughafen vor den Toren der ukrainischen Hauptstadt, der selbst zu dieser unfreundlichen Reisezeit einem orientalischen Basar glich. Eine Maschine nach der anderen landete und spuckte immer neue Menschenmassen aus, meistens unsicher dreinblickende Touristen, denen die Horrorgeschichten des Sowjetregimes noch im Nacken saßen, bei denen aber die Neugierde gesiegt hatte. Sie stellten sich an den völlig überfüllten Ankunftsschaltern für Ausländer an und warteten stundenlang auf ihre Abfertigung. Die Schalter für ukrainische Staatsbürger hingegen waren leer, und so entschlossen wir uns zu einem wagemutigen Schritt. Wir durchforsteten die Gesichter der ukrainischen Beamten und entschieden uns für einen verschmitzt dreinblickenden Dunkelhaarigen im heiratsfähigen Alter. Dem legten wir unsere deutschen Pässe vor und hatten tatsächlich Glück. Er zwinkerte uns anerkennend zu und jagte uns den ersten (von drei) Schrecken dieser Nacht ein. Einer der Reisepässe war nur noch zwei Tage gültig und dabei wollten wir doch mindestens einen Monat im Lande bleiben! Was nun? Der Beamte empfahl uns (in akkurater Amtssprache), entweder die wahrscheinlich Zeit raubende Prozedur in der deutschen Botschaft zu versuchen oder zu gegebener Zeit völlig „ahnungslos" auszureisen und bis dahin die Polizei oder andere Institutionen zu meiden. Er stempelte hingebungsvoll die Pässe, wir schnappten schnell unser Gepäck, verließen den Flughafen und bestiegen nach den üblichen Preisverhandlungen ein Taxi. Als wir uns dann wie gewohnt anschnallen wollten, prustete *Serhij,* unser gut gelaunter Fahrer, laut los: „Daran erkennt man die Deutschen. Immer auf Ordnung und Sicherheit bedacht. Aber hier macht das niemand, Mädels!" Anpassungsgewillt wie wir waren, überließen wir uns dem Schicksal und rasten todesmutig und mit Volldampf über den holprigen Asphalt. Doch schon passierte es: In der Kiewer Innenstadt wurden wir in einen Unfall verwickelt. Wir fuhren trotz eines gewagten Brems-

vor der Abreise noch Ukrainisch oder Russisch lernen möchte, wird sich sowieso für das Russische entscheiden, denn ukrainische Sprachkurse gibt es in Deutschland äußerst selten, hingegen **Russisch an fast jeder Volkshochschule** angeboten wird. Entsprechend ist auch die Situation an Lehrmaterialien. Es gibt zahlreiche Russisch-Lehrbücher, Grammatiken und Wörterbücher, aber nur eine sehr beschränkte Anzahl entsprechender Werke für die **ukrainische Sprache,** die zudem meist nur in Insider-Kreisen bekannt sind. Ein wirklich brauchbares Wörterbuch oder eine Grammatik wird man in Deutschland noch vergeblich suchen. Wir empfehlen das **Lehrbuch** „Ukrainisch für Anfänger und Fortgeschrittene" von *Ludmila Schubert,* zu dem die Autorin ergänzende online-Lehrmittel anbietet (www.sprachendienst-online.de).

Man sollte sich jedoch nicht darüber hinweg täuschen lassen, dass beide Sprache schwer zu erlernen sind und ein brauchbarer Erfolg sich eher morgen als heute einstellen wird.

manövers frontal in ein anderes Auto – und hatten dennoch großes Glück. Mit ein paar Prellungen und einer zerbeulten Kamera stiegen wir aus und starrten hilflos in die finstere ukrainische Nacht. *Serhij* schnappte sich indessen den Schuldigen, der, wie in der Ukraine weit verbreitet, keine Haftpflichtversicherung hatte und schüttelte und rüttelte ihn so lange, bis der seine Zahlungsunfähigkeit kleinlaut zugab. In der Zwischenzeit hielten andere Fahrzeuge an, denen meist junge Männer entstiegen. Sie stellten sich zu den Streitenden und fuhren erst weiter, als andere Ankommende ihre Position übernahmen. Erst viel später verstanden wir, dass sie nicht nur aus purer Neugierde dabeistanden, sondern durch ihre Anwesenheit eine Eskalation des Konflikts verhinderten. Die Polizei rief jedenfalls niemand an und wie das Ganze endete, wissen wir nicht. *Serhij* holte einen Freund herbei, der uns, die wir mittlerweile völlig erschöpft waren, an unser Reiseziel in ein Kiewer Neubaugebiet brachte. Im 12. Stock des Hauses brannte noch Licht und genau dahin, zu unserer Freundin *Kateryna,* wollten wir jetzt. Wir schulterten unsere Rucksäcke und nahmen die Treppenstufen im Fluge. Doch kaum hatten wir die quietschende Haustür geöffnet, prallten wir vor einer betagten, aber äußerst rüstigen und durchsetzungsfähigen Dame zurück. Sie beschimpfte uns als diebisches Gesindel, drohte mit der Polizei und gab erst Ruhe, nachdem wir ihr unser Woher und Wohin darlegten. Da wurden wir von ihr auf das Herzlichste umarmt und geherzt, denn *Kateryna* hatte uns vorsorglich angekündigt. Sie schnappte sich einen großen Schlüsselbund und eine Glühbirne und begleitete uns im Fahrstuhl bis nach oben, wo sie im finsteren Gang flugs die Glühbirne einsetzte und uns freudestrahlend an unsere Gastgeberin übergab, die bereits mit schlechtem Gewissen auf uns wartete. Denn eigentlich wollte sie uns vom Flughafen abholen, doch das hatten wir als reiseerfahrene Damen vehement abgelehnt. Die nächtliche Abenteuerreise hat uns einmal mehr vergegenwärtigt, dass in der Ukraine einige Dinge ganz anders funktionieren. Davon mehr in den folgenden Tipps!

Das kyrillische Alphabet

Die erste Schwierigkeit ist das kyrillische Alphabet, das dem Ukrainischen zugrunde liegt und dessen Buchstaben zunächst an eine verschnörkelte Geheimschrift erinnern. Doch wer genau hinsieht, erkennt einige aus dem lateinischen Alphabet bekannte Buchstaben und mit etwas Übung sind die anderen Buchstaben schnell erlernt.

Die verschnörkelten Buchstaben bezeichnen **Zischlaute** und bereiten Ausländern große Sorgen, denn meistens sind sie gar nicht in der Lage, auch nur geringfügige Unterschiede zwischen den einzelnen zischenden Lauten herauszuhören. Die Buchstaben für die Zischlaute entstammen der „Glagolica", einer Schriftsprache, die von den aus der Gegend um Saloniki stammenden **Brüdern Kyrill und Method** im 9. Jahrhundert geschaffen wurde und sich vermutlich auf die griechische Minuskelschrift und verschiedene astronomische und chemische Symbole wie auch orientalische Schriftzeichen bezieht. Nach dem Tod der als „Slawenapostel" in die Geschichte eingegangenen Missionare entstand im 10. Jahrhundert das kyrillische Alphabet, das nach *Kyrill* benannt wurde. Es setzt sich aus den griechischen Großbuchstaben und den aus der „Glagolica" übernommenen Zeichen für die slawischen Zischlaute zusammen.

Das ukrainische Alphabet

Das Ukrainische gehört gemeinsam mit dem Russischen und Weißrussischen zur ostslawischen Sprachengruppe, die sich erst relativ spät – etwa seit dem 14. Jahrhundert – in die einzelnen Sprachen differenzierte. Das ukrainische Alphabet besteht aus 33 Buchstaben, deren Aussprache und die im Buch verwendete Transliteration in der folgenden Übersicht dargestellt sind. Besonders schwierig ist die Aussprache der Wörter mit den fremden Buchstaben und die Betonung der Wörter, die sich mit der grammatischen Form ändern, birgt manche Tücken. Eine falsche Betonung kann ein Wort mit einer völlig anderen Bedeutung hervorbringen. So verlangten wir am Bahnhof händeringend Fahrkarten nach Sevástopol – aber leider verstand uns niemand, denn die Stadt auf der Krim heißt Sevastópol und wird daher nicht auf dem „a" betont, sondern auf dem ersten „o".

Transliteration

Ukrainischer Buchstabe	Lateinische Transliteration	Aussprache
А, а	a	wie „a" in „Vater"
Б, б	b	wie „b" in „Ball"
В, в	v	wie „w" in „Wasser"
Г, г	h	wie „h" in „Hose" (immer hörbar)
Г', г'	g	wie „g" in „Gott"
Д, д	d	wie „d" in „Donner"
Е, е	e	wie „e" in „Rettung"
Є, є	je	wie „e" in „Jenseits"
Ж, ж	ž	wie stimmhaftes „sch" in „Garage"
З, з	z	wie „s" in „Rose"
И, и	y	wie halboffenes „e" in „Gesang"
І, і	i	wie „i" in „Mine"
Ї, ї	ji	wie „ji" in „jiddisch"
Й, й	j	vor a, o, e, u wie „j" in „Maja"; nach a, o, e, u, y kürzer, wie „i" in „Mai"
К, к	k	wie „k" in „Kai"

Л, л	l	wie „l" in „Licht"
М, м	m	wie „m" in „Mutter"
Н, н	n	wie „n" in „Nacht"
О, о	o	offenes „o" in „Nonne"
П, п	p	wie „p" in „Papier"
Р, р	r	rollendes Zungenspitzen-r (wie im Fränkischen)
С, с	s	stimmloses „s" wie in „was"
Т, т	t	wie „t" in „Tante"
У, у	u	wie „u" in „Musik"
Ф, ф	f	wie „f" in „Faust"
Х, х	ch	vor a, o, e, u ein „ach"-Laut wie in „Bach"; vor I ein „ch"-Laut wie in „China"
Ц, ц	c	wie „z" in „Zebra"
Ч, ч	č	stimmloses „tsch" in „deutsch"
Ш, ш	š	stimmloses „sch" in „Schule"
Щ, щ	šč	stimmloses „schtsch„
Ь, ь	'	So genanntes „Weichheitszeichen" bewirkt, dass der vorangegangene Laut „weicher" gesprochen wird.
Ю, ю	ju	wie „ju" in „Juli"
Я, я	ja	wie „ja" in „Januar"

Im Zweifelsfall: deutsch!

Ein aufmerksamer Zuhörer wird bald mit Erstaunen feststellen, dass es im Ukrainischen auffallend **viele deutsch klingende Wörter** gibt – wesentlich mehr als im Russischen. Die Frage der deutschen Lehnwörter in der ukrainischen Sprache war in den letzten 200 Jahren oft Gegenstand wissenschaftlicher Betrachtungen. Es gibt bis heute keine einheitliche, erschöpfende Antwort. Empfehlenswert ist die Arbeit „Deutsche Lehnwörter in der ukrainischen Sprache" von *Olexa Horbač (Olexa Horbatsch,* Gesammelte Aufsätze, München 1997), die einen kurzen Überblick über die faszinierende tausendjährige Geschichte der Gemeinsamkeiten zwischen den slawischen und germanischen Völkern bietet.

Die ältesten Entlehnungen, wie „Gans" (ukr. гуска/*huska*) oder „Buche" (ukr. бук/*buk*) sind noch auf das Urgermanische bzw. Urslawische zurückzuführen. In der heutigen ukrainischen Sprache sind vor allem in den Bereichen Handel, Haushalt, Bau, Landwirtschaft, Handwerk, Recht, Jagd, Buchdruck, See- und Militärwesen etwa 1000 bis 1500 **deutsche Lehn-**

wörter anzutreffen. Einige von ihnen sind direkt über die Träger der deutschen Sprache, die anderen über die nächsten Nachbarn der Ukrainer – Polen, Russen, Tschechen, Slowaken, Ungarn und Rumänen – oder auch indirekt über das Jiddische ins Ukrainische eingedrungen. Hier ist eine kleine Auswahl deutscher Entlehnungen, die es im Russischen nicht gibt. Sie sollen einem Deutschen helfen, sich auf Anhieb ukrainisch zu „äußern". Im Ukrainischen ist die Verständigung in dem Sinne einfacher, dass man nicht wie im Deutschen zum Bilden der Sätze Verben benötigt. Um zum Beispiel die Begeisterung über eine schöne Farbe zum Ausdruck zu bringen, reicht es zu sagen: „Файна фарба!" *(Fajna farba!)*, um kundzutun, dass Ihnen zum vollen Glück nur noch ein bisschen Zucker fehlt: „Бракує цукру" *(Brakuje cukru)*. Nur Mut!

Vokabellernen leicht gemacht

Papier	папір (papir)
Zucker	цукор (cukor)
Zwiebel	цибуля (cybulja)
Öl	олія (olija)
Koma	кома (koma)
Flasche	пляшка (pljaška)
Pantoffeln	пантофлі (pantofli)
Zivil	цивільний (cyvil'nyj)
Pinsel	пензель (penzel')
Krawatte	краватка (kravatka)
Ziegel	циглина (cyhlyna)
Dach	дах (dach)
Hacken	гак (hak)
Strom	струм (strum)
Muschel	мушля (mušlja)
Kugel	кула (kulja)
Druckerei	друкарня (drukarnja)
Schaufel	шуфля (šuflja)
Farbe	фарба (farba)
Falte	фальда (fal'da)
fein	файно (fajno)
brauchen	бракувати (brakuvaty)
Gang	ганок (hanok)
Hort	гурт (hurt)
Draht	дріт (drit)
Tischler	тесля (teslja)
Schwager	швагро (švahro)
Kram	крам (kram)
Kosten, kosten	кошти (košty), коштувати (koštuvaty)
Kreide	крейда (krejda)

Trink, trink mit mir!

Schnalzt ein Mann mit den Fingern an den Hals, weiß in der Ukraine jeder, dass er einen „Trinkpartner" sucht. Wer eine solche Einladung annimmt, egal ob auf der Straße oder beim exklusiven Geschäftsessen, sollte sich bewusst sein, dass dies für gewöhnlich ein Gelage bis zum „bitteren Ende" bedeutet!

Mimik und Gestik

Sie beherrschen weder Ukrainisch noch Russisch? Kein Problem, mit etwas Fantasie und **Körpersprache** ist das Manko leicht behoben: Wir begleiteten wieder einmal unseren deutschen Freund in ein Archiv und waren so in ein Gespräch verwickelt, dass wir die Straße nur wenige Meter neben einem Zebrastreifen überquerten. Das hätten wir nicht tun sollen, denn sofort wurden wir von einem wild gestikulierenden Polizisten mit wichtiger Trillerpfeife aufgehalten. In unserer Not spielten wir mit reuevoller Miene unschuldige Ausländer, die leider nur Englisch sprechen und provozierten damit beim ukrainischen Staatsdiener einen Schwall bester Flüche: Čort pobery! (Der Teufel soll euch holen!). Dann zückte er ein altes Fahrschullehrbuch und erklärte anhand einer Zebrastreifen-Zeichnung und mit viel Körpereinsatz sämtliche Verkehrsregeln. Von seiner Mimik und Gestik waren wir so fasziniert, dass wir ihn am liebsten gefragt hätten, ob er im Zweitberuf Schauspieler sei. Doch leider konnten wir ja weder Ukrainisch noch Russisch! Und unsere Körpersprache ... die mussten wir erst trainieren! In der Ukraine!

Namen und Anrede

Ljubko, Kost', Marusja oder Myrosja – das Ukrainische kennt endlos viele **Koseformen** für Ljubomyr, Kostjantyn, Marija oder Myroslava. Egal ob es sich bei der Person um ein Kind, einen stämmigen Mann oder eine geschäftstüchtige Unternehmerin handelt, die „zärtliche" Anredeform ist in der Ukraine weit verbreitet. Sie wird nicht nur für Lebewesen gebraucht, sondern auch für Dinge des alltäglichen Bedarfs: *vodýcja* – das (hochprozentige) Wässerchen, *dimok* – das Häuschen oder *ručenjáta* – die Händchen. Das **„Verniedlichen"** ist eine wahre Kunst, ebenso wie die grobe und oftmals vulgäre Verkehrung ins Gegenteil!

In den letzten Jahren hat sich wieder die aus der Kosakenzeit stammende **Anrede** *páni/pané* (Frau/Herr) eingebürgert. Dieser folgt der Familien-

Von Katzen, Babys und Kadavern

Die ukrainische Botschaft in Berlin ermahnt die westlichen Reisenden in einem Ratgeber: *„Die Sitten und Gebräuche in der Ukraine unterscheiden sich teils doch recht erheblich von denen im Westen. Insbesondere sollten Besucher vor allem auch folgende ungeschriebenen Gesetze beachten. Erstens: Geben Sie niemandem über einer Türschwelle die Hand oder ein Geschenk. Das bringt nach Meinung vieler Ukrainer Unglück. Zweitens: Blumensträuße sollten immer aus einer ungeraden Zahl von Blumen bestehen, Sträuße mit geraden Zahlen gibt es in der Ukraine nur bei Begräbnissen ...“*

Es ist erstaunlich: Die Ukraine, ein moderner entwickelter Staat mit einem hohen Ausbildungsniveau und einer besonders niedrigen Analphabetenquote, ist ein Eldorado für die Erforscher allen möglichen **Aberglaubens.** Die allgemein bekannte „schwarze Katze“ ist noch völlig harmlos im Vergleich zu den anderen Schreckgespinsten, die in den Köpfen herumgeistern. Elemente heidnischer Traditionen und christliche Vorstellungen sind im kollektiven Bewusstsein über die Jahrhunderte zu einer einheitlichen Gestalt verschmolzen. So wird etwa der heilige *Elias* mit dem heidnischen *Perun*, dem Gott des Donners und des Krieges, gleichgesetzt. Die vorchristlichen Feld-, Wald- und Wiesengötter haben so viele Spuren hinterlassen, dass es auch im heutigen Alltagsleben noch eine Vielzahl von Verhaltensregeln oder Omen des traditionellen Aberglaubens gibt. Zu Heiligabend oder bei besonderen Anlässen ist es zum Beispiel vielerorts immer noch Brauch, ein Glas für die Verstorbenen hinzustellen, denn die Seelen der Ahnen nehmen an der Tafel teil. Sehr verbreitet ist der Brauch des „ersten Fußes“: Der erste Gast im Neuen Jahr (ukr. *polasnyk*) sollte möglichst ein gutherziger und glücklicher Mensch und vor allem ein Mann sein. Ukrainische Zaubermeisterinnen haben zwar vom romantischen Nimbus der hinreißenden Waldhexe Olesja aus der gleichnamigen Erzählung von *Alexander Kuprin* etwas eingebüßt, aber keine von den unzähligen Wahrsagerinnen, Heilerinnen und Kräuterkennerinnen sitzt heutzutage ohne Arbeit da. Der Glaube an Zauberkräfte, den bösen Blick und das Verderben ist nach wie vor unerschütterlich.

„Gehe nicht, o Gregor, gehe nicht zum Abendtanz.
Zauberische Mädchen folgen deinen Schritten dort.
Weiße Hand wie Schnee braut dir Tee aus Zauberkräutern,
trübt den Spiegel deiner Seele wie der Wind den See.“
(„Oj, ne chody Hrycju“, ein ukrainisches Volkslied)

Bevor man einen Baum pflanzt, soll man an dieser Stelle einen Tierkadaver eingraben, sonst wird der Baum keine Früchte tragen. Wenn an einem Geburtstag die Piroggen misslingen, wird das Geburtstagskind noch im selben Jahr sterben. Wenn in einem Haus Mäuse auftauchen, bringt es unerwarteten Reichtum. Wenn der Kranke sich auf eine Seite mit dem Gesicht zur Wand legt, wird er sterben. Wenn jemand die Kleidung linksrum trägt, wird er geprügelt. Wenn Salz verschüttet wird, gibt es Streit.

name *(páni Petrova/pane Petróv)* oder, wenn man sich etwas näher kennt, der Vorname *(páni Halýno/páne Pávle)*. Allerdings muss man dazu immer den siebten Fall (Anredefall) des ukrainischen Deklinationssystems verwenden. Aus Sowjetzeiten stammt die Bildung der Namen aus Vornamen, Vatersnamen und Familiennamen: Tamára Petrívna Kovalénko. Zur Bil-

Niemals darf man: von einem Messer essen (Du wirst ein böser Mensch werden!), in ein Glas, welches in der Hand gehalten wird, einschenken, eine ausgetrunkene Flasche auf den Tisch stellen (sonst gibt es nie wieder eine volle in diesem Haus), als Unverheiratete an einer Tischecke sitzen (man bleibt dann ganze sieben Jahre solo), an sich selbst etwas nähen (man näht sich den Verstand zu), vom Brotlaib ein Stück abbrechen (sonst hat man ein gebrochenes Leben), von gesprungenem Geschirr essen, einen kaputten Spiegel im Haus aufbewahren (beides bringt Unglück), die Haare vor einer Prüfung waschen (sämtliche Kenntnisse werden weggespült), dem Geburtstagskind vor dem Geburtstag gratulieren, einem Mädchen auch nur zum Scherz auf den Po klopfen (auf diese Weise werden die Verehrer „verschlagen") ... Die allerstrengsten Vorschriften beziehen sich aber auf die Schwangeren und junge Mütter. Eine Schwangere darf ihre Haare nicht schneiden (so verkürzt sie das Leben des Kindes). Es ist durchaus möglich, dass man als schwangere Frau in einem Frisörsalon abgewiesen wird. Eine Schwangere darf nicht stricken (sonst wird sich das Kleine im Bauch an der Nabelschnur verfangen), die Arme hoch strecken oder das eigene Gesicht anfassen (es wird Muttermale im Gesicht bekommen) ... Dabei sind manche abergläubischen Bräuche gar nicht so alt. So wie die Sitte, die Babyausstattung erst nach der Geburt zu besorgen. Früher konnte man sich schwer vorstellen, dass man Kinderbettchen, Wäsche und Babykleidung an einem einzigen Tag herzaubern kann. Daher war es üblich, dass der Vater Monate im Voraus an einer Wiege bastelte, während die werdende Mutter an den winzigen Hemdchen nähte. Heute hetzt sich der junge Vater in den ersten paar Tagen zu Tode, um das Nötigste zusammenzuraffen, während die frischgebackene Mutter im Entbindungshaus die Abschlussrunde ihrer „Krankheit" (so die allgemeine gesellschaftliche Einstellung zur Schwangerschaft) kurieren lässt. Was ja noch gar nicht bedeutet, dass sie ihren Härtetest bereits bestanden hat ... Einem Baby darf man keine Nägel schneiden, bis es ein halbes Jahr alt wird (siehe Haarschneiden). Ein Baby, das noch nicht drei Monate alt ist, darf nicht in einen Spiegel gucken (sonst wird es an Rachitis erkranken) usw. usf. Zum Glück gibt es ein paar einfache Tricks, die es erlauben, die üblen Folgen von sich abzuwenden. Gegen die Katze, die einem über den Weg läuft oder eine Person mit einem leeren Eimer, was genauso schlimm ist, kennt der Ukrainer ein wirksames Mittel: Während man deren Spur überquert, fasst man sich an einen Knopf. Gegen den bösen Blick hilft eine Sicherheitsnadel am Körper (manches Brautkleid sieht von innen wie ein Panzerhemd aus). Wenn man einen Spiegel zerbrochen hat, fegt man die Scherben zusammen und vergräbt sie an einem Kreuzweg. Um den Klaps auf die bewusste Rundung ungültig zu machen, „zieht" man den Schlag wie eine unsichtbare Folie wieder „ab". Wem das alles zu viel ist, der sollte sich wenigstens eine universelle Zauberformel merken: dreimal über die linke Schulter spucken. TJFU, TJFU, TJFU – und weiter geht's, bis zum nächsten Fettnäpfchen!

dung des Vatersnamens *(po bát'kovi)* wird an den Namen des Vaters bei Frauen zusätzlich die Silbe *-ivna* und bei Männern die Silbe *-ovyč* angefügt. Oft werden Personen wie Lehrer oder andere Respektspersonen, beispielweise die betagte Großmutter des Ehemannes, mit Vor- und Vatersnamen angeredet.

Das hört sich zunächst sehr förmlich an, doch das sind die Ukrainer gewiss nicht. Viel schneller als in Westeuropa ist man beim **Duzen** und nennt sich beim Vornamen. Aber bitte in einer klangvollen Verniedlichungsform! Auch die Vornamen der deutschen Besucherinnen wurden ukrainisiert: aus Evelyn wurde „Ewa" und aus Ruth „Ruta", denn einen Frauennamen, der nicht auf -a endet, gibt es im Ukrainischen nicht. Auf jeden Fall sind die Ukrainer äußerst einfallsreich und schon manch westlicher Besucher hat, mit einem wunderschön klingenden ukrainischen Namen versehen, das Land wieder verlassen!

Kontakte und Tipps

Begrüßung

Nach altem Brauch soll eine Frau nicht von einem fremden Mann berührt werden, und so reicht man auch heute als Mann Ukrainerinnen zur Begrüßung nicht die Hand, wenn man sich noch nicht kennt, um nicht unhöflich zu sein. Von dieser Ausnahme abgesehen, gibt man sich die Hand, begrüßt sich noch etwas herzlicher mit einem Kuss links und rechts auf die Wange oder umarmt sich. *Dóbryj den'* (Guten Tag), *Dóbryj ranok* (Guten Morgen) und *Dóbryj večir* (Guten Abend) sind die üblichen Begrüßungsformeln, etwas salopper sagt man *Pryvít* (Sei gegrüßt). Im Westen kann man oft *Sláva Isu* (Grüß Gott) hören. Möchte man ein Gespräch beginnen, fragt man möglicherweise *Jak spravy?* (Wie geht es Ihnen?) oder *Ščo novoho*? (Was gibt es Neues?)

Verabredungen

Angenommen, wir wollen uns übermorgen mit *Kateryna* treffen. Wir rufen sie an und verabreden uns für 14 Uhr am Hauptpostamt. In Deutschland fänden wir uns selbstredend zur vereinbarten Zeit zum Stelldichein ein. Nicht so in der Ukraine: Hier ist die Abmachung erst der Beginn einer uns Deutschen **unverständlichen Prozedur:** Bevor wir uns am übernächsten Tag wiedersehen, telefonieren wir, den ukrainischen Gepflogenheiten entsprechend, noch mehrmals hin und her, was allerdings nichts daran ändert, dass wir am Ende doch wie bestellt und nicht abgeholt vor dem

Hauptpostamt stehen, bis *Kateryna* - mit einer halben Stunde Verspätung - uns entgegen stürzt und umarmt. Ukrainer sind eben **nicht besonders pünktlich,** allerdings wird von ausländischen Gästen durchaus deutsche Pünktlichkeit erwartet! Ukrainer **telefonieren gerne und stundenlang** und schätzen daher Telefonate, bei denen lediglich wichtige Informationen ausgetauscht werden, ebenso wenig wie wir das zwar kommunikative, aber Zeit raubende Verabredungsritual.

Kleider machen Leute

„Schneider stand hinter einer großen Frau, geschätzt Mitte dreißig, mit kurzen, rotgefärbten Haaren, randloser Sonnenbrille und blau getöntem Glas, sehr figurbetonten, sehr blauen, sehr modischen Jeans, schwarzen Stiefeln mit Highheels, und es war nicht zu übersehen, dass sie überaus sexy war und Wert darauf legte, dass man ihr dies auch ansah".
(Christian Schüle, „Die Zeit")

Vor allem die **jungen Ukrainerinnen sind äußerst modebewusst** und stolzieren in den neuesten „Looks" genussvoll übers Parkett. Sie lassen ihrer Fantasie freien Lauf und schmücken das Leben mit den ungewöhnlichsten Kreationen. Ihre Mütter und Väter nehmen sich zwar etwas bescheidener aus, doch auch sie legen Wert auf feine Kleidung, besonders bei Familienfesten, im Theater oder im Restaurant. Deshalb sollte eine **„Ausgehgarnitur“** (gebügelt!) im Reisegepäck nicht fehlen! Frauen benötigen für den Besuch einer orthodoxen Kirche außerdem noch ein Kopftuch, denn die Gotteshäuser dürfen nur mit bedeckten Armen, Beinen und Haaren betreten werden!

Gastfreundschaft

Wer sich bis dahin nur über unfreundliche Busfahrer und Schalterbeamte geärgert und auf der Straße in abweisende, beschäftigte Gesichter geblickt hat, wird überrascht sein, wenn er plötzlich an einem Küchentisch sitzt, der Teekessel surrt und alle Köstlichkeiten des Hauses aufgetragen werden. Die ukrainische Gastfreundschaft ist sprichwörtlich und kennt keine Grenzen! Der liebe Gast wird gemästet wie eine Weihnachtsgans und mit Trinksprüchen zum Leeren des Glases gezwungen. Das erste Gläschen Horilka wird unbedingt in einem Zuge geleert, das zweite beschwingt in die Kehle gegossen, das dritte mit einem pathetischen Trinkspruch auf die Frauen gestürzt, das vierte ... Doch diese Erfahrung mit der privaten Lebensart der Ukrainer sei jedem selbst überlassen: die Küchengespräche, das Horilka-Trinken, die Distanzlosigkeit – und hoffentlich das Neinsagen-Können!

079uk Foto: es

Geld wechseln

Unterwegs Geld zu wechseln ist keine Selbstverständlichkeit. Wechselstuben gibt es entweder an der Grenze (mit entsprechend ungünstigem Wechselkurs) oder in den Städten (Öffnungszeiten meistens von 10 bis 18 Uhr). Den besten Wechselkurs bieten die Banken oder kleinere Wechselstuben, die sich in Geschäften oder in Kiosken auf der Straße befinden. Der Wechselkurs ist in großen Städten und da vor allem im Zentrum am besten. In kleineren Städten oder auf dem Lande kann das Wechseln schon mal mühselig werden. Nachts kann man Geld auf großen Bahnhöfen oder in Hotels wechseln. Niemals auf der Straße wechseln, selbst wenn man einen supergünstigen Kurs angeboten bekommt!

Toiletten

Ein Toilettenbesuch ist ein leidiges Thema in der ganzen Ukraine! Zwar gibt es in großen Städten mittlerweile viele Pachttoiletten, ebenso sind sie in den unzähligen Cafés und Restaurants vorhanden, aber ansonsten fehlen sie im öffentlichen Raum. Besonders in kleineren Städten kann das zum Problem werden. An Bahnhöfen und Busbahnhöfen sind zwar immer Toiletten zu finden, aber die hygienischen Bedingungen sind meistens furchterregend und sehr gewöhnungsbedürftig. Toilettenpapier gibt es in der Regel nicht. Neben den üblichen Symbolen sind die Toiletten auch an den kyrillischen Anfangsbuchstaben für Frauen (Ж) und Männer (russ. **М**; ukr. Ч) zu erkennen.

Kinder

Das öffentliche Leben in der Ukraine ist nicht auf Mütter oder Väter mit Kindern eingestellt. In öffentlichen Einrichtungen gibt es keine Fahrstühle oder Rampen, sodass Kinderwagenfahrer oder behinderte Menschen oft ausgeschlossen bleiben. Beispielsweise ist die Kiewer Metro nur über endlose Rolltreppen zu erreichen, auf denen Kinderwagen unmöglich mitfahren können. Das Fortbewegen mit Kindern, geschweige denn mit einem Kinderwagen, wird so oft zur Tortur.

Kinderspielplätze gibt es selten, meistens sind die Spielgeräte verrostet und der Sand verschmutzt. Sicherheitsvorkehrungen, wie sie sich in Deutschland durchgesetzt haben, kennt man in der Ukraine nicht. So ruft mancher Spielplatz bei westlichen Eltern das blanke Entsetzen hervor: An einem Sommertag entführte uns *Jaroslav,* der Sohn unserer Kiewer Freunde, stolz an den beliebten Kinder-Strand am Dnepr. Hier werden nur Eltern und deren Kinder eingelassen. Doch zu unserem angstvollen Erstaunen rasten nur wenige Meter vom Ufer, an dem hunderte von Kinder planschten, Motorboote vorbei, deren übermütige Fahrer sich einen Spaß daraus machten, die kleinen Badegäste zu erschrecken. Am liebsten wären wir sofort geflüchtet, doch wir brachten es nicht übers Herz, unseren kleinen Freund zu enttäuschen. So standen wir bis zum Bauchnabel einsatzbereit im Wasser und lieferten den Kleinen abends heilfroh wieder ab.

Unterwegs

Mit dem Auto

„Unsere Straßen sind wie unser Leben. In Deutschland setzt du dich ans Steuer und schläfst ein. In der Ukraine reicht es nicht, sämtliche Verkehrsregeln draufzuhaben. Du musst ständig auf der Hut sein. Dafür ist es aufregender. Auf den Landstraßen meiner Region bin ich Michael Schumacher. Ich kenne dort jede auch noch so kleine Vertiefung. Keiner bringt es fertig, mich zu überholen!“
(ein ukrainischer Freund)

„ ...diese Rumpelpiste, von Tausenden Sprüngen durchzogen, ebenso oft geflickt und dennoch in ruinösem Zustand. Es schleudert mich hoch, es rüttelt mich durch, der Fahrer kann kaum sechzig fahren, und jedes Schlagloch legt ein explizites Bekenntnis von der Nichtzugehörigkeit zur griechisch-römischen Zivilisation ab ... “
(*Jurij Andruchovyč*, „Das letzte Territorium“)

Wer mit dem Auto durch die Ukraine fährt, wird das Land richtig kennen lernen und er kann sich unabhängig vom öffentlichen Verkehr fortbewegen. Wenn man an ein paar kleine Sachen im Voraus denkt, kann man eventuelle Unannehmlichkeiten minimieren. Fährt man mit einem fremden Wagen über die Grenze, sollte man entsprechende Unterlagen mitführen (bei einem Firmenwagen etwa einen unwiderlegbaren Beweis, dass Sie bei der Firma tatsächlich beschäftigt sind). Ansonsten reichen die üblichen Unterlagen – Führerschein, Fahrzeugpapiere und Grüne Versicherungskarte – aus.

Die erste Regel auf ukrainischen Straßen lautet: „Besser vorher denken als hinterher!“ Insider raten, ein ungewöhnliches Manöver des vor Ihnen fahrenden Fahrzeuges nachzumachen: Gut möglich, dass Sie dadurch einer Gefährdung entgehen, die dem Anderen nur allzu gut bekannt ist.

Die zweite Regel lautet: „Stets ein **Mobiltelefon** bei sich haben!“ Außerhalb der Ortschaften gibt es in der Ukraine keine Telefone. Am besten Sie kaufen in der ersten Stadt, die Sie passieren, eine ukrainische Chipkarte für Ihr deutsches Telefon. Es wird sich bereits nach den ersten 5 Minuten, die Sie für Roaming mit Ihrem Handy bezahlt hätten, rentieren. Allerdings müssten Sie sich bei Ihrem Anbieter erkundigen, wie man die **Notdienste** erreicht.

Die dritte Regel lautet: „Niemals ein Auto über Nacht unbeaufsichtigt lassen“. Es gibt genug bewachte Parkplätze, die sicher und preiswert sind.

Es gibt private **Abschleppdienst**-Firmen. Schneller und einfacher ist es, jemanden zu bitten, Sie bis zur nächsten Reparaturstelle abzutransportieren. Am besten Sie halten ein Taxi an, da können Sie sicher sein, dass man Sie nicht in den nächstliegenden Wald abschleppt. Nicht vergessen, den Preis vorher auszuhandeln!

Auch in der **Autowerkstatt** sollte man unbedingt den Preis für die Arbeit vor der Reparatur aushandeln. Denn danach kann der Meister locker die fünffache Summe des Üblichen fordern, besonders wenn er mitkriegt, dass Sie Ausländer sind. Dasselbe Prinzip der Verhandelbarkeit gilt bei Unfällen. Es gibt mittlerweile eine obligatorische Haftpflichtversicherung, die allerdings die wenigsten Ukrainer vorweisen können. Es empfiehlt sich daher, bei einem Unfall zu warten, bis die Straßenpolizei erscheint, Fotos zu machen und sicherzustellen, dass von den Polizisten detaillierte Beschreibungen und Zeichnungen des Unfallvorgangs angefertigt werden.

Das **Tankstellensystem** ist in den letzten Jahren gut ausgebaut worden, sodass man überall bleifreies Benzin und Diesel erhalten kann. Bleifreies Benzin ist durch die Oktanzahl 98 oder 95 gekennzeichnet.

Mit dem Zug

„Der Waggon der dritten Klasse riecht nach feuchten Kissen,
nach Klosett, Zigaretten, Liebe und armer Leute Gepäck,
dazu die Namen der Mädchen aus dem Coupé von gestern –
all das bleibt zurück im strömenden Wasser der Nacht."
(*Natalka Bilocerkivec'*)

Das Reisen mit der Bahn ist in der Ukraine weit verbreitet. Das Land ist groß und es müssen weite Strecken überwunden werden. Dafür stehen den Reisenden **Waggons verschiedener Preisklassen** zur Verfügung.

Die bequemste Variante des Reisens bieten die Wagen der Klasse **„kupé"**. Dabei handelt es sich um ein Abteil mit vier Liegen (je zwei oben und unten), auf denen man genügend Platz hat und in dem man vom Schaffner gegen einen Obolus auch Bettwäsche und heißes Wasser für Tee oder Kaffee bekommt. Die Abteile haben genügend Stauraum für Gepäck und können nachts verriegelt werden, was zu empfehlen ist.

Weniger bequem, dafür aber auch aufregender und kommunikativer ist das Reisen in der nächst billigeren Klasse **„plackarty"** – ein offener Liegewagen mit etwa 40 Plätzen, in dem sich niemand allein überlassen ist. Es wird gemeinsam geschwitzt (vor allem im Sommer, wenn die Klimaanlage defekt ist und die Fenster sich nicht öffnen lassen), geschnarcht oder geplaudert. Danach kennt man die Lebensgeschichten der anderen Passagiere und auch das eigene Hemd hat man großzügig geteilt. Außerdem ist es der einfachste Weg, sich eine Unterkunft an der nächsten Reisestation zu organisieren.

Sollten am Bahnhof alle Fahrkarten für die beiden genannten Kategorien nicht mehr vorhanden sein, bleibt nur die Möglichkeit, auf den nächsten Zug zu warten oder sich wie vor allem die armen Ukrainer dem Schicksal zu ergeben und Fahrkarten der Kategorie **„zahal'nyj"** zu kaufen. Damit hat man Zutritt zu einem offenen Liegewagen (wie *plackartnyj*), nur leider ohne Platzkarte. So kann es leicht passieren, dass man auf der Erde landet oder vor der Toilettentür nächtigt. Apropos Toiletten. Es gibt nur eine einzige für den ganzen Waggon, die während der Fahrt nicht gereinigt wird und schon nach kurzer Zeit – völlig verdreckt – zum abstoßendsten Ort des Zuges mutiert. Der Schaffner sammelt nach der Abfahrt oder bereits beim Zusteigen die Fahrkarten ein, um Reisende vor der Ankunft im Zielbahnhof rechtzeitig benachrichtigen zu können oder gegebenenfalls auch zu wecken.

Von jeder größeren Stadt fahren **Vortortzüge** (ukr. *prymis'ki pojizdy*) ab. Sie bringen die Reisenden in die nahe gelegenen Orte (bis 200 km). Streckenpläne für diese Züge hängen im Bahnhof aus. Die jeweilige Strecke ist in Entfernungskategorien eingeteilt, nach denen sich auch der Preis der Fahrkarte berechnet.

Eine Fahrkarte zu kaufen, kann in der Ukraine durchaus ein Problem werden. Lange Schlangen vor den Schaltern, schlechte Verständigung und unfreundliche Angestellte sind nicht selten. Deshalb sollte man stets rechtzeitig am Bahnhof sein oder den Service einer Vorverkaufskasse nutzen.

Anders als auf deutschen ist auf ukrainischen Fahrplänen nicht das Gleis, sondern der **Bahnsteig** verzeichnet, sodass man sich vor Ort erkundigen muss, ob der Zug vom linken oder vom rechten Gleis des angegebenen Bahnsteigs abfährt. Noch etwas unterscheidet die Zugreise durch die Ukraine von den Bahnfahrten durch die Gebiete der westlichen Nachbarn: Auf den Bahnhöfen warten meist alte Mütterchen oft stundenlang auf die einfahrenden Züge und bieten in Flaschen, Körben und Säcken **frische Produkte** an: heiße Piroggen, eingelegte Gurken, fette Milch oder zuckersüßes Gebäck. Manche Stadtbewohner füllen auf solchen Fahrten sogar ihre Wintervorräte auf mit Kartoffeln, Zwiebeln oder Marmelade. So wurde schon manche Zugfahrt durch die Ukraine zu einer kulinarischen Entdeckungsreise!

080uk Foto: vo

Öffentlicher Verkehr

Die **Fahrpreise** in den staatlichen Bussen, Trolleybussen, Straßenbahnen und in der U-Bahn („Metro") sind nach wie vor sehr niedrig. In jedem noch so überfüllten Bus fährt eine (meist beleibte) Ticketverkäuferin mit, die sich hin und her durch die Massen quetscht. Oft werden die Türen verriegelt und es steigen Kontrolleure ein, die nicht nur Passagiere, sondern auch Ticketverkäufer überprüfen: Nicht selten einigt man sich auf den halben Preis und im Gegenzug verzichtet man auf das Ticket. Man hat auch schon „Oberkontrolleure" gesichtet, die wiederum die einfachen Kontrolleure kontrollieren. Denn auch beim Bußgeld kann man sich auf die Hälfte einigen, ohne Quittung, versteht sich ... Da die öffentlichen Verkehrsmittel, die sich oft in marodem Zustand befinden, dem Andrang bei weitem nicht gerecht werden, hat sich im ganzen Land ein flächendeckendes Netz von privaten **Minibussen** entwickelt. Die Fahrpreise sind deutlich höher (im Vergleich zum Westen trotzdem noch billig), viele nutzen aber diese Möglichkeit, um schnell und einigermaßen bequem ans Ziel zu kommen. Sie ersetzen auch im Überlandverkehr allmählich das aus sowjetischen Zeiten stammende und stark zentralisierte Linienbussystem, dessen einziger Vorteil nur noch die billigeren Preise sind. Die Minibusse hingegen sind private Kleinunternehmen und höchst flexibel. Sie stehen an den örtlichen Busbahnhöfen und fahren weniger nach Fahrplan als nach

Bedarf. Ist ein Bus voll, fährt er los. Und das mit Volldampf, denn wie bekannt: Zeit ist Geld. So verlockend es scheinen mag, sich neben den Fahrer zu setzen und einen ungetrübten Ausblick auf die Landschaft zu genießen, bei einer Vollbremsung ... Spätestens da wird einem klar, warum praktisch an jeder Schutzscheibe mindestens ein Heiligenbildchen, meist das der Mutter Gottes, hin und her pendelt. Die Minibusse halten nicht nur an vorgeschriebenen Haltestellen, sondern auf Wink an jedem beliebigen Ort der Strecke und können auch am Straßenrand durch ein Zeichen zum Halten gebracht werden.

Für eine **Metrofahrt** (Kiew, Char'kiv) benötigt man so genannte *žetony* (Chips), um die elektronischen Sperren am Eingang zu überwinden. Dann kann die Fahrt beginnen, wohin und so lange wie man möchte.

Oft genutzt wird in der Ukraine die Möglichkeit, mit dem **Taxi** zu fahren. Der Fahrpreis muss vor Fahrtantritt ausgehandelt werden, denn selbst staatliche Taxen verfügen in den seltensten Fällen über Taxameter. Sicherheitshalber lässt man sich von Freunden oder dem Hotelpersonal den ungefähren Fahrpreis nennen und schlägt noch mal 50% drauf. Trotz dieses „Ausländertarifs'" fährt man im Vergleich zu westlichen Großstädten immer noch billig.

Orientierung

Vorsicht! Die Bezeichnung von Straßen oder Plätzen auf Stadtplänen stimmt nicht immer mit der tatsächlichen Bezeichnung überein. In den letzten Jahren sind so viele **Orte und Straßen umbenannt worden** (manche sogar mehrmals), dass Verlage und Druckereien mit der rasanten Entwicklung nicht mithalten können. Die Ukrainer sind aber äußerst hilfsbereit und beantworten gern jede Frage oder leiten sie an den nächsten Passanten weiter, sodass sich spontan ein kollektives Hilfswerk entwickelt und man auf jeden Fall an den Bestimmungsort findet. Von den vielen Umbenennungen zeugen auch die Straßenschilder. Manche sind in ukrainisch, manche noch oder wieder in Russisch. Auf der einen Seite der Straße befinden sich die geraden und auf der anderen die ungeraden Hausnummern. An den Hauseingängen gibt es oftmals keine Klingeln. Völlig unbekannt sind Namensschilder an den Briefkästen oder Wohnungstüren. Dafür hat jede Wohnung eine Nummer, die man im Voraus kennen sollte, wenn man Freunde oder Bekannte besuchen will. In manchen Häusern gibt es einen Pförtner, meistens einen Rentner oder eine füllige Schönheit, denen Fremde sofort auffallen und denen diese dann Rede und Antwort stehen müssen. Andere Haustüren sind durch Nummernschlösser gesichert: Vor Betreten des Hauses muss dann ein Code eingetippt werden.

Sicherheit

Es gibt keinen Grund zu übertriebener Furcht. Die Kriminalitätsrate in Kiew und den übrigen Städten des Landes unterscheidet sich nicht vom europäischen Durchschnitt. Pressemitteilungen in westeuropäischen Zeitungen berichten häufig von den Machenschaften der Mafia: Diese stellt zwar im Chaos der ukrainischen Wirtschaftsreformen eine gut durchorganisierte Kraft dar, von ihrem Treiben sind Touristen jedoch normalerweise nicht betroffen. Trotzdem ist es angebracht, Autos nachts auf bewachten Parkplätzen unterzubringen und auch tagsüber in Autos keine Gegenstände sichtbar liegen zu lassen, um nicht Einbrecher zu provozieren. Das beachtet ein vorsichtiger Autofahrer in Rotterdam aber auch!

001uk Foto: ad

ANHANG

Lesetipps

Im Folgenden werden Autorennamen in der eingedeutschten Version aufgeführt, weil sie in Buchhandlungen und Bibliotheken in dieser Version gelistet sind.

- Juri Andruchowytsch. **Das letzte Territorium.** Frankfurt am Main 2003.
  Eine Reihe brillanter Essays präsentieren – farbig im Detail und voller Ironie – das im Westen fast unbekannte Land.
- Juri Andruchowytsch. **Zwölf Ringe.** Frankfurt am Main 2005.
  Ein postmoderner Heimatroman aus der Ukraine.
- Der kleine **Brodina-Verlag** wurde von Dr. Anna-Halja Horbatsch gegründet und widmet sich ausschließlich ukrainischer Literatur in deutscher Übersetzung sowie Beiträgen zur ukrainischen Kulturgeschichte. (info@dug-rhein-neckar.de)
- Ljubko Deresch. **Kult.** Frankfurt am Main 2005.
  Der Roman erzählt von der Liebe und dem Erwachsenwerden, von Rebellion und Anarchie.
- Verena Dohrn. **Reise nach Galizien.** Frankfurt am Main 1993.
  Die Autorin berichtet von den Grenzlandschaften Europas, wo einst jüdische, slawische und andere Strömungen aufeinander trafen und miteinander verschmolzen.
- Jaroslava und Ralf Hahn. **Transkarpatien.** Klagenfurt 2004.
  Anthologie aus der Reihe „Europa erlesen“ mit Texten von Autoren verschiedener Nationalitäten über den fast vergessenen südwestlichen Zipfel der Ukraine.
- Ulrike Grube, Natalja Börner. **Ukrainisch – Wort für Wort.** Bielefeld 2001.
  Sprachführer aus der „Kauderwelsch“-Serie für den schnellen Einstieg in die ukrainische Umgangssprache.
- Andreas Kappeler. **Kleine Geschichte der Ukraine.** München 2000.
  Dieses Buch informiert über die wichtigsten Ereignisse und Zusammenhänge der ukrainischen Geschichte.
- Andrej Kurkow. **Picknick auf dem Eis.** Zürich 2000.
  Hauptakteure des komischen Büchleins sind ein melancholischer Ukrainer und ein einsamer Pinguin, die sich im Kiew der Neureichen und der Mafia behaupten müssen.
- Renata Marska/Basil Kerski (Hg.). **Die Ukraine, Polen und Europa.** Osnabrück 2004.
  In dem Sammelband werden die Hintergründe für die komplexe politische Situation in der heutigen Ukraine sowie deren Beziehungen zu Polen und Europa untersucht.

- Peter Rychlos (Hg.). **Czernowitz.** Klagenfurt 2004.
  Anthologie aus der Reihe „Europa erlesen" mit Texten von Autoren verschiedener Nationalitäten über Czernowitz und die Nordbukowina.
- Evelyn Scheer (Hg.). **Ukraine-Lesebuch.** Berlin 2006.
  Anthologie mit Texten von Autoren verschiedener Nationalitäten über die Ukraine vom 18. Jahrhundert bis in die Gegenwart.
- Ludmila Schubert. **Ukrainisch für Anfänger und Fortgeschrittene.** Wiesbaden 2005.
  Lehrbuch für Anfänger und Fortgeschrittene. Ergänzende Lehrmaterialien unter www.sprachendienst-online.de.
- Stefan Simonek, Alois Woldan (Hg.). **Galizien.** Klagenfurt 1998.
  Anthologie aus der Reihe „Europa erlesen" mit Texten von Autoren verschiedener Nationalitäten über L'viv und Galizien.
- Karin Warter/Alois Woldan (Hg.). **Zweiter Anlauf.** Passau 2004.
  Die Anthologie versammelt die derzeit bekanntesten AutorInnen aus Ost und West der Ukraine.
- Juri Dutka (Hg.). **Nehm ich die Bandura.** Wandervogel 2001 (www.wandervogel-bfj.de).
  Eine Sammlung bekannter ukrainischer Lieder in deutscher Übersetzung samt Noten.

Informatives aus dem Internet

- **www.pravda.com.ua** – Website der Zeitung „Ukrajins'ka pravda"
- **www.goethe.de** – Goethe-Institut Kiew
- **www.forumnetukraine.org** – Netzwerk für Information, Koordination und Ukrainestudien
- **www.ukrainisch.info** – Ukrainisch lernen und die Ukraine kennen lernen
- **www.ukraina.at** – Projekte, Infos über Grundlagen, Wirtschaft, Sprache der Ukraine, Linksammlung, Adressen von Medien, Presse usw.
- **www.ji.lviv.ua** – deutsche Version der unabhängigen Kulturzeitschrift aus der Ukraine mit Auszügen und redaktionellen Informationen
- **www.ier.kiev.ua/English/news_eng.cgi** – Veröffentlichungen des Instituts für Wirtschaftsforschung und Politikberatung in Kiew
- **www.kices.org/publication_0E.php** – vierteljährig erscheinende Bibliographie englisch- und deutschsprachiger Bücher und Aufsätze über die Ukraine, die sich mit Themen aus Politik, Außenpolitik, Wirtschaft und Sozialem befassen

- **www.icps.kiev.ua/eng/** – Newsletter mit Informationen über laufende Projekte, Forschungen und Veranstaltungen am Internationalen Zentrum für Politikstudien. Das Zentrum ist eine unabhängige Forschungsorganisation, welche die Einführung von öffentlichen Politikkonzepten in der Ukraine fördert.
- **www.ukraine-analysen.de** – monatlich erscheinende Analysen zu einem aktuellen Thema der politischen, wirtschaftlichen oder sozialen Entwicklung des Landes
- **www.owwz.de/science_news.html?&L=1** – Informationen und Analysen zur aktuellen Situation im Wissenschaftsbereich

Botschaften

- www.botschaft-ukraine.de – Botschaft der Ukraine in der Bundesrepublik Deutschland
- www.ukremb.at – Botschaft der Ukraine in Österreich
- www.ukremb.ch – Botschaft der Ukraine in der Schweiz

Suchmaschinen

- www.rambler.ru (russich)
- www.bigmir.net (ukrainisch)

Die Reiseführer von Reise

Reisehandbücher
Urlaubshandbücher
Reisesachbücher
Rad & Bike

Algarve, Lissabon
Amrum
Amsterdam
Andalusien
Apulien
Athen
Auvergne, Cevennen

Barcelona
Berlin
Borkum
Bretagne
Budapest
Bulgarien
Burgund

City-Trips mit Billigfliegern
City-Trips mit Billigfliegern, Bd. 2
Cornwall
Costa Blanca
Costa Brava
Costa de la Luz
Costa del Sol
Costa Dorada

Dalmatien
Dänemarks Nordseeküste
Disneyland Resort Paris

Eifel
El Hierro
Elsass, Vogesen
England – Süden
Erste Hilfe unterwegs
Europa BikeBuch

Fahrrad-Weltführer
Fehmarn
Föhr
Formentera
Friaul, Venetien
Fuerteventura
Fußballstädte Deutschland 2006

Gardasee, Trentino
Golf von Neapel, Kampanien
Gomera
Gotland
Gran Canaria
Großbritannien

Hamburg
Helgoland
Hollands Nordseeinseln
Hollands Westküste
Holsteinische Schweiz

Ibiza, Formentera
Irland
Island
Istanbul
Istrien, Kvarner Bucht

Juist

Kalabrien, Basilikata
Katalonien
Köln
Korfu, Ionische Inseln
Korsika
Krakau
Kreta
Kreuzfahrtführer
Kroatien
Kroatien, Wohnmobil-Tourguide

Langeoog
Latium
La Palma
Lanzarote
Leipzig
Ligurien, Riviera
Litauen
London

Madeira
Madrid
Mallorca
Mallorca, Leben/Arbeiten
Mallorca, Wandern
Malta, Gozo
Mecklenb./Brandenb.: Wasserwandern
Mecklenburg-Vorp. Binnenland
Menorca
Montenegro
Motorradreisen
München

Norderney
Nordseeküste Niedersachsens
Nordseeküste Schleswig-Holstein
Nordseeinseln, Dt.
Nordspanien
Normandie
Norwegen

Ostfriesische Inseln
Ostseeküste Mecklenburg-Vorp.
Ostseeküste Schleswig-Holstein
Outdoor-Praxis

Paris
Polens Norden
Polens Süden
Prag
Provence
Provence, Templer
Provence, Wohnmobil-Tourguide
Pyrenäen

Rhodos
Rom
Rügen, Hiddensee
Ruhrgebiet
Rumänien, Moldau

Sächsische Schweiz
Salzburg
Sardinien
Sardinien, Wohnmobil-Tourguide
Schottland
Schwarzwald, südl.
Schweiz, Liechtenstein
Sizilien
Skandinavien – Norden
Slowakei
Slowenien, Triest
Spaniens Mittelmeerküste
Spiekeroog
St. Tropez und Umgebung
Südnorwegen, Lofoten
Südwestfrankreich
Sylt

Teneriffa
Tessin, Lago Maggiore
Thüringer Wald
Toscana
Tschechien

Umbrien
Usedom

Venedig

Wales
Warschau
Wien

Zypern

Know-How auf einen Blick

Europa

Edition RKH

Durchgedreht – Sieben Jahre im Sattel
Eine Finca auf Mallorca
Geschichten aus dem anderen Mallorca
Mallorca für Leib und Seele
Rad ab!

Praxis

Aktiv Algarve
Aktiv Andalusien
Aktiv Dalmatien
Aktiv frz. Atlantikküste
Aktiv Gardasee
Aktiv Gran Canaria
Aktiv Istrien
Aktiv Katalonien
Aktiv Marokko
Aktiv Polen
Aktiv Slowenien
All inclusive?
Bordbuch Südeuropa
Canyoning
Clever buchen, besser fliegen
Clever kuren
Drogen in Reiseländern
Feste Europas
Fliegen ohne Angst
Frau allein unterwegs
Fun u. Sport im Schnee
Geolog. Erscheinungen
Gesundheitsurlaub in Dtl. Heilthermen
GPS f. Auto, Motorrad
GPS Outdoor
Handy global
Höhlen erkunden
Hund, Verreisen mit
Inline Skating
Inline-Skaten Bodensee
Internet für die Reise
Kanu-Handbuch
Kartenlesen
Kommunikation unterw.
Kreuzfahrt-Handbuch
Küstensegeln
Marathon-Guide Deutschland
Mountainbiking
Mushing/Hundeschlitten
Nordkap Routen
Orientierung mit Kompass und GPS
Paragliding-Handbuch
Pferdetrekking
Radreisen
Reisefotografie
Reisefotografie digital
Reisen und Schreiben
Reiserecht
Respektvoll reisen
Schutz vor Gewalt und Kriminalität
Schwanger reisen
Selbstdiagnose unterwegs
Sicherheit Meer
Sonne, Wind, Reisewetter
Spaniens Fiestas
Sprachen lernen
Survival-Handbuch Naturkatastrophen
Tauchen Kaltwasser
Tauchen Warmwasser
Trekking-Handbuch
Unterkunft/Mietwagen
Vulkane besteigen
Wandern im Watt
Wann wohin reisen?
Wein-Reiseführer Deutschland
Wein-Reiseführer Italien
Wein-Reiseführer Toskana
Wildnis-Ausrüstung
Wildnis-Backpacking
Wildnis-Küche
Winterwandern
Wohnmobil-Ausrüstung
Wohnmobil-Reisen
Wracktauchen
Zahnersatz, Reiseziel

KulturSchock

Familenmanagement im Ausland
Finnland
Frankreich
Islam
Leben in fremden Kulturen
Polen
Rumänien
Russland
Spanien
Türkei
Ukraine
Ungarn

Wo man unsere Reiseliteratur bekommt:
Jede Buchhandlung Deutschlands, der Schweiz, Österreichs und der Benelux-Staaten kann unsere Bücher beziehen. Wer sie dort nicht findet, kann alle Bücher über unsere **Internet-Shops** bestellen.
Auf den Homepages gibt es **Informationen** zu allen Titeln:

www.reise-know-how.de oder **www.reisebuch.de**

Register

Bildnachweis

Die Kürzel an den Abbildungen stehen für folgende Personen, Firmen und Einrichtungen. Wir bedanken uns für ihre freundliche Abdruckgenehmigung.

ad Alexej Demidoff (www.demidoff.info)
ai Artur Isch
as Alexander Serdyuk
es Evelyn Scheer (die Autorin)
fd Florian Dierl
if Irina Friedrich
sm Sergej Migrin, Comic- und Animationszentrum (www.animagia.com.ua)
vo Vladimir Orlov

Ukraine
WEISSRUSSLAND
POLEN
Brest
Pinsk
Prypjac'
Homel
Lublin
Kovel'
Čornobyl'
Korosten'
Kyjivs'ke Vodoschovyš
Luc'k
Rivne
Novohrad-Volyns'kyj
Žytomir
Brova
KIEW (KYJIV
UKRAINE
Przemyśl
L'viv
Ternopil'
Berdyčiv
Bila Cerkva
Drohobyč
SLOWAKISCHE REPUBLIK
Stryj
KARPATY
Ivano-Frankivs'k
Chmel'nyc'kyj
Vinnycja
Kaluš
Užhorod
Kolomyja
Kam'janec'-Podil's'kyj
Uman
Mukačeve
Dnister
UNGARN
Černivci
Pervomajs
Bălti
MOLDAWIEN
Chişinău
Iaşi
RUMÄNIEN
ODES
Galati
Izmajil
0
200 km
BULGARIEN

RUSSLAND
Kursk
Desna
Šostka
Černihiv
Konotop
Sumy
Nižyn
Belgorod
Romny
Pryluky
Sula
Char'kiv
Ps'ol
Vorskla
Lubny
Čerkasy
Poltava
Starobyl'sk
Kremenčuc'ke Vodoschovyšče
Izjum
Smila
Kremenčuk
Slovjans'k
Lozova
Lugans'k
Kramators'k
Dnipro
Pavlohrad
Dniprodzeržyns'k
Kostjantynivka
Horlivka
Žovti Vody
Dnipropetrivs'k
Jenakijeve
Donec'k
Schachty
Makijivka
Kryvyj Rih
Zaporižž'a
Novotscherkassk
Marhanec'
Nikopol'
Taganrog
Rostov-Na-Donu
Pivdennyi Buh
Inhul
Kachovs'ke Vodoschovyšče
Mariupol'
Melitopol'
Berdjans'k
Mykolajiv
Nova Kachovka
Cherson
ASOVS'KE MORE
Zatoka Syvaš
Karkinists'ka Zatoka
Džankoj
RUSSLAND
Kerč
KRYMS'KYJ PIVOSTRIV
Krasnodar
Jevpatorija
Simferopol'
Feodosiya
Novorossijsk
Sevastopol'
Jalta
SCHWARZES MEER

087uk Foto: as

085uk Foto: fd

Die Autorinnen

Irina Serdyuk (l.) und Evelyn Scheer (r.) haben viel gemeinsam. Beide leben in Berlin. Beide haben Philologie studiert. Beide sind seit Jahren mit der Ukraine professionell verbunden – die eine als Slawistin, die andere als ukrainische Journalistin. Darüber hinaus begehen beide im Erscheinungsjahr des Buches ihr 40-jähriges Jubiläum. Die vorliegende Liebeserklärung an den östlichen Nachbarn soll zugleich eine persönliche Bilanz sein und ein Geschenk – an sich selbst und hoffentlich auch an den Leser.

Danksagung

Wir möchten uns bei allen Freunden und Verwandten bedanken, die uns bei dieser Arbeit mit Rat und Tat zur Seite standen. Besonderer Dank gilt: Alexander Serdyuk, Florian Dierl, Iryna Friedrich und Jaroslav, Svitlana Semenivna Serdyuk, Nina Assafijewna Kornejewa, Raja Čupryns'ka, Alla Zagaikevich, Kateryna Kobchenko, Oksana Sytar, Anna Schulga und Familie, Boris Chandros, Ljudmilla Pogrebinskaja, Dr. Anna-Halja Horbatsch, Eckhart Kornejew, Lena und Roman Mischtschenko, Tatjana und Jewgenij Kosmatsch, Vasyl' Rasevyč, Serhij Migrin, Svitlana und Anatolij Gurman, Irina Letavina, Jurij Dutka und Ablyaziz Veliev für den Abdruck der Karikatur aus der Zeitschrift „Cha, Cha, Cha". Wir danken Alexej Demidoff, Artur Isch und Vladimir Orlov für die schönen Fotos und den Fluggesellschaften Malev und Czech Airlines für die großzügige Unterstützung.